CAMBRIDGE LIB

Books of endu

Classics

From the Renaissance to the nineteenth century, Latin and Greek were compulsory subjects in almost all European universities, and most early modern scholars published their research and conducted international correspondence in Latin. Latin had continued in use in Western Europe long after the fall of the Roman empire as the lingua franca of the educated classes and of law, diplomacy, religion and university teaching. The flight of Greek scholars to the West after the fall of Constantinople in 1453 gave impetus to the study of ancient Greek literature and the Greek New Testament. Eventually, just as nineteenth-century reforms of university curricula were beginning to erode this ascendancy, developments in textual criticism and linguistic analysis, and new ways of studying ancient societies, especially archaeology, led to renewed enthusiasm for the Classics. This collection offers works of criticism, interpretation and synthesis by the outstanding scholars of the nineteenth century.

Astronomicon

Both the author and the date of this five-volume poem, the first Western document to link the houses of the zodiac with the course of human affairs, are uncertain. The author's name may be Marcus Manilius, or Manlius, or Mallius, and the latest datable event mentioned in the books themselves is the disastrous defeat of Varus' Roman legions by the German tribes in 9 CE. The writing shows knowledge of the work of Lucretius, but the work is not referred to by any subsequent writer, suggesting that it was never widely disseminated. A manuscript was rediscovered by Poggio Bracciolini in 1416 or 1417, and editions were produced by Scaliger and Bentley, but this immensely erudite edition of 1903–1930 by the scholar and poet A. E. Housman (1859–1936) is regarded as authoritative. Volume 1 covers the creation and arrangement of the heavens and their division into spheres.

Astronomicon

VOLUME 1

MARCUS MANILIUS
EDITED BY A.E. HOUSMAN

CAMBRIDGE UNIVERSITY PRESS

Cambridge, New York, Melbourne, Madrid, Cape Town,
Singapore, São Paolo, Delhi, Tokyo, Mexico City

Published in the United States of America by Cambridge University Press, New York

www.cambridge.org
Information on this title: www.cambridge.org/9781108040471

This edition first published 1903
This digitally printed version 2011

ISBN 978-1-108-04047-1 Paperback

M. MANILII ASTRONOMICON

LIBER PRIMVS

M. MANILII

ASTRONOMICON

LIBER PRIMVS

RECENSVIT ET ENARRAVIT

A. E. HOVSMAN

ACCEDVNT EMENDATIONES LIBRORVM II III IV

LONDINII

APVD GRANT RICHARDS

MDCCCCIII

Printed by R. & R. CLARK, LIMITED, *Edinburgh.*

SODALI MEO

M. I. IACKSON

HARVM LITTERARVM CONTEMPTORI

Signa pruinosae uariantia luce cauernas
noctis et extincto lumina nata die
solo rure uagi lateque tacentibus aruis
surgere nos una uidimus oceano.
uidimus: illa prius, cum luce carebat uterque,
uiderat in latium prona poeta mare,
seque memor terra mortalem matre creatum
intulit aeternis carmina sideribus,
clara nimis post se genitis exempla daturus
ne quis forte deis fidere uellet homo.
nam supero sacrata polo complexaque mundum
sunt tamen indignam carmina passa luem,
et licet ad nostras enarint naufraga terras
scriptoris nomen uix tenuere sui.
non ego mortalem uexantia sidera sortem
aeternosue tuli sollicitare deos,
sed cito casurae tactus uirtutis amore
humana uolui quaerere nomen ope,
uirque uirum legi fortemque breuemque sodalem
qui titulus libro uellet inesse meo.
o uicture meis dicam periturene chartis,
nomine sed certe uiuere digne tuo,
haec tibi ad auroram surgentia signa secuto
hesperia trado munera missa plaga.
en cape: nos populo uenit inlatura perempto
ossa solo quae det dissoluenda dies
fataque sortitas non inmortalia mentes
et non aeterni uincla sodalicii.

I

The text of Manilius depends in the main upon four MSS.

G, Gemblacensis, once of the monastery of Gembloux in Brabant, now 10012 in the public library of Brussels, assigned to the end of the 10th century or the beginning of the 11th, containing Manilius and Priscian's descriptio orbis. I use the collation published in 1888 by P. Thomas.

L, Lipsiensis, 1456 in the library of the university of Leipsic, assigned to the middle of the 11th century. No collation has been published, but I have used the plentiful variants recorded by Bechert in his edition of 1900.

To this MS the hand of its original scribe has added many corrections, **L**^{2}, derived from more sources than one: some, often agreeing with **G**, from a fresh examination, it should seem, of the exemplar, as II 399 *ualent* **L^{2}G**, *manent* **L**, III 344 *quanto* **L^{2}G**, *quando* **L**; some from a MS resembling those next to be mentioned, **M** and **V**, as I 520 *puncto* **L^{2}M**, *ponto* **LG**, 820 *torridus* **L^{2}M**, *cordibus* **LG**; some perhaps even from the common archetype, as I 171 *ictaque* **L**^{2}, *itaque* **LG**, *letaque* **M** (om. **V**), V 487 *rorantis* **L**^{2}, *rotantis* **LM** (om. **V**), *portantis* **G**; some from false conjecture, but not in all cases if in any the conjecture of the scribe, since many of them are found in **G**, as I 130 *sumptum* **L^{2}G**, *summum* **LM**, 744 *quo* **L^{2}G**, *quod* **L**, *quid* **M**.

The two MSS **G** and **L** are bound into one class and parted from **M** and **V** by many marks of which it is enough to mention two, the omission of certain verses and the position of others. **G** and **L** do not contain III 188 *a sole ad lunam numerabis in ordine partes*, IV 731 sq. *adde sonos totidem uocum, totidem insere linguas | et mores pro sorte pares ritusque locorum*, V 12 sq. *magni pars maxima caeli | et ratis heroum*: **M** and **V** do not contain III 370 *at simul e medio praeceps descenderit orbe*, 404–6 *has inter quasque accipiet Nemeaeus in ortus |*

quod discrimen erit, per tris id diuide partis, | *tertia ut accedat Geminis, qua tempora Tauri,* 615 *-am tribus applicat auctis,* 616 *-terimet bis sexque peractis,* IV 198 *quique notis linguam superet cursimque loquentis.* In **G** and **L** the verses IV 10–313 stand between III 399 and 400: in **M** and **V** they keep their proper place.

The second family is derived from a MS discovered north of the Alps by Poggio during the Council of Constance in the year 1416 or 1417. Poggio himself in a letter written about the end of 1417 to Francesco Barbaro and printed by A. C. Clark in the Classical Review vol. XIII p. 125 has these words, 'mitto ad te ...... Silium Italicum, libros V Statii siluarum, item M. Manilium astronomicum. is qui libros transcripsit ignorantissimus omnium uiuentium fuit, diuinare oportet, non legere, ideoque opus est ut transcribantur per hominem doctum.' There exists a MS written by just such a scribe and containing both Statius' siluae and Manilius.

M, Matritensis, M 31 in the national library at Madrid, assigned to the early part of the 15th century, lacking the verses I 1–82, and having after Manilius' poem the siluae of Statius, for which it is our chief authority. No collation has been published, but I have used the voluminous excerpts given by Robinson Ellis in vols. VII and VIII of the Classical Review.

V, Vossianus 390 (which Jacob chose to call Vossianus secundus and to denote by the clumsy sign V. 2.), 3 in the public library of Leyden, bearing the date 1470, containing Manilius and after him 'liber somniorum Salomon. seu prognosticorum somniorum. oratio de praesentia et utilitate medicinae. centiloquium Ptolemaei.' No collation has been published, but I have used the numerous variants to be found in the editions of Jacob and Bechert.

From II 684 onward **M** and **V** are in close agreement: until that verse is reached they are much unlike. **M** maintains the same character throughout; but **V** in its first portion, as was remarked by Breiter[1] in Fleckeisen's Neue Jahrbuecher vol. 147 p. 420, is a MS of slight account, neither comparable to **M** nor even akin to it. It is a degenerate scion of the other family with special affinities to **L**².

[1] Bechert in his edition has ignored this observation, with the result that from I 83 to II 683 the symbol β, which he intends to mean the second family, means nothing of the kind, but merely indicates the few places (their very fewness should have admonished him) where a poor MS of the first family has borrowed readings from the second.

To **L**^{2} we must at this point return. Third in antiquity among Manilius' MSS is the Cusanus, 10699 in the library of Brussels, assigned to the 12th century. This is a corrupt and interpolated copy of a MS resembling **L** as corrected by **L**^{2}. Akin to the Cusanus, more corrupt but not more interpolated, is the MS called by Jacob Vossianus primus, 18 in the library of Leyden, assigned to the 15th century. One proof of their origin and affinity suffices: both omit the verses omitted by **G** and **L**, and both omit IV 235, 312, 746 into the bargain. Amidst their frauds and blunders appear a few scraps of truth which are not to be found in any of the four chief MSS and are seemingly derived from a source resembling **L**^{2}, with which this pair of MSS often coincides[1]: such are I 130 *summa* Cus., *summum* **LM**, *sumptum* **G**, II 713 *sint* Voss. 1, *sit* cett., 890 *hac*] *haec* Voss. 1, *hoc* cett., III 395 *parti*] *parati* ($=\overset{ti}{para}$) Cus., Voss. 1, *parat* **L**^{2}, *para* **LMV**, *parte* **G**, IV 188 *puro* Voss. 1, *puero* cett., V 8 *iubet* Voss. 1, *libet* cett., 148 *uinclis* Voss. 1, *undis* cett., 478 *externis* Cus., Voss. 1, *hesternis* cett., 585 *Phorcys*] *forcis* Cus., *fortis* **GL**, *fortus* **MV**.

Now from I 1 to II 683 **V**, which in this part of the poem I call **v**, agrees almost as closely with Voss. 1 as it afterwards agrees with **M**. Sometimes **v** is the worse of the two, as at I 87, where Voss. 1 merely omits *nauita* while **v** fills up the gap with *remige.* But **v** is on the whole superior both to Voss. 1 and to Cus. in the possession of good readings absent from **GLM**; readings which are true or near the truth, and some of which at least are not conjectures. I give a list of these variants for the first book. I 140 *crearint*] *creauit* **v**, Voss. 1, *creantur* **GLM**, *creentur* **L**^{2}, 352 *lampade* **v**, *lampada* **GLM**, 356 *pristis*] *pistis* **v**, *piscis* **GLM**, 358 *ni* **v**, Voss. 1, *ne* **M**, *in* **GL**, 448 *innixa* **v**, *innexa* **GLM**, 460 *cesset* **v**, *cessit* **GLM**, 467 *media* **v**, *mediae* **GLM**, 780 *et Cloelia*] *et delia* **v**, *est et colia* **M**, *eo colia* **GL**, 782 *adeptus* **v**, *ademptus* **GL**, *adētus* **M**, 787 *pares* **v**, Cus., *parens* **GL**, *patens* **M**, 874 *miseratus* **v**, *miseratur* **GLM**, 891 *uix* **v**, *uia* **GLM**.

This is the place to mention the codex Venetus known to Bentley from the collation of Gronouius, who assigned it to the 11th century, but now lost to sight. It is of little value and imperfectly collated, but offers a few good readings of its own, as II 377 *uisus eis*] *uisus eius* Ven., *uis eius* cett., III 261 *utrimque* Ven., *utrumque* **GL**, *uirumque* **MV**, 375 *ex* Ven., *et* cett., V 29 *quota de*] *quota*

[1] They share with **L**^{2} its two best readings I 171 *ictaque* and V 487 *rorantis.*

e Ven., *quoda de* **LM**, *quod adde* **V**, *quod de* **G**, 609 *remeauit* Ven. *renauit* **GL**², *regnauit* **LMV**.

But now I pass from this inferior tradition and return to the four cardinal MSS, **GLM** and the **V** which begins at II 684.

It follows from what has been said above that **M** is the sole representative of its family from I 83 to II 683, and that from I 1 to 82 its family has hitherto had no representative. But observing that two MSS in the Vatican library, Vrbinas 667 and 668, agreed with **M** and differed from other MSS in giving the poet's name as M. Manilius, and also that their reading of III 614, as reported by Ellis noct. Manil. p. 112, coincided with **M**'s where even **V** diverged, I obtained collations of both for the first two hundred verses of the poem. These collations, one of which was made by Mr Georges Périnelle of the French School of Rome at the instance of my friend Mr Louis Brandin, the other by Mr P. S. McIntyre upon my application to Mr G. McN. Rushforth, Director of the British School of Rome, to all of whom I return my best thanks for their kindness, have furnished one almost uncontaminated specimen of the class **MV** for the verses I 1–82.

U, Vrbinas 667 in the Vatican library, assigned to the 15th century. That this MS was directly copied from **M** before the loss of I 1–82 cannot be affirmed till it has been further scrutinised; but in my collations there is much to favour that hypothesis and nothing to discountenance it. Between I 83 and 220 it offers almost all the characteristic readings of **M**, both good and bad, 88 *inter*, 105 *mentis*, 115 *contigat*, 143 *labilis*, 146 *hominumque*, 150 $\overset{e}{\textit{stillantis}}$, 156 *aequore*, 163 *fetata*, 164 *fluuidum*, 171 *letaque*, 214 *stellas*, 217 *ad eiacas*, 220 *coherent*; and in a few places where it deserts **M** it follows **M**², 84 *commentum*, 98 *et rerum causas*, 207 *teretes*, 216 *canopum*.

Vrbinas 668, which I will denote by **R**, the second letter of its name, is a MS of like character but less value. It can hardly be a direct transcript of **M**, but seems to have been copied from a MS in which many of **M**'s readings had given place to those of **M**² or of the other family. It is however independent of **U** and sometimes agrees with **M** where **U** does not, as 93 *imumque* **MR**, *in uimque* **U**, 119 *in* **MR**, *ad* **U**, 200 *cum* **MR**, *quando* **U**. But the cases where **U** adheres to **M** and **R** deserts it are much more numerous and important, as 83 *temptando* **MU**, *tentando* **R**, 115 *contigat* **MU**, *contingat* **R**, 116 *tantas* **MU**, *causas* **R**, 121 *imagine* **MU**, *margine* **R**, 135 *arida*

MU, *arula* **R**, 163 *fetata* **MU**, *freta* **R**, 217 *adeiacas* **M**, *niliacas* **M²**,
uel niliacas
ad eiacas **U**, *niliacas* **R**. Therefore I do not include **R** in the apparatus criticus; but I will here record all the chief variants of both MSS down to I 222.[1]

The text of Manilius then is mainly based on these authorities: from I 1 to I 82 on **GLU**, from I 83 to II 683 on **GLM**, from II 684 to V 745 on **GLMV**.

II

Manilius was first made known to the Italy of the renascence by Poggio's discovery of the MS whence **M** and **V** are derived. But copies of the other family soon found their way across the Alps; and the vulgar MSS from which the first editions were printed present a chance medley of the two elements, obscured by a cloud of additional errors and of conjectures mostly false. A good example of the class is the Florentine codex Laurentianus

[1] 5 *nutantis* U, *mitantis* R. 10 *facis* R, *fatis* U. 11 *proprius mundusque fauet* UR. 13 *hac s.p. uocat ; tandem* UR, *uacat tantum* R² in marg. 22 *circum* UR, *rerum* R². 26 *munera* UR. 29 *inuitis* R, *immitis* U. 32 *imumque* U, *unumque* R. 33 *et* R, *ei* corr. in *et* U. 40 *et* R, *it* U. 41 *regalis* UR. 42 *tangentis* U, *tangentes* R. 44 *serat* UR. 48 *uinxere* U, *iunxere* R. 53 *signari* UR, *signarunt* R². 57 *quam parui* U, *quamque arui* R. 59 *percepta* UR. 64 *mundum* U, *mundi* R. 71 *similis* UR. 72 *propriore* UR. 76 *ignotusque* UR. 78 *quis satis nouisse* U, *quisque satis uouisse* R. 83 *temptando* MU, *tentando* R. 84 *commenta* M, *commentum* M²UR. 88 *inter* MUR. 91 *nec* MUR. 93 *imumque* MR, *in uimque* U. 98 *rerum causis* M, *et rerum causas* M²UR. 101 *tremesceret* MUR. 105 *mentis* MUR. 106 *comprehendere* MUR. 111 *numen* M, *numerum* M² in marg., *numen* (*uel merum* written above) U, *numerum* R. 115 *contigat* MU, *contingat* R. 116 *tantas* MU, *causas* R. 119 *in* MR, *ad* U. 120 *canenda* M, *cauenda* UR. 121 *imagine* MU, *margine* R. 128 *in idem*] *unde* M with *est* afterwards added, *unde est* R, *unde est unde est* U. 134 *fingin* or *fingun* M, *fingunt* M²U, *fingit* R. 135 *arida* MU, *arula* R. 139 *prohibetque* MR, *prohibentque* U rightly. 141 *nec* M, *ne* UR. 143 *labilis* MUR. 146 *hominumque* MUR. 150 *stillantis* (*e* written above) MU, *stellantis* R. 155 *flatusque* MUR. 156 *aequore* MUR. *perfundit* corr. in *perfudit* M, *perfundit* U, *perfudit* R. 163 *fetata* MU, *freta* R. 164 *fluuidum* MUR. 171 *letaque* MUR. 173 *ni librato* M, *illibrato* UR. 179 *uno* MUR. 193 *-ne* MUR. *perhennet* MUR. 199 *metas* M ex silentio, *moras* UR. 200 *cum* MR, *quando* U. 201 *imitata* M, *mutata* UR. 203 *pariter* M, *parit* UR. 207 *terens* M, *teretes* M²UR. 210 *ignis* MUR. 214 *stellas* MUR. 217 *adeiacas* M, *niliacas* M² in marg. *ad eiacas* (*uel niliacas* written above) U, *niliacas* R. 220 *coherent* MUR. 222 *quae* MR, *quem* U.

plut. 30, 15 included in Bechert's apparatus criticus: it contains, as Italian MSS of the 15th century are wont, a certain number of sound conjectural emendations, but of genuine independence not a shred. Mr Bechert's way of using it is to neglect the good conjectures because he does not see that they are good, and to adopt the bad because he does not see that they are conjectures.

Among editions earlier than Scaliger's I have consulted only the two eldest and Pruckner's of 1533: my knowledge of the rest is chiefly drawn from the dissertation of A. Cramer 'ueber die aeltesten Ausgaben von Manilius' Astronomica' Ratibor 1893.

The edition now held to be the oldest was published at Nuremberg by the first astronomer of his age, Iohannes Mueller, called Regiomontanus from his birthplace Koenigsberg in Franconia. It carries no date, but must have appeared between 1472, when Regiomontanus first set up as a printer, and 1474, when he was summoned from Nuremberg to Rome. It seems to be a simple copy of an Italian MS; for if Regiomontanus had himself revised the text he must have discovered and removed the grosser faults in astronomy if not in Latin. Neither to Scaliger nor to Bentley was this edition known, and therefore some of its corrections have never been received into the text as they deserve: I mention particularly III 657 'uiribus in tantum signi natura mouetur.' The Bolognese edition of 1474, which long counted as the earliest, is printed from a MS much resembling the cod. Flor., but inferior, and inferior also to the text of Regiomontanus. Of the following editions I shall mention only those which influenced, for better or for worse, the formation of the vulgate.

In 1484 Laurentius Bonincontrius put forth at Rome the earliest commentary on Manilius. Scaliger (who did not use it for his first edition) and Pingré, two excellent judges, refer to it with indulgent contempt; the British Museum has no copy of the book, and I have not sought it elsewhere. The variants of his text are recorded by F. Iunius in his edition of 1590, and among them are several emendations which Scaliger and Bentley and the modern editors have unduly neglected. Bonincontrius possessed, or feigned to possess, an ancient fragment of 'C. Manilius' from the great Benedictine library of Monte Cassino, and averred that he had thence recovered many verses lacking in Poggio's MSS and the previous editions: the truth is that he restored II 340, 716 sq., and V 334, which are omitted by the previous editions but not by any good MS; and that he inserted the spurious words II 952 *mortique locatur*, found in the margins of G and Voss. 1, and the spurious verses I 38 sq. and II 631, apparently concocted by himself.

The other early editions having some character of their own and not simply copying their precursors are those published by Dulcinius at Milan in 1489 and by Aldus Manutius at Venice in 1499. Pruckner's at Basil in 1533 and 1551 depend chiefly on Aldus, and Molinius' at Lyons in 1551 and 1566 on Dulcinius.

For a hundred years had men been editing Manilius and had never advanced a step, when in 1579 there appeared at Paris the first edition of Scaliger. This was reprinted at Heidelberg in 1590 by Franciscus Iunius, who added some insignificant notes of his own and a few conjectures of more value by Matthaeus Lannoius, which Scaliger stole as he pleased for his next edition: it is arrant gasconading when he says in the Scaligerana 'se et patrem nihil umquam scripsisse, quod sciuissent ab aliis dictum aut scriptum.' Not one good MS had yet been brought to light, and the transformation which first made Manilius a legible author was the work of Scaliger's own unaided wits; but for his second edition, issued at Leyden in 1600, he obtained a collation of the Gemblacensis: the second consequently excels the first almost as far as that excelled all others. It is true that Scaliger in 1579 had often recovered by conjecture the true readings later found in G; but the vulgate was in many parts too deeply falsified for emendation, and nothing could help it but the knowledge of a purer source. A third edition, corrected and enlarged from Scaliger's manuscript notes, was published after his death by I. H. Boeclerus at Strasburg in 1655, with additional remarks by T. Reinesius and I. Bullialdus.

Perhaps no critic has ever effected so great and permanent a change in any author's text as Scaliger in Manilius'. Except the Emendatio Temporum, which is too dissimilar for comparison, this is his greatest work; and its virtues, if they had fewer vices to keep them company, are such that it is almost importunate to praise them. True, there is luck as well as merit in the achievement: many of his emendations required no Scaliger to make them, and were made by Scaliger only because Manilius hitherto, instead of finding a Beroaldus or Marullus to befriend him, had fallen, as he was destined often to fall again, into the hands of dullards. To write *tum di* for *timidi* in I 422 was a feat of easy brilliancy, and such corrections are less of an honour to Scaliger than a shame to his predecessors; but after all deductions there remains enough to make a dozen editors illustrious. The commentary is the one commentary on Manilius, without forerunner and without successor; to-day, after the passage of three hundred years, it is the only avenue to a study of the poem. He seems to have read everything, Greek and Latin, published and unpublished, which could explain or illustrate his author; and his vast learning is carried lightly and imparted simply in terse notes of moderate compass. Discursive he often is, and sometimes vagrant, but even in digressions he neither fatigues his readers like Casaubon nor bewilders them like Salmasius. His style has not the ease and grace and Latinity of Lambinus', but no commentary is brisker reading or better entertainment than these abrupt and pithy notes, with their spurts of mockery at unnamed detractors, and their frequent and significant stress upon the difference between Scaliger and a jackass.

There is a reverse to the medal, and I give it in the words of his most intelligent enemy, Huet p. 87. 'de poeta hoc praeclare meritum esse Scaligerum negari non potest; nam et loca pleraque deplorata felicissime sanauit, multa etiam obscura pro singulari sua eruditione illustrauit, nec pauca luxata, perturbata, ac confusa pristinis sedibus solerter restituit. uerum dum nodum saepe quaerit in scirpo, nimia sua περιεργίᾳ, et anxia quadam ac morosa diligentia, tum et insano eruditionis ostentandae studio, egregium laborem corrupit. adeo ut quae Manilium legenti mihi clara saepe uisa fuerant et aperta, postquam Scaligeri notas consulueram, intricata eadem et obscura euaderent, neque ante rediret pristina lux, quam discussissem affusas ab eo tenebras, inductosque in planam et patentem uiam sentes purgassem.' In particular he will often propound interpretations which have no bearing either on his own text of Manilius or on any other, but pertain to things which he has read elsewhere, and which hang like mists in his memory and veil from his eyes the verses which he thinks he is explaining. Furthermore it must be said that Scaliger's conjectures in Manilius, as in all the other Latin poets whom he edited, are often uncouth and sometimes monstrous. 'Man darf,' says Haupt opusc. III p. 33, 'ohne Scaligers ruhm zu kränken, behaupten, dass kein grosser philolog neben sicheren entdeckungen des glänzendsten scharfsinnes so viel grammatisch unmögliches aufgestellt hat.' And the worse the conjecture the louder does Scaliger applaud himself. 'numquam felicius coniectura nobis cessit olim, quam in hoc inquinatissimo loco' says he at III 507. 'di meliora, uir magne,' replies Bentley, 'quam ut omnes tuae coniecturae ex hac censeantur. nam sensum aliquem in his inuestigo, nec ullum reperire queo.'

Barth's Aduersaria published in 1624 devote a good deal of space to Manilius without much result. To read 3000 tall columns of close print by a third-rate scholar is no proper occupation for mortals; but by means of the index I have unearthed his Manilian conjectures, futile for the most part but now and again of surprising merit: the best of them are usually ignored or attributed to later critics, as V 281 *fracturo silici*, 686 *negant abitum*, 706 *punctis*, 739 *urbem*. Salmasius, in those inimitable monuments of erudition and untidiness his Diatribae de annis climactericis and his Exercitationes Plinianae, busied though he is with astrology and astronomy, does very little for the criticism or interpretation of Manilius. Manilius' best friend in that generation, and the greatest critic, after Bentley and Scaliger, whose attention he ever engaged, was Gronouius, who in his four famous books of Obseruationes has filled many pages and chapters with admirable corrections of the Astronomica.

In 1674 Sir Edward Sherburne published a translation of the first book into English verse, with ample notes displaying a wide reading but no great acuteness or alertness of mind. Another metrical version of the whole poem was produced by Thomas Creech in 1700. In 1679 appeared the Delphin edition by Michael Fayus or du Fay, a slovenly work, but yet deserving less neglect than it receives. The commentary, though neither learned nor accurate, contains a good deal of miscellaneous information and has its humble use; the paraphrase explains correctly many things which Scaliger had misinterpreted; the text, which seems to have composed itself without the help or knowledge of the editor, combines a mass of blunders and a sprinkling of Scaliger's readings with a certain number of corrections which I have found in no earlier book and have therefore assigned to Fayus. But the edition owes its worth to an appendix of 88 pages contributed by Pierre Daniel Huet sometime bishop of Avranches, 'animaduersiones in Manilium et Scaligeri notas,' which perhaps deserves to be reckoned as the chief piece of work on Manilius in the age between Scaliger and Bentley. It includes a considerable sum of emendations, less brilliant and important than Gronouius' but yet skilful and judicious, a long series of admirably clear and accurate and erudite interpretations, and a running fire of polemical comment upon Scaliger, often wrong but much oftener right. Huet was a critic of uncommon exactness, sobriety, and malevolence, whose naturally keen wits were sharpened to a finer edge by his dislike of Scaliger. He frankly owns in chapter V of the Huetiana 'je n'ai écrit sur Manile que pour faire voir que dans les trois éditions de ce Poëte il (Scaliger) a entassé fautes sur fautes et ignorances sur ignorances.' Hence it happens, in the irony of human affairs, that he, the shrewd and accomplished Huet, is now excessively admired by the dull, who cherish a timid enmity for great and victorious innovators, and delight to see them rapped over the knuckles by Huet or anyone else who has the requisite address. His services to Manilius are not so many and great as to estrange the affection of these admirers; indeed it would be hard to find 300 verses in a row for which Scaliger has not done more than Huet did for all five books together. Perhaps if he had been less bent on harming Scaliger he might have helped Manilius more: at any rate it is matter for some surprise and disappointment that so competent a critic should after all have done so little where there was so much to do. But the fact is that his mind had keenness without force, and was not a trenchant instrument. His corrections, deft as they are, touch only the surface of the text; his precise and lucid explanations are seldom explanations of difficulties, but only dispel perverse misunderstandings of things which hardly any one but Scaliger can ever have misunderstood. When a real obscurity had baffled Scaliger, it baffled Huet, and was reprieved till the advent of Bentley.

Lucida tela diei: these are the words that come into one's mind when one has halted at some stubborn perplexity of reading or interpretation, has witnessed Scaliger and Gronouius and Huetius fumble at it one after another, and then turns to Bentley and sees Bentley strike his finger on the place and say *thou ailest here, and here.* His Manilius is a greater work than either the Horace or the Phalaris; yet its subject condemns it to find few readers, and those few for the most part unfit: to be read by Dorville and left unread by Madvig. Haupt alone[1] has praised it in proportion to

[1] All that F. A. Wolf can find to say of it is this, litt. anal. I pp. 61 sq.: 'ein Drittheil Änderungen weniger würde der mit Conjecturen überfüllten Ausgabe mehr genützt, und dem Kritiker viele gegründete Vorwürfe erspart haben.' Wolf, like all pretenders to encyclopedic knowledge, had a dash of the impostor about him, and we have no assurance that he had read the book which he thus presumes to judge. Even if he had really read it he was little qualified to estimate its value. What he says of it is not false: the falsehood lies in what he does not say.

its merit: opusc. III p. 43 'dicam enim quod sentio: uidetur mihi Bentleius nullum in hoc artis genere splendidius condidisse summi ingenii monumentum quam illa Manilianorum librorum emendatione, quae a multis ut concessam omnem audaciam excedens uituperatur. nam si quis quae ille breuiter plerumque significauit momentis suis diligenter ponderauerit poetaeque artem et consuetudinem non ex deprauatissimis quibusque uersibus, sed ex eis carminis partibus quae paullo minus uitiatae sunt diiudicare didicerit, intelleget multa quae Bentleius protulit specie audacissima et obiter spectanti incredibilia tamen esse uera et certa.' Had Bentley never edited Manilius, Nicolaus Heinsius would be the foremost critic of Latin poetry; but this is a work beyond the scope of even Heinsius. Great as was Scaliger's achievement it is yet surpassed and far surpassed by Bentley's: Scaliger at the side of Bentley is no more than a marvellous boy. In mere quantity indeed the corrections of the critic who came first may be the more imposing, but it is significant that Scaliger accomplished most in the easiest parts of the poem and Bentley in the hardest. The firm strength and piercing edge and arrowy swiftness of his intellect, his matchless facility and adroitness and resource, were never so triumphant as where defeat seemed sure; and yet it is other virtues that one most admires and welcomes as one turns from the smoky fire of Scaliger's genius to the sky and air of Bentley's: his lucidity, his sanity, his just and simple and straightforward fashion of thought. His emendations are only a part, though the most conspicuous part, of his services to Manilius; for here, as in Horace, there are many passages which he was the first to vindicate from mistaken conjecture by discovering their true interpretation. He had furnished himself too with fresh and efficacious tools: he had procured not only the use of **G** but collations of **L** and also, more important, of **V**, which first revealed in a clear form the tradition of the second family; and from II 684, where **V** begins, to the end of the poem, his incomparable skill and judgment in the use of MSS have left but little in this department for his successors to do, provided they have the wit, or in default of that the modesty, to follow his example.

The faults of this edition, which are abundant, are the faults of Bentley's other critical works. He was impatient, he was tyrannical, and he was too sure of himself. Hence he corrupts sound verses which he will not wait to understand, alters what offends his taste without staying to ask about the taste of Manilius, plies his desperate hook upon corruptions which do not yield at once to gentler measures, and treats the MSS much as if they were fellows of Trinity. Nay more: though Bentley's faculty for discovering truth has no equal in the history of learning, his wish to discover it was not so strong. Critics like Porson and Lachmann, inferior in εὐστοχία and ἀγχίνοια, put him to shame by their serious and disinterested purpose and the honesty of their dealings with themselves. His buoyant mind, elated by the exercise of its powers, too often forgot the nature of its business, and turned from work to play; and many a time when he feigned and half fancied that he was correcting the scribe, he knew in his heart (and of his Paradise Lost they tell us he confessed it) that he was revising the author.

It is a point in which Bentley compares ill with Scaliger, that his conjectures often leave the MSS too far behind them and sometimes set them utterly at naught. The crowning instance is V 229 *aut cornua tauri* for *atque arma ferarum*. But the worst that can be said of this conjecture is that it is improbable to the last degree: dozens and scores of Scaliger's, distant only a letter or two from the MSS, are something very much worse; they are impossible. Bentley's rashness there is no denying, but it is less than Scaliger's. Again: he will now and then propose conjectures which instead of amending the text make havoc of it; and II 322 *nongentae*, III 421 *lucis*, 547 *mensibus*, are very amazing blunders. But they amaze because they are Bentley's: in Scaliger such things occur on every second page, and the reader ceases to wonder at them.

It was one of Bentley's chief services to the text that he first detected the presence there of spurious verses. But this discovery, like Scaliger's discovery of transpositions in Propertius, was misused and perverted by its own author till its utility was well-nigh cancelled and its credit annulled. When a genuine verse was so corrupt that no meaning glimmered through it, and even Bentley's divination was baffled at the first assault, then the impatient critic, who had no turn for tiresome blockades, chastised its recalcitrancy by proclaiming it counterfeit. He forgot that counterfeit verses are not wont to be meaningless unless they are corrupt as well, and that the aim of interpolators is not to make difficulties but to remove them. The best prize that Bentley missed, and the richest province left for his successors, is the correction of those verses of Manilius which he precipitately and despotically expelled.

To edit Manilius was one of Bentley's earliest projects, and he writes on p. lxiii of the preface to Phalaris 'I had prepared a Manilius for the press, which had been published already (1699), had not the dearness of paper and the want of good types, and some other occasions, hindered.' The edition was brought out in 1739, when Bentley was seventy-seven, by his nephew and namesake; and such notes as that on v 404 declare that it was even yet unfinished. One other student of Manilius in this period deserves a word, the brilliant and erratic Withof, whose manuscript conjectures, often identical with Bentley's, are preserved in the library of Goettingen and mentioned by Jacob pp. xiv sq.[1]

If a man will comprehend the richness and variety of the universe, and inspire his mind with a due measure of wonder and of awe, he must contemplate the human intellect not only on its heights of genius but in its abysses of ineptitude; and it might be fruitlessly debated to the end of time whether Richard Bentley or Elias Stoeber was the more marvellous work of the Creator: Elias Stoeber, whose reprint of Bentley's text, with a commentary intended to confute it, saw the light in 1767 at Strasburg, a city still famous for its geese. This commentary is a performance in comparison with which the Aetna of Mr S. Sudhaus is a work of science and of genius. Stoeber's mind, though that is no name to call it by, was one which turned as unswervingly to the false, the meaningless, the unmetrical, and the ungrammatical, as the needle to the pole. His purpose, put in short, is to depose good MSS, **G** and **L** and **V**, in favour of a bad MS, 'Parisinus uere Regius,' and to depose great critics, Scaliger and especially Bentley, in favour of Regiomontanus, who was no critic at all. 'Pour expliquer les leçons ridicules de ces deux oracles,' says Pingré with perfect justice, 'et leur donner quelque vernis de sens commun, on accumule des solécismes, des barbarismes, des verbes sans nominatifs, des

[1] The book containing these conjectures is the copy of Scaliger's second edition in which V was collated for Bentley; and Jacob would have us believe that Withof anticipated Bentley and that Bentley had these conjectures under his eyes: 'Withof suas coniecturas adpinxit et librum suum *κτῆμα* uocat an. 1717. is liber d e i n d e, ut in fronte adscriptum nomen testatur, in manus Bentleii uenit, atque huius margini ea appicta Vossiani secundi collatio est, quam supra Bentleianam commemoraui.' Now this collation was made for Bentley in 1709 (Manil. praef. p. xiv), and writing to G. Richter on Sept. 14th 1708 old style (corresp. p. 366) he says that he is already in possession of it; and Withof was then a boy of fifteen. It is clear that Bentley, having copied the collation, got rid of the book, and that it came into the hands of Withof later.

nominatifs et des accusatifs sans verbes, des subjonctifs et infinitifs que rien ne gouverne, des constructions inintelligibles, des mots expliqués dans un sens qui ne fut jamais le leur, défauts de suite, défauts de sens, contradictions, sous-ententes inadmissibles, fautes grossières de quantité, termes parfaitement inutiles, qu'en langage de collège on appelle *chevilles*. Voilà tout ce que nous avons pu recueillir des notes de Maître Elie Stoeber; et M. Elie Stoeber trouve cela très-élégant, très-digne de l'esprit sublime et délicat de Manilius.'

A bare mention is enough for Edmund Burton's edition of 1783, with a text founded on the first recension of Scaliger, an assortment of borrowed notes, and a few invectives against Bentley. No more does it concern us that the Societas Bipontina issued a text of Manilius with their Virgil of the same year. This edition contains a 'notitia literaria de M. Manilio,' whose history is divided, after the fashion of Hesiod, into 'aetas I, autographa et genuina, 1472–1566. aetas II, ambigua seu Scaligerana, 1579–1739. aetas III, deformata ab aggressione Richardi Bentleji, Angli.'

In the same year 1783 died Iohannes Schrader, Heinsius dimidiatus, whose conjectures on Manilius are preserved in manuscript among Santen's books (no. 95) at Berlin and are mentioned by Jacob pp. xiii sq. The youth of Berlin and Goettingen might easily be worse employed than in transcribing the notes of Schrader and Withof and giving them to the world after the pattern of Mr E. Hedicke's studia Bentleiana. I suspect that they have forestalled a good many of my own conjectures; but I have abstained from all enquiry after them, in order that the coincidence, if coincidence there be, may weigh the heavier.

In 1786 appeared at Paris in two volumes the text of A. G. Pingré, with a French translation or rather paraphrase facing it, and a frugal equipment of brief notes textual and explanatory. Pingré, though intelligent and well-read, was no marvel of learning or brilliancy or penetration; but the prime virtue of a critic, worth all the rest, he had: simplicity and rectitude of judgment. The text is Bentley's, improved by the subtraction of many unnecessary or extravagant conjectures; and though it not only retains much of Bentley which ought to be omitted but omits much which ought to be retained, it is yet even now, in the year 1903, the best and far the best existing text of Manilius. Pingré's own conjectures are not many, but sensible and sometimes excellent; and the translation, though it grows reprehensibly vague and wordy where the text has no meaning or where its meaning is obscure to Pingré, is the student's smoothest way to a continuous understanding of the poem. In no edition of Manilius is there so little that calls for censure.

There is nothing to speak of between Pingré and Friedrich Jacob, who in the years 1832–6 put forth at Lubeck a series of five pamphlets successfully defending a number of the verses condemned by Bentley, and produced in 1846 what remained for the rest of the century the commonly accepted text. Bentley is first, and Scaliger second, among the conjectural emendators of Manilius, and there is no third; but if there were a third it would be Jacob. Say what you will, he has contributed to the Astronomica, as to the Aetna twenty years before, a body of corrections not only considerable in number but often of the most arresting ingenuity and penetration. Yet the virtues of his work are quenched and smothered by the multitude and monstrosity of its vices. They say that he was born of human parentage; but if so he must have been suckled by Caucasian tigers. His false quantities, *quăter*, *octŏtopos*, *sūb hoc*, *cónōr ét*, *numerabīs ordine*, *scorpiŏn* nom., *fēmina* neut. plur., are the least and fewest of the horrors here amassed upon Manilius. Not only had Jacob no sense for grammar, no sense for coherency, no sense for sense, but being himself possessed by a passion for the clumsy and the hispid he imputed this disgusting taste to all the authors whom he edited; and Manilius, the one Latin poet who excels even Ovid in verbal point and smartness, is accordingly constrained to write the sort of poetry which might have been composed by Nebuchadnezzar when he was driven from men and did eat grass as oxen.

> tene feris dignam tantum, Germania, matrem
>   dixerat iniusti musa mathematici?
> at sua nunc illi criticus te matre creatus
>   effecit tantum carmina digna fera.

In his dealing with the MSS this blunderer has learnt no lesson from the chief master of the art, but conceives a spite against **G** and makes a pet of the Vossianus secundus (that is not only **V** but **v**, a poor kinsman of **G**'s family); and this codex, from which the skill and tact of Bentley had drawn more profit to Manilius than from any other, becomes in Jacob's hands an engine of depravation. In the notes with which he now and again supports his corruptions and misinterpretations of the text he seems to stick at no falsehood and no absurdity which the pen will consent to trace on paper. In short his book, if only its vices are considered, is a scarce less woful piece of work than Stoeber's: the difference is that, while Stoeber never reminds one of a rational animal, the fog of Jacob's intellect is shot through, and that not seldom, by flashes of conspicuous and startling brilliancy. They are Capricorn and Sagittarius: pars huic hominis, sed nulla priori.

Foremost among the critics who have written on Manilius since the time of Jacob stands Theodor Breiter, who published in 1854 a treatise of little moment 'de emendatione Manilii,' in 1889 a far more valuable and important series of criticisms in vol. 139 of Fleckeisen's annual, and a few further notes in vol. 147 in 1893. The merits of Robinson Ellis will be thought quite equal to Breiter's by readers who get their knowledge of his conjectures from this edition and do not consult the book from which they are taken, his Noctes Manilianae published in 1891 at Oxford: these students too may wonder why it is that I comment sharply enough upon several of Mr Breiter's errors but never even mention any of Mr Ellis's. The third work of criticism demanding separate notice is J. P. Postgate's Silua Maniliana published at Cambridge in 1897.

Jacob had provided an apparatus criticus more complete than Bentley's or any other but still exceedingly defective: the readings of his favourite MS **V** were presented with some fulness, but **L** was very imperfectly collated, and **G** worst of all. A full collation of **G** was published at Ghent by P. Thomas in 1888, and a vast collection of excerpts from **M** by R. Ellis in the Classical Review for 1893 and 1894. In 1900, in the third fasciculus of Postgate's Corpus Poetarum Latinorum, there appeared a new text and critical apparatus prepared by Malwin Bechert. In addition to **G** and **M**, already known in full or nearly so, and **V**, sufficiently known from Jacob, he furnished an adequate selection from the readings of **L**, and thus for the first time supplied the learned world with a proper knowledge of all the four chief MSS. But Mr Bechert has turned his rich material to no account. He has chosen to imitate Jacob instead of Bentley, and to take one MS—this time it is **G**—for a favourite. Mr Bechert, like Jacob, has a relish for the uncouth and is not dismayed by the hideous; he mistakes this taste, as Jacob mistook it, for a peculiar insight into the diction of Manilius: he finds in **G**, as Jacob found in **V**, a great deal to gratify it; and he uses **G**, as Jacob used **V**, to corrupt the text. The two weapons are almost equally efficacious; Mr Bechert's recension of the poem is little better than Jacob's, and despite its wide and numerous divergencies in detail, it resembles Jacob's, and does not resemble Latin literature. And Mr Bechert has nothing of that quality by which the performance of Jacob is in part redeemed; in all his edition I can find only four conjectures which seem true to me or even probable.

III

The two families **GL** and **MV**, or call them **α** and **β**, are equal in value. This I say, not as having determined the indeterminable, computed the number and appraised the moment of their variants; but because we can nowhere dispense with either of them, and not a page of the text can be set right without alternately preferring the one to the other. This difference they have, that **β** is the less correct and **α** the less sincere; **β** has more corruptions and **α** has worse interpolations. Neither from my notes nor from Bechert's will you learn how profusely the text of **β** has been depraved by carelessness and ignorance and even now and then by a faint attempt to think. I 13 *hac* for *hoc*, 22 *circum* for *rerum*, 44 *serat* for *secat*, 53 *signari* for *signarunt*, 72 *propriore* for *propiore*, 105 *mentis* for *uentis*, 128 *unde* for *in idem*, 148 *labilis* for *habilis*: the number of such errors is too great for mention, and their significance too small; but in fairness to the other group it must continually be borne in mind that they are common in **β** and are not common in **α**. The vice of **α** is not a perpetual and heedless blundering but a fitful and ineffectual effort to understand and to correct: its errors are far fewer than **β**'s, but many of them are far deeper and more destructive of the truth. This difference in honesty between **α** and **β** is displayed in such examples as the following: IV 519 *incedunt* (*inced̄t*)] *iuceat* **β**, *iace///* **G**, *iacet* **L**, 623 *Taurum*-que minantem] *aurum* **β**, *arcum* **α**, 742 *regionibus*] *recionibus* **β**, *rationibus* **α**, V 64 *tota . . . urbe*] *tota . . . orbe* **β**, *toto . . . orbe* **α**, 136 *suspensa ad strepitus*] *suspensas trepitus* **β**, *suspensas trepidus* **α**, 176 flammis *absentibus*] *habentibus* **β**, *habitantibus* **α**, 235 *Crater* (sequente uocali)] *cetera* **β**, *caeteraque* **α**, 329 *chordae*] *horeae* **β**, *boreae* **α**, 505 *aequorei* iuuenis] *aequore* **β**, *aequoreae* **α**, 732 *delabsa* (*delabia*)] *delibia* **β**, *deliba* **α**.[1]

[1] To justify without delay what I have said on p. xxii concerning Mr Bechert's lack of judgment and his partiality for **G**, I here record that he edits in IV 623 *actam*, in V 176 *latitantibus*, in 235 *Craterque*, and in 329 *boreae*. The perversity

Here **β** has retained the simple corruptions from which critics have recovered the original: **α** has aimed at sense or grammar or metre, and has only succeeded in burying the truth out of sight.

So much for their diversity of character; and now, to show their equality in merit, I will begin at II 684 and enumerate their chief dissensions throughout the next 500 lines, omitting places where the true reading is doubtful, places where the two families are equidistant from the truth, and places where the two MSS of either family are at variance one with another.

α better than **β**. II 728 *fulgent* **α**, om. **β**. 737 *stant* **α**, *sunt* **β**. 764 *ecfluat*] *et fluat* **α**, *ut fluat* **β**. 781 *omnis* **α**, om. **β**. 821 *aeternis*] *alternis* **α**, *alterius* **β**. 888 *graiae* **α**, *graia* **β**. 893 *aduersa quae* **α**, *diuersa qua* **β**. 911 *iterum* **α**, *uerum* **β**. 915 *imitantem* **α**, *mutantem* **β**. 925 *conubia* **α**, *coniugia* **β**. 932 *suas agitat* **α**, *sua fatigat* **β**. III 23 *loquar*] *loquor* **α**, *liquor* **β**. 32 *casus* **α**, om. **β**. 62 *disposita . . . uagasque* **α**, *deposita . . . uagasue* **β**. 102 *locus est qua* **α**, *genus est* **β**. 112 *fundentem* **α**, *fudentem* **β**. 140 *quaque*] *quaeque* **α**, *quae* **β**. 141 *mouent ut*] *mouent et* **α**, *mouente* **β**. 158 *effectus* **α**, *affectus* **β**. 175 and 176 once in **α**, twice in **β**.

β better than **α**. II 702 *numero*] *numeros* **β**, *numeris* **α**. 728 *quia* **β**, *quae* **α**. 734 *dimidia* **β**, *dimidiam* **α**. 737 *suo* **β**, om. **α**. 744 *uires* **β**, om. **α**. 824 *rata* **β**, *rara* **α**. 830 *externum . . . quia* **β**, *extremum . . . qua* **α**. 883 *priorum* **β**, *piorum* **α**. 921 *libratum* **β**, *librarum* **α**. III 7 after 8 **β**, after 37 **α**. 15 *fulmine*] *fulmina* **β**, *flumina* **α**. 20 *magna* **β**, *magno* **α**. 22 *magni* **β**, *magno* **α**. 63 *euincunt* **β**, *et uincunt* **α**. 70 *locarat*] *uocarat* **β**, *uocarant* **α**. 90 *mouet* **β**, *mouent* **α**. 103 *quod*] *quo* **β**, *quae* **α**. 137 *compositi* **β**, *composita* **α**. 188 given by **β**, omitted by **α**. 190 *memorant* **β**, *memorat* **α**. 200 *fulgens* **β**, om. **α**.

Such is the equality of **α** and **β**, and such it remains throughout the poem. Let us hear no talk of 'the better family of MSS,' for nothing of that name exists.

Within their several classes, **G** is on the whole superior to **L**, and **M** to **V**. True, the text of **G** contains many interpolations which appear in **L** as marginal corrections only and have not invaded **MV** at all; but on the other hand it frequently stands alone in retaining the truth where **L** and **MV** have suffered diverse or even identical corruptions. **L** also has some examples of this

of the first two readings can be seen at a glance: in order to realise the full folly of the others the reader must consult their context.

lonely virtue, such as I 545 *quacumque* **L**, *quaecumque* **G**, *quarumque* **M**, II 39 *ritus pastorum*] *ritus pecorum* **L**, *pecorum ritus* **GM** metri gratia, III 45 *det* **L**, *dat* **GMV**, 490 *coniungere* **L**, *coniunges* **MV**, *coniungis* **L**^{2}**G**, IV 400 *consummant* **L**, *consumant* **G**, *consument* **MV**, 882 *ratione ediscere*] *ratione discere* **L**, *rationem discere* **L**^{2}**GMV**, V 241 *tibi*] *cibi* **L**, *sibi* **GMV**; but they are much fewer in **L** than in **G**. **M** not only has the great advantage over **V** that it preserves a genuine tradition of the verses I 83—II 683, but is also superior in that part of the poem which they possess in common. **V** indeed is sometimes the better, as at II 735 *destituent eius tum*] *destituente iustum* **V**, *destituente rustum* **M**, *destituent te iustum* **GL**, III 316 *ne* **V**, *ue* **MGL**, 546 *die* **V**, *dies* **MGL**, IV 919 *cogat* **V**, *doceat* **MGL**; but it is oftener inferior both in sincerity and, so far as the published records of its readings allow us to judge, in accuracy. So I will now take **G** and **M** as the two representative MSS and compare them as I have already compared the two groups which they represent; they will be found to display in a heightened form the contrasted natures of their stocks, and to possess like them, with all their difference of character, equality of value.

G excels not only the second family but also its own companion **L** in the following places among others. II 15 *Iouis et* **G**, *iuuisse* **LM**. 19 *notauit*] *notarit* **G**, *rogarit* **LM**. 168 *exterius mirantur* **GL**^{2}, *exterminantur* **LM**. 473 *generant* **G**, *gerant* **LM**. 495 *uertunt oculos in mutua*] *uertunt oculosque in mutua* **G**, *uertitur oculis in muta* **M**, *uertitur oculis immutaque* **L**. 584 *lis* **G** uar. man. 1, *leuis* **GLM**. 692 *pacata infestis* **G**, *pacatam infectis* **L**, *pacatam inferens* **MV**. III 69 *sorte* **G**, *sortem* **LMV**. IV 30 *a captis*] *captis* **G**, *capitis* **LMV**. 221 *multo* **GL**^{2}, *multum* **LMV**. 243 *Vesta tuos* **GL**^{2}, *uastat uos* **L**, *restat uos* **MV**. 282 *illuc agilem*] *illuc aligem* **G**, *huc caliginem* **L**, *huc caligine* **MV**. 299 *nomen* **G**, *numen* **L**, *numem* **MV**. 906 *erectus capitis* **G**, *erectus captis* **M**, *ereptus captis* **L**, *erepitus captis* **V**. 934 *facit* **GL**^{2}, *facis* **LM**, *fatis* **V**. V 46 *ortus* **G**, *portus* **L**, *portur* **MV**. 545 *solataque*] *solaque* **G**, *solaque in* **LMV** metri gratia. IV 282 and V 545 are especially noteworthy, as signal instances of that integrity which **G** so often lacks.

M in its turn excels in the following passages. II 9 *latites* corr. in *latices* **M**, *lances* **GL**. 172 *hominis . . . priori* **M**, *oris . . . prioris* **GL**. 190 *hominis*, **M**, *oris* **GL**. 195 *uernis* **M**, *uertus* **L**, *uer tunc* **G**. 223 *quin*] *quid* **M**, *quod* **GL**. 290 *haec quadrata* (*haec* □ *ta*)] *haec ta* **M**, *haec ta* **G**, *haecca* (*ca* in ras.) **L**. 375 *quia* **M**, *quae* **GL**. 474 *a triquetrisq. orti*] *utrique trisorti* **M**, *utrique* // *sorti* **L**, *utrique sorti* **G**. III 136 *quamque* **M**, *quoque* **VGL**, 432 *munere*] *munero* **M**, *munera* **G**, *numero* **VL.** IV 162 *metam* **M**, *uictam* **VGL.** 740 *elephantas* **M**, *elephantes* **V**, *elephantum* **GL.** V 75 *torto* **M**, *toto* **VGL.** 138 *quaerunt arbusta*] *que rutarbusta* (=*querūt*) **M**, *que ruunt arbusta* **GL**, *rufa arbusta* **V.** 327 *somnum* **M**, *sonum* **L**², *sonitum* **VGL.** 363 *limine* **M**, *lumine* **V**, *limite* **GL.** 496 *contemnere*] *contenere* **M**, *contendere* **VGL.**

Thus far of the merits of **G** and **M**; and now of their defects. I have said already that **M**'s family has many more blunders than **G**'s; and to show the difference between **G** and **M** in point of heed and correctness I will take twelve lines from the text of the first book, 905–916, where the reading is not disputed, and rehearse the errors of **G** and **M** respectively. **G** has no errors at all: **M** has these: 906 *et nam* for *etiam*, 911 *laseros* . . . *ari* for *laceros* . . . *artus*, 912 *cum fluxit* for *confluxit*, 913 *quod* for *que*, 914 *acua* for *actia*, 916 *alia* for *alea.* This, or worse than this, is the aspect of **M** throughout the poem: hardly a paragraph wears the likeness of sense or even of Latin. But hand in hand with this floundering ignorance goes the kindred virtue of honesty. In all the MS I have noticed only three downright interpolations, I 331 *de* inserted for metre's sake after *Ophiucus* had been changed to *Orpheu*, 850 *uiam* for *procul* to suit the corruption *exurunt*, IV 776 *possidet* for *condidit* to suit the corruption *orbem*: here and there are found other alterations which bewray a vague and helpless impulse to correct the text, such as I 353 *de toto* for *deltoton*, II 233 *de genere* for *degere*; but even these are few. We have seen the difference in accuracy between **G** and **M**: now see the opposite difference in sincerity.

II 8 sq. Manilius wrote 'cuiusque ex ore *profusos* | omnis posteritas *latices* in carmina duxit': **M** alone has preserved *latices* or *latites*, and has made the careless blunder of writing *profusus*; **L** and most MSS give *profusos* . . . . *lances*; **G** corrects the gender, *profusas* . . . *lances.* II 138 sq. Manilius wrote 'solus uacuo ueluti uectatus in orbe | *liber agam* currus' ('ueluti' belongs to 'agam,' not to 'uectatus'): **LM** have *ubera tam*; but **L**² offers the ridiculous conjecture *umbrato curru*, and this appears in the text of **G.** II 195 *uernis* **M** rightly, *uertus* **L**, whence **L**²**G** devise *uer tunc.* II 393 *ferit* Manilius: *fecit* **L**, an honest error, *ferunt* **M**, another; *facit* **G**, a metrical correction of *fecit.* II 534 sq. 'ab illis | nascentis Librae superari posse *trigono*' **LM**: because the acc. plur. 'nascentis' was mistaken for a gen. sing., the conjecture *trigonum* appears in **L**² and **G.** II 731 *pariterque sequentia ducunt* Manilius: *pariterque sententia ducunt* **LMV**; **L**² strikes out the *que* for metre; **G** corrects metre and grammar both with *pariter sententia ducit.* II 870 *porta* (πύλη)

Manilius, *orta* **LMV** with loss of the initial, *ora* **L**^{2}**G**. III 7 *coniuratos* **MV** rightly: **L** has corrupted *c̄iuratos* into *curatos*; **L**^{2} and **G** fill up the verse with *ad curatos*. III 33 *signorumque* Manilius: *si* was lost in the margin and *gnorumque* appeared in the archetype as *quorumque*, which is faithfully preserved by **LMV**; **L**^{2} and **G** have the metrical correction *quorum quaeque*. III 332 *limite recto* Manilius, *limiter octo* **LMV**, *limitis octo* **G**. III 634 'tumescit in *arua*' Manilius, *aura* **LMV**, *auras* **L**^{2}**G**. III 635 *status* **MV**, *satus* **L**, *situs* **L**^{2}**G**. III 657 *signi* Manilius, *signis* **LMV**, *segnis* **G**. IV 104 *in portenti* Manilius, *inportent* **LMV**, *importans* **G**. IV 127 *uotis* **M**, *uatis* **L**, *natis* **G**. IV 200 *bona sunt* Manilius, *bonas ut* **LM**, *bonas in* **V**, *bonus ut* **G** metri gratia. IV 252 sq. *fugantem frigora* Manilius, *fugacem frigora* **LMV**, *fugacem frigore* **L**^{2}**G**. IV 580 'cum *Babyloniacas summersa* profugit in undas' Manilius, and so **M**: **V** has the same letters but divides them ill, *babilonia cassum mersa*; **L** further omits one, *babilonia casum mersa*; then **L**^{2} strikes out *mersa* and writes *babilonias casum*, and **G** has *babilonias casus* with *mersa* omitted, 'cum Babylonīas casus prōfugit in undas.' IV 588 *nascentem lapsumque* Manilius: **LMV** have *ipsumque*, and so has **G**, but **G** corrects the metre with *nascentemque*. IV 609 'Italiam, *Hadriaco mutatum nomina ponto*' Manilius: *adriam conmutatus nomine ponto* **V**, *hadriam comitatus nomine ponto* **ML**, *atque adriam comitatus nomine pontum* **G**. IV 659 *alpinas* **MV**, *albinas* **L**, *albanas* **L**^{2}**G**. IV 677 '*ad Tanaim Scythicis* dirimentem fluctibus *orbes*' Manilius: *at* (*ad* **V**) *tantam scythicas . . . orbes* **LMV**, *ac tantum scythicas . . . orbes* **L**^{2}, and lastly *ac tantum scythicas . . . urbes* **G**. IV 901 *in inspectus* Manilius, *inspectus* **LMV**, *et inspectus* **L**^{2}**G**. V 12 sq. 'hinc uocat Orion, magni pars maxima caeli, | et ratis heroum, *quae* nunc quoque nauigat astris' **MV** rightly: **L** and **G** both omit 'magni . . . heroum,' but **L** retains the true reading *quae*, **G** writes *qui* to suit 'Orion.' V 40 *quisquis erit terris* **MV**: **L** has *quisque*; **G** mends the metre of this with *quisque erit in terris*. V 49 *Persida* Manilius, *per sidera* (that is *persiđa*) **LMV**: **L**^{2} and **G** throw away the unmetrical *per* and keep only *sidera*. V 57 *decuma lateris* Manilius: the archetype had *desumalateris*, which becomes *deus mala terris* in **MV** and *//suma lateris* in **L**: **L**^{2} and **G** make it into *summa lateris*. V 97 *de sidere* **MV**, *de fidere* **L**, *diffidere* **L**^{2}**G**. V 137 *ingenita est* Manilius, *ingeniest* **MV**, *ingeniem* **L**, *ingenium* **L**^{2}**G**. V 263 'ecfingetque suum *sidus similesque* in mutua pressos' **MV**, which as Jacob saw is the remains of two verses; *similesque sidus* **L**: **L**^{2} strikes out *sidus* for the metre's sake, and **G** omits both *sidus* and *que*. V 414 *ue fauet* Manilius, *fauet* **MVL**, *fauit* **G** to mend the verse. V 592 'subuolat *alis*' **MVL**: *al-* was absorbed by *-at*, and the remnant *-is* has been spun out to *undis* by **G**. v 596 *a gurgite frontem* Manilius: *a gurgite fonte* **V**, *a gurgit effonte* **M**, *asurgit a fonte* **L**, whence **G** makes *assurgit a fonte*. v 599 'laxum*que per* aethera' **MV**, *per* **L**, *per et* **G**. v 691 *quo perit* Manilius, *quod erit* **MVL**, *quodque erit* **L**²**G**.

No such catalogue of frauds can be compiled from **L** or **M** or **V**. Of all the four MSS, **G**, the most correct, is also the most interpolated; it has the fewest faults, but the worst.

Hitherto I have been citing passages where the tradition of the archetype is preserved, or better preserved, in one MS or group of MSS and corrupted, or worse corrupted, in another. But there are also places where both families have altered the reading of their common source, and it is to be restored by a comparison of their divergent errors. Here too they are equal, and each makes good the delinquencies of its fellow. II 46 *tartaron atra* Manilius, *tartara natra* the archetype, *tartara nacta* **M**, *tartara natram* **G** (*natum* **L**). 171 *ut Capricornus et intentum qui*] *ut quae capricornus intentum qui* **M**, *ut capricornus qui intentum* **L**, *ut capricornus et hic qui intentum* **G**. 393 *ferit*] *fecit* **L** (*facit* **G**), *ferunt* **M**. III 283 *gelidas uergentia*] *gelida uergentia* **MV**, *gelidasque rigentia* **GL**. IV 369 *quaerendum aliud* Manilius, *quaerendu mali ud* archetype, *quaerenda mali* **G**, *quaerendo mali* **L**, *quaerendo mala quid* **MV**. 659 *Alpinas cum contudit*] *alpinas* (*albinas* **L**) *contundit cum* **MVL**, *albanas cum contudit* **G**. 702 *eat*] *erat* **G**, *et* **LMV**. V 366 *nitidis olor euolat alis*] *nitidis olore uolantis* **GL**, *uttibi solore uolatalis* **MV**. 389 *anguitenens*] *arcitenens* **GL**, *et qui tenens* **MV**. 425 *diducet*] *deducet* **GL**, *dicutet* **MV**. 475 *doctior urbe*] *doctior orbe* **MVL**, *doctor urbe* **G**.

Some verses where the MSS have thus wandered away to the right and left of their original are still in need of correction. V 219 is given with these variations:

	haec ubi se ponto per primas extulit oras,
MV	nascentem *quam nec* pelagi *restrinxerit* unda,
L	nascentem *quem* pelagi *restrinxerit* unda,
G	nascentem *si quem* pelagi *restinxerit* unda,
	effrenos animos uiolentaque pectora finget.

Take the *quam nec* of **MV** (corrupted in **L** and worse corrupted in **G**) and *restinxerit* of **G** (corrupted in all the other MSS):

nascentem quam nec pelagi restinxerit unda.

Not even the flood of ocean can quench the dogstar as it rises over the rim of the sea.

In II 713 Manilius begins to tell us how the dodecatemories are distributed among the twelve signs of the zodiac :

M	nunc *quod sit cuiusque* canam, quoue ordine *constet*
GV	nunc *quid sit cuiusque* canam, quoue ordine *constet*
L	nunc *quid sit cuiusque* canam, quoue ordine *constent*
Voss. 1	nunc *quid sint cuiusue* canam, quoue ordine *constent.*

Take the *quod* of **M**, the *sint* of Voss. 1, the *cuiusque* of **GLMV**, the *constent* of **L** Voss. 1 :

nunc quod sint cuiusque canam, quoue ordine constent.

That is 'canam quot dodecatemoria cuiusque sint sideris' : this he proceeds to do in 715–21. Bentley had discovered this, except that not possessing **M** he wrote *quae* instead of *quod.*

But the most difficult and important passage which yet awaits correction by this method is IV 776, where Italy is apportioned to the sway of the constellation Libra and reasons are added to show the propriety of this arrangement.

	Hesperiam sua Libra tenet, qua condita Roma	
	orbis et imperio retinet discrimina rerum	
	lancibus et positis gentes tollitque premitque,	
M	qua genitus *Caesarque meus nunc possidet orbem*	776
V	qua genitus *Caesarque meus nunc condidit orbem*	776
L	qua genitus *meus nunc condidit orbem*	776
G	qua genitus *cum fratre Remus hanc condidit urbem*	776
	et propriis frenat pendentem nutibus orbem.	

The 'qua condita Roma' of 773 is plain enough : Cic. de diu. II 98 'L. Tarutius Firmanus . . . Romam, cum in Iugo (i.e. Libra) esset luna, natam esse dicebat,' Solin. I 18 'Romulus . . . fundamenta iecit . . . sole in Tauro, luna in Libra constitutis.' But what person is signified as 'Libra genitus' in 776? To begin at the end, the *orbem* of 777 shows that **G**'s *urbem* rather than the *orbem* of the other MSS is the true reading in the verse above. It further appears that **M**'s *possidet* is a mere interpolation prompted by the false reading *orbem,* and that the *condidit* of **GLV** is the original. Next, the *nunc* of **MVL** is metrically more probable than the *hanc* of **G**, because Manilius, as I have remarked at I 10, does not seem to lengthen short final syllables except in two verses of the first book ; for in IV 280 the corruption of the text is evident. Then, from the present tense of *frenat* in 777, it follows that **G**'s *cum fratre Remus* is a false reading; though I will not conceal that Romulus, if he was born at sunrise on the 21st day of the month Thoth (Sept. 18th) in the 8th century before Christ, as Plutarch uit. Rom. 12 8 relates that Tarutius pretended, had Libra for his horoscope. The *Caesarque meus* of **MV** is not itself good sense or grammar, but it is near the truth: Manilius wrote

qua genitus Caesar me*li*us nunc condidit urbem.

With this compliment to the reigning sovereign compare Suet. Aug. 7 'quibusdam censentibus Romulum appellari oportere, quasi et ipsum conditorem urbis,' Calig. 16 'decretum ut dies, quo cepisset imperium, Parilia uocaretur, uelut argumentum rursus conditae urbis,' Claud. in Eutrop. II 82 sq. 'tertius urbis | conditor (hoc Byzas Constantinusque uidebunt).' Which of the Caesars had Libra for his natal star and was curbing the world when Manilius wrote these verses I will consider on p. lxx; but here I am only concerned with the history of the text. *li* and *u* are barely distinguishable (v 36 *celi* for *ceu*), and *meuus* could come to nothing but *meus*: the archetype read

qua genitus caesar meus nunc condidit orbem.

β rendered this metrical by inserting *que*: in **α** the word *caesar* or *cesar* was obscurely written, so that **L** omits it as illegible, while **G** makes *-rmeus* into *remus* and from the dim remains of *caesa-* elicits *c̄ frat* [*re*].

IV

Some ancient authors have descended to modern times in one MS only, or in a few MSS derived immediately or with little interval from one. Such are Lucretius, Catullus, Valerius Flaccus, and Statius in his siluae. Others there are whose text, though in the main reposing on a single copy, can be corrected here and there from others, inferior indeed, but still independent and indispensable. Such are Juvenal, Ovid in his heroides, Seneca in his tragedies, and Statius in his Thebais and Achilleis. There is a third class whose text comes down from a remote original through separate channels, and is preserved by MSS of unlike character but like fidelity, each serving in its turn to correct the faults of others. Such are Persius, Lucan, Martial, and Manilius.

If I had no judgment, and knew it, and were nevertheless immutably resolved to edit a classic, I would single out my victim from the first of these three classes: that would be best for the victim and best for me. Authors surviving in a solitary MS are by far the easiest to edit, because their editor is relieved from one of the most exacting offices of criticism, from the balancing of evidence and the choice of variants. They are the easiest, and for a fool they are the safest. One field at least for the display of folly is denied him: others are open, and in defending, correcting, and explaining the written text he may yet aspire to make a scarecrow of the author and a byword of himself; but with no variants to afford him scope for choice and judgment he cannot exhibit his impotence to judge and choose.

But the worst of having no judgment is that one never misses it, and buoyantly embarks without it upon enterprises in which it is not so much a convenience as a necessity. Hence incompetent editors are not found flocking to texts like Valerius Flaccus' and leaving texts like Manilius' alone. They essay to edit the latter no less promptly than the former; and then comes the pinch. They find themselves unexpectedly committed to a business which demands not only the possession, but the constant exercise, of intellectual faculties. An editor of no judgment, perpetually confronted with a couple of MSS to choose from, cannot but feel in every fibre of his being that he is a donkey between two bundles of hay. What shall he do now? Leave criticism to critics, you may say, and betake himself to any honest trade for which he is less unfit. But he prefers a more flattering solution: he confusedly imagines that if one bundle of hay is removed he will cease to be a donkey.

So he removes it. Are the two MSS equal, and do they bewilder him with their rival merit and exact from him at every other moment the novel and distressing effort of using his brains? Then he pretends that they are not equal: he calls one of them 'the best MS,' and to this he resigns the editorial functions which he is himself unable to discharge. He adopts its readings when they are better than its fellow's, adopts them when they are no better, adopts them when they are worse: only when they are impossible, or rather when he perceives their impossibility, is he dislodged from his refuge and driven by stress of weather to the other port.

This method answers the purpose for which it was devised: it saves lazy editors from working and stupid editors from thinking. But somebody has to pay for these luxuries, and that somebody is the author; since it must follow, as the night the day, that this method should falsify his text. Suppose, if you will, that the editor's 'best MS' is in truth the best: his way of using it is none the less ridiculous. To believe that wherever a best MS gives possible readings it gives true readings, and that only where it gives impossible readings does it give false readings, is to believe that an incompetent editor is the darling of Providence, which has given its angels charge over him lest at any time his sloth and folly should produce their natural results and incur their appropriate penalty. Chance and the common course of nature will not bring it to pass that the readings of a MS are right wherever they are possible and impossible wherever they are wrong: that needs divine intervention; and when one considers the history of man and the spectacle of the universe I hope one may say without impiety that divine intervention might have been better employed elsewhere. How the world is managed, and why it was created, I cannot tell; but it is no feather-bed for the repose of sluggards.

Apart from its damage to the author, it might perhaps be thought that this way of editing would bring open scorn upon the editors, and that the whole reading public would rise up and tax them, as I tax them now, with ignorance of their trade and dereliction of their duty. But the public is soon disarmed. This planet is largely inhabited by parrots, and it is easy to disguise folly by giving it a fine name. Those who live and move and have their being in the world of words and not of things, and employ language less as a vehicle than as a substitute for thought, are readily duped by the assertion that this stolid adherence to a favourite MS, instead of being, as it is, a private and personal necessity imposed on certain editors by their congenital defects, is a principle; and that its name is 'scientific criticism' or 'critical method.' This imposture is helped by the fact that there really are such things as scientific methods and principles of criticism, and that the 19th century was specially distinguished by a special application of these methods and principles which is easily confused, by parrots, with the unprincipled and unmethodical practice now in question. Till 1800 and later no attempt was made by scholars to determine the genealogy and affiliation of MSS: science and method, applied to this end by the generation of Bekker and Lachmann, Madvig and

Cobet, have cast hundreds of MSS, once deemed authorities, on the dust-heap, have narrowed the circle of witnesses by excluding those who merely repeat what they have heard from others, and have proved that the text of certain authors reposes on a single document from which all other extant MSS are copied. Hence it is no hard task to diffuse among parrots the notion that an editor who assigns preponderant authority to any single MS is following the principles of critical science, since the question whether the MS really possesses that authority is one which does not suggest itself to the creature of which Pliny has written 'capiti eius duritia eadem quae rostro.' Nay more: the public is predisposed in favour of the falsehood, and has reasons for wishing to believe it true. Tell the average man that inert adhesion to one authority is methodical criticism, and you tell him good news: I too, thinks he, have the makings of a methodical critic about me. 'Man kann nur etwas aussprechen,' said Goethe, 'was dem Eigendünkel und der Bequemlichkeit schmeichelt, um eines grossen Anhanges in der mittelmässigen Menge gewiss zu sein.'

But still there is a hitch. Competent editors exist; and side by side with those who have embraced 'the principles of criticism,' there are those who follow the practice of critics: who possess intellects, and employ them on their work. Consequently their work is better done, and the contrast is mortifying. This is not as it should be. As the wise man dieth, so dieth the fool: why then should we allow them to edit the classics differently? If nature, with flagitious partiality, has given judgment and industry to some men and left other men without them, it is our evident duty to amend her blind caprice; and those who are able and willing to think must be deprived of their unfair advantage by stringent prohibitions. In Association football you must not use your hands, and similarly in textual criticism you must not use your brains. Since we cannot make fools behave like wise men, we will insist that wise men should behave like fools: by these means only can we redress the injustice of nature and anticipate the equality of the grave.

To this end, not only has the simple process of opening one's mouth and shutting one's eyes been dignified by the title of 'eine streng wissenschaftliche Methode,' but rational criticism has been branded with a term of formal reprobation. 'Butter and honey shall he eat,' says Isaiah of Immanuel, '*that he may know to refuse the evil and choose the good.*' This is a very bad system of education: to refuse the evil and choose the good is 'der reinste Eclecticismus.'

By this use of tickets it is rendered possible, in a world where names are mistaken for things, not only to be thoughtless and idle without discredit, but even to be vain of your vices and to reprove your neighbour for his lack of them. It is rendered possible to pamper self-complacency while indulging laziness; and the 'scientific critic,' unlike the rest of mankind, contrives to enjoy in combination the usually incompatible luxuries of shirking his work and despising his superiors.

Thus are good MSS converted into implements of destruction. In books like Manilius and Lucan, preserved in various copies of equal merit, the editor cloaks his frailty by feigning that their merit is not equal: in books like Juvenal and Ovid's heroides, where one MS far excels the rest, he feigns that it excels them further, and tries hard to treat it not merely as the best but as the sole authority. The poet is brought low that the MS may be exalted.

Ouid. her. XIV 19 sq. Hypermestra to Lynceus:

> quam tu caede putes fungi potuisse mariti,
> scribere de facta non sibi caede timet.

Problem. To inflict upon these verses the greatest possible injury by the least possible alteration.

Solution. The cod. Puteaneus (which has the errors *teneratae* for *temeratae* in verse 17, *dexterae* for *dextrae* in 18, and *noctis . . . lucis* for *lucis . . . noctis* in 22) has here the error *marito* for *mariti*, ablative to suit the nearer 'fungi' instead of the remoter 'caede': adopt this error (alas that we must forgo the other three) and punctuate as follows,

> quam tu caede putes fungi potuisse, marito
> scribere de facta non sibi caede timet.

Thus we shall enfeeble the first clause by subtracting *mariti*, ridiculously enfeeble the second clause by adding *marito*, and in order to deal these two blows we shall only change one letter. Q.E.F. When Mr R. Ehwald, whose exploit this is, proceeds 'der antithetische Parallelismus der Gedanken im Hexameter und Pentameter wird nur gewahrt durch das *marito* des Put.: so entspricht sich *tu* und *marito*,' I do not regard his words as a piece of impudence; I regard them simply as speech divorced from thought.

In Juvenal the Pithoeanus is misused in the same way. This is a MS in which *agri* at III 141 sq. 'quot possidet agri | iugera' has been altered into *agros* and *iugera* has been omitted; in which the gloss *nudo* has supplanted *mero* at VI 159; in which *cohibe* at VI 347, having lost its sense by the omission and misplacement now detected by the Oxford MS, has been changed to *prohibe* and so accommodated to the altered circumstances; and which is full of faults, not grave like these, but yet indisputable, from which, as from these, the other MSS are all or most of them exempt. Nevertheless when at XV 93 sq. the others offer

> Vascones . . . . alimentis talibus usi
> produxere animas

and the Pithoeanus olim, the editors follow it headlong, and never stop to ask whether *olim* or *usi* was the likelier to disappear in *-us* and make work for an interpolator. And headlong they follow it again at XI 91; and where the other MSS present

> cum tremerent autem Fabios durumque Catonem
> et Scauros et Fabricios, rigidique seueros
> censoris mores etiam collega timeret,

they print with P

> et Scauros et Fabricium, postremo seueros . . .

Fabricium rightly, for *Fabricios* is a mere corruption due to *Scauros*; but this uncouth *postremo* (a word moreover which is never used by Juvenal or Martial or Persius or Horace, and which hardly exists in Latin poetry outside Lucretius) is nothing but a patch to mend the metre and grammar of

> et Scauros et Fabriciumque seueros

after *rigidi* had been swallowed up by *-ricium*.

Again, when neither P nor the others have preserved the truth, and it becomes our business to discover it, Mr Buecheler and his followers ignore the fact, though they do not deny it, that the inferior family is independent of P, and refuse to avail themselves of the help it proffers; their aim being not so much to recover the original as to maintain what they fondly deem the scientific attitude of hopping on one leg instead of walking on two. Juvenal's picture, in XIV 265–9, of the miseries incurred by avarice in the pursuit of wealth, appears thus in P:

an magis oblectant animum iactata petauro
corpora quique solent rectum descendere funem,
quam tu, Corycia semper qui puppe moraris
atque habitas, coro semper tollendus et austro,
perditus ac uilis sacci mercator olentis?

'uilis mercator' in Latin means 'mercator paruo pretio parabilis.' Even if it could signify 'paruo pretio mercans,' it would be false, for Corycian saffron was the best (Plin. n.h. XXI 31 'prima nobilitas Cilicio et ibi in Coryco monte'), and foolish, for such a word has nothing in common with 'perditus.' So what now? To Mr Mayor's edition one resorts for other things, but not for help in difficulties; Mr Friedlaender, who usually writes notes where notes are wanted, is silent here; and neither the one nor the other mentions any variant in the MSS nor any sign of a variant in the scholia. Yet the scholiast who wrote 'ex sententia tali: tu foetide' had no such word as *uilis* in his text, and all the six MSS collated by Mr Hosius as representatives of the other class give *a siculis* in the place of *ac uilis*. What the scholiast read and tried to interpret, the common source of *acuilis* and *asiculis*, was *acsīilis*:

perditus ac similis sacci mercator olentis.

But his interpretation is wrong: 'olentis' is of course not 'fetidi' but 'fragrantis,' and 'similis' has nothing to do with it. 'similis' means 'concolor': 'perii!' cries the merchant, and turns as yellow as his own saffron with the hue of seasickness (Hor. epod. 10 16 'pallor luteus,' Verg. buc. IV 44 'croceo luto,' ciris 317 'Corycio luto').

At XI 148 the reading of P and the punctuation of Mr Buecheler are the following:

plebeios calices et paucis assibus emptos
porriget incultus puer atque a frigore tutus;
non Phryx aut Lycius, non a mangone petitus
quisquam erit: in magno cum posces, posce Latine.

'in magno' is supposed to mean 'in magno poculo': 'when you call for drink in a *large* cup, call in Latin'; 'in paruo, Graece' I presume, and possibly 'in modico, Osce': such things is Juvenal made to write in order that Juvenal's editors may not be forced to throw their crutch away. The other class gives *et* for *in*,

non a mangone petitus
quisquam erit, et magno: cum posces, posce Latine.

'magno' then means 'magno pretio' and is constructed with 'petitus.' This yields good sense except that the conjunction 'et,' in the negative sentence, is both intrusive and inappropriate: no particle is wanted, and the only particle which could aptly be inserted is 'nedum.' It must be full twelve years ago that by considering this reading and the scholiast's comment 'quales uendunt care mancipari' I was led to the correction

non a mangone petitus
qui steterit magno: cum posces, posce Latine.

quisteterit was mistaken for *quis et erit* and then altered to *quis erit et*, as in Ouid. Ib. 193 half the MSS have *hic et erit* and half *hic erit et* and in Prop. IV 11 44 the *quin et erat* of the better MSS becomes *quin erat et* in the worse; then *quis* was expanded for metre's sake to *quisquam.* Last year I found in cod. Burn. 192 of the British Museum an earlier stage of the corruption: it has *quis erit et magno.*[1]

In books like Juvenal, where the 'best MS' is truly and by far the best, such partiality is more discreditable to the editor than injurious to the author: the case is worse where the 'best MS' is only in parts the best, or only by a little. The Marcianus of Ovid's tristia is a MS whose worth consists in its faithful retention of many readings which all other MSS have falsified; but it is grossly and profusely corrupted by ignorance and carelessness, and the general fabric of its text is worse than that of other MSS such as the Guelferbytanus. At I 5 15 sq. the other MSS give rightly and excellently

[1] This MS is of the 15th century and full of blunders, but it has a few readings of singular excellence. In the famous passage VIII 148 where *sufflamine mulio consul* has been recovered from the florilegium Sangallense, and other MSS have the interpolations *multo sufflamine consul* or *consul sufflamine multo*, Burn. 192 has alone retained the early and unmetrical form of the corruption, *sub flamine multo consul*, from which the transpositions took their rise. Upon VII 22 sq., where P has 'si qua aliunde putas rerum *spectanda* tuarum | praesidia' without sense, the other MSS *expectanda*, and the scholiast 'si aliunde *speras*,' I published in 1889 the conjecture *speranda* (see Ouid. met. X 345 *sperare, spectare, expectare*, trist. II 145 *sperare, spectare*, Stat. Ach. II 269 *sperabunt, spectabunt*, Mart. lib. spect. 22 3 *desperabantur, despectabantur*, Claud. rapt. Pros. I 288 *sperantes, spectantes*): Burn. 192 has *experanda*, that is *esperanda*. The verse XI 99 'tales ergo *cibi*, qualis domus atque supellex' is so inept that Markland and Heinrich and Jahn have judged it spurious: Burn. 192 has *uiri cibi*, which means that its exemplar had *uiri* (with *cibi* written above): if *uiri* is the true reading the verse becomes apposite and defensible. At III 185, VI 320, IX 117 it indicates the old spellings *Veiiento* and *Saufeiia* under the disguises of *uenento*, *lanfella*, and *laufella*.

di tibi sint faciles et opis nullius egentem
fortunam praestent dissimilemque meae.

The Marcianus has two disgraceful blunders,

di tibi sint faciles sisui nullius egentem
fortunam praestent dique deaeque meae.

This *sisui* may be a remnant of *-ssimilem-* written above *-que deae-* as a correction; or *et* may have been lost in *-es* and *opis* then altered to *usus* (Manil. IV 397 *suis usu per* M for *suis opibus super* and Prop. IV 2 64 *usus* DF for *opus* are somewhat like). *dique deaeque* Mr Ehwald is obliged to discard; but on *sisui* he builds the conjecture, too unOvidian for anyone but an editor of Ovid, '*tibi di* nullius egentem': and after all what likeness has *tibi di* to *sisui*?

At I 10 23 'nam mihi Bistonios placuit pede carpere campos' the Marcianus carelessly writes *mihi* for *pede*, and Mr Ehwald does not follow it: at I 8 37 sq.

non ego te genitum placida reor urbe Quirini,
urbe meo quae iam non adeunda pede est

(see III 1 70 'pedibus non adeunda meis') the Marcianus again substitutes *mihi*, whereupon Mr Ehwald must needs carry the corruption further with 'urbe *mea*, quae iam non adeunda *mihi*.' By such tactless preference the Marcianus of Ovid, like the Neapolitanus of Propertius and the Blandinianus uetustissimus of Horace, is made to do the author more harm than good; and a better MS still, the Puteaneus of Statius, in the hands of Mr Kohlmann, has darkened even the annals of the Labdacidae with a shade of adventitious horror. Theban incest and Theban parricide have lost part of their direness by familiarity: Theban false quantities are new.[1]

But it is in books where there is no best MS at all, and the editor, in order to escape the duty of editing, is compelled to feign one, that the worst mischief ensues; and those authors whose text the kindness of fortune has transmitted from a remote original

[1] Mr. Klotz's Achilleis has just come into my hands. Turning over the first few pages I find that he makes I 30 into a fatuous parenthesis in order to read *illa* with P instead of *illa ubi* with the other MSS; that at 75 he like Mr Kohlmann destroys the sense, which requires *unum*, by adopting P's *unam*, a corrupt accommodation to the gender of *me*; and that at 73 he like Mr Kohlmann reads with P *haut permitte*. Editors who do not know that *haut* with the imperative is a solecism can easily adhere to a 'best MS,' or a worst MS either, in many places where better scholars must abandon it.

through separate channels of equal purity are now deprived of their advantage and mechanically consigned to depravation for fear a sluggish brain should be required to work: butchered to make a German holiday, or an English one. Persius indeed, who is the most striking example of such transmission,—both P on the one hand and AB on the other are exceedingly corrupt, yet each family so repairs the errors of the other that few Latin writers have a sounder text,—has suffered less than might have been expected from the tendency of his editors to lean heavily, some on one prop, others on the other. Lucan is not so lucky. He also descends to us by two streams of tradition, the one represented by the Vossianus primus, the other by several MSS now called the Pauline and accounted the better witnesses, among which the Montepessulanus is thought the best. Therefore Mr Hosius at I 322 sq. edits 'atque ausum (M, auso V) medias perrumpere milite leges | Pompeiana reum clauserunt signa Milonem,' as if it were Milo and not Pompey who did military violence to the laws, and as if Milo ever had a single soldier at his disposal; and at I 531 he edits 'et uarias ignis tenso (M, denso V) dedit aere formas' and defends the nonsense 'tenso aere' by citing, of all things in the world, 'extenuatis nubibus,' though Seneca nat. quaest. VII 21 1 has 'cometas . . . denso aere creari' and Aristotle meteor. I 4 fin. τούτων αἴτιον . . . ἡ τοῦ ἀέροσ συγκρινομένου πῆξισ and Diogenes Laertius VII 152 κομήτασ τε καὶ πωγωνίασ καὶ λαμπαδίασ πυρὰ εἶναι ὑφεστῶτα πάχουσ ἀέροσ εἰσ τὸν αἰθερώδη τόπον ἀνενεχθέντοσ and the scholiast at Arat. 1091 ἀρχὴν γενέσεώσ φησιν ἴσχειν τοὺσ κομήτασ ὅταν τι τοῦ ἀέροσ παχυμερέστερον εἰσ τὸν αἰθέρα ἐκθλιβὲν τῇ τοῦ αἰθέροσ δίνῃ ἐνδεθῇ.

But no more dismal example of an author corrupted through and through by the very means which fortune has ordained for his preservation and restitution is anywhere to be found than the two last editions of Manilius. To elude what Byron calls 'the blight of life—the demon Thought,' Messrs Jacob and Bechert have committed themselves respectively to the Vossianus and the Gemblacensis, the devil and the deep sea. Having small literary culture they are not revolted by illiteracy, having slight knowledge of grammar they are not revolted by solecism, having no sequence of ideas they are not revolted by incoherency, having nebulous thoughts they are not revolted by nonsense: on the contrary the illiterate and ungrammatical and inconsecutive and meaningless things with which both MSS abound are supposed by their respective votaries to be 'Manilian,' and each believes himself a connoisseur of the poet's peculiar style. Strange to say, their conception of that style is identical; and the two texts, though based on opposite authorities and diverging in innumerable details, have in their general aspect a conspicuous and frightful similarity. The Manilian peculiarities of **V** are just like the Manilian peculiarities of **G**, for the simple reason that they are neither Manilian nor peculiar. They are ordinary corruptions; and Jacob can see that this is so in **G**, and Bechert can see it in **V**. And after all, though they may mount their hobbies, they cannot stick in the saddle. Again and again their favourites offer readings which they are forced to abandon, and to accept the readings of the rival MSS; but these lessons they hasten to forget, and are no wiser next time.

V

Thus far of the places where our MSS dissent, and the reading of their archetype is to be regained by choice and comparison. Where they agree, there the text of the archetype is before us, an archetype, like themselves, corrupt and interpolated; and now begins the business of correcting this. But first, in every place where the tradition is thus clearly ascertained, comes the question whether this be not itself the truth; and it is no simple question. The Romans are foreigners and write to please themselves, not us; Latin poets compose Latin poetry, which is very unlike English or German poetry; and each writer has his own peculiarities and the peculiarities of his generation and his school, which must be learnt by observation and cannot be divined by taste. In Manilius, an author both corrupt and difficult, who since the revival of learning has had few competent students, it is no cause for wonder that even after Scaliger and Bentley there remains as much to explain as to emend, and that these toiling giants, amidst loads of rubbish, have carted away some fragments of the fabric. A properly informed and properly attentive reader will find that many verses hastily altered by some editors and absurdly defended by others can be made to yield a just sense without either changing the text or inventing a new Latinity; and I think that I have often vindicated the MSS by a reasonable explanation in passages where my betters had assailed them.

But those who can understand what Scaliger and Bentley and

Gronouius and Heinsius and Lachmann could not understand are now so numerous, and their daily exploits in hermeneutics are so repulsive and deterrent, that I have avoided nothing so anxiously as this particular mode of being ridiculous; and it is likely enough that my dread of seeming to march with the times has led me here and there to err on the side of caution, and timidly to alter what I might without rashness have defended. I have reserved for this place the discussion of a passage where I hesitated and hesitate still. I 336 is printed thus by those editors who neither expel nor alter it,

semper erit paribus bellum, quia uiribus aequant;

and this jargon they pretend to explain by saying that 'aequant' means 'aequantur.' Otherwise punctuated the verse will become Latin, though unusual Latin, and sense:

semper erit, paribus bellum quia uiribus aequant.

That is 'semper erit bellum, quia paribus id uiribus aequant,' their warfare will last for ever, because they wage it on level terms with equal powers. The construction is that of Plaut. mil. 803 sq. 'non *potuit* reperire, si ipsi *Soli* quaerendas dares, | lepidiores' and Lucr. III 836 sq. 'in dubioque *fuere*, utrorum ad regna cadendum | *omnibus humanis* esset terraque marique.' But I call to mind no parallel in the polished age (for in passages like Mart. III 50 8 '*putidus est*, totiens si mihi ponis *aprum*' the presence of an adjective in the right case makes all the difference); and the sentence is harshly and abruptly added to the flowing passage which precedes it. Therefore I prefer on the whole the conjecture which I have placed in the text; but perhaps I am over-scrupulous.

The art of explaining corrupt passages instead of correcting them is imagined by those who now practise it to be something new, a discovery of these last twenty years. But man is not thus tardy in devising follies. Wakefield's Lucretius, to go no further back, is a stately monument of the craft; Goerenz plied it busily in Cicero and Fickert in Seneca before ever Mr Buecheler wrote a word, and in Alschefski's Livy the style produced a masterpiece as yet unrivalled by Mr Sudhaus himself. What stamps the last twenty years with their special character is not the presence of such scholars as these but the absence of great scholars. During the other part of the 19th century, before the North-German school had entered on its decline, critics of this order were no less plentiful than now,—*the poor shall never cease out of the land* says the scripture,

—but they were cowed and kept under by critics of another order. To-day this tyranny is overpast: the Lachmanns and Madvigs are gone, the Mosers and Forbigers remain; and now they lift up their heads and rejoice aloud at the emancipation of human incapacity. History repeats itself, and we now witness in Germany pretty much what happened in England after 1825, when our own great age of scholarship, begun in 1691 by Bentley's Epistola ad Millium, was ended by the successive strokes of doom which consigned Dobree and Elmsley to the grave and Blomfield to the bishopric of Chester. England disappeared from the fellowship of nations for the next forty years: Badham, the one English scholar of the mid-century whose reputation crossed the Channel, received from abroad the praises of Duebner and Nauck and Cobet, but at home was excluded from academical preferment, set to teach boys at Birmingham, and finally transported to the antipodes: his countrymen, having turned their backs on Europe and science and the past, sat down to banquet on mutual approbation, to produce the Classical Museum and the Bibliotheca Classica, and to perish without a name. I will not be unjust, and I hasten to add that no modern German editor with whom I am acquainted is quite so ignorant as the average English editor of those days: the resemblance lies in the determination to explain what the MSS happen to offer, and the self-complacency which this frame of mind begets. It does not seem to strike these gentlemen that if their practice is right the practice of those great men who in the last century won for Germany the captaincy of European scholarship was wrong; that this recurrence to the methods of Wakefield must acknowledge itself to be what it is, a revolt from the methods of Lachmann; and that living Germans cannot long continue to trade upon the reputation of dead Germans whose principles they have abandoned and reversed. They now pretend that the relapse of the last twenty years is not a reaction against the great work of their elders, but a supplement to it. To the Lachmanns and Bentleys and Scaligers they politely ascribe the quality of *Genialität*: there is a complementary virtue called *Umsicht*, and this they ascribe to themselves. Why, I cannot tell: apparently by a process of reasoning which may be thrown into the following syllogism:

> *turpe ac miserum est nec cautum esse nec ingeniosum et tamen poetas Latinos edere uelle*;
> *ego autem ingeniosus non sum*:
> *sum ergo cautus.*

For assuredly there is no trade on earth, excepting textual criticism, in which the name of prudence would be given to that habit of mind which in ordinary human life is called credulity.

The average man, if he meddles with criticism at all, is a conservative critic. His opinions are determined not by his reason, —'the bulk of mankind' says Swift 'is as well qualified for flying as for thinking,'—but by his passions; and the faintest of all human passions is the love of truth. He believes that the text of ancient authors is generally sound, not because he has acquainted himself with the elements of the problem, but because he would feel uncomfortable if he did not believe it; just as he believes, on the same cogent evidence, that he is a fine fellow, and that he will rise again from the dead. And since the classical public, like all other publics, is chiefly composed of average men, he is encouraged to hold this belief and to express it. But beside this general cause there are peculiar circumstances which explain and even excuse the present return to superstition. At the end of the great age, in the sixties and seventies, conjecture was employed, and that by very eminent men, irrationally. Ritschl's dealings with Plautus and Nauck's with the Attic tragedians were violent and arbitrary beyond all bounds; and their methods were transferred to the sphere of dactylic poetry by Baehrens, a man of vast energy and vigorous intelligence but of unripe judgment and faulty scholarship, who with one hand conferred on the Latin poets more benefits than any critic since Lachmann and with the other imported ten times as many corruptions as he removed.

This could not last, and a student of the world's history might have predicted what has now ensued. Error, if allowed to run its course, secures its own downfall, and is sooner or later overthrown, not by the truth, but by error of an opposite kind. When this misuse of conjecture had disgusted not only the judicious but the greater number of the injudicious, there followed a recoil, and it now became the fashion, instead of correcting the handiwork of poets, to interpret the handiwork of scribes. The conservative reaction was chiefly fostered by the teaching and example of Messrs Vahlen and Buecheler: men of wide learning and no mean acuteness, but without simplicity of judgment. Once set going by critics of repute, the movement, commended by its very nature to the general public, has prospered as downhill movements do; and its original leaders, as usually happens to those who instruct mankind in easy and agreeable vices, are far outdone by their disciples. In racing back to the feet of Alschefski Messrs Buecheler and Vahlen are hampered by two grave encumbrances: they know too much Latin, and they are not sufficiently obtuse. Among their pupils are several who comprehend neither Latin nor any other language, and whom nature has prodigally endowed at birth with that hebetude of intellect which Messrs Vahlen and Buecheler, despite their assiduous and protracted efforts, have not yet succeeded in acquiring. Thus equipped, the apprentices proceed to exegetical achievements of which their masters are incapable, and which perhaps inspire those masters less with envy than with fright: indeed I imagine that Mr Buecheler, when he first perused Mr Sudhaus' edition of the Aetna, must have felt something like Sin when she gave birth to Death.

Here are specimens of the art, as practised by its most admired exponents. Examples of Mr Vahlen's 'gewohnte Feinheit' I have given in my note on I 226; so now for the 'Umsicht und Schärfe' of Mr Buecheler.

Persius I 15–23:

scilicet haec populo pexusque togaque recenti 15
et natalicia tandem cum sardonyche albus
sede leges celsa, liquido cum plasmate guttur
mobile collueris, patranti fractus ocello.
hic neque more probo uideas nec uoce serena
ingentis trepidare Titos, cum carmina lumbum 20
intrant et tremulo scalpuntur ubi intima uersu.
tun, uetule, auriculis alienis colligis escas,
auriculis, quibus et dicas cute perditus 'ohe'?

Madvig adu. crit. II p. 128:

I 23 Persius, poetas molliter recitantes ita insectans, ut aperte ipsa carmina lasciua impudicaque significet, uetulum inducit poetam et sic alloquitur:

tun, uetule, auriculis alienis colligis escas,
auriculis, quibus et dicas cute perditus 'ohe'?

ex his quomodo editores enarratoresque se expediuerint, prorsus non intellego. *ohe* de homine laudantium plausibus et clamoribus obruto accipiunt, qui ubi significetur, frustra quaero. sed *quibus* pronomen necessario ad *auriculis* geminatum refertur; qui si datiuus est, cur alienis auriculis (qui sane non laudabant nec clamabant) 'ohe' poeta dicat, non magis uideo, quam quid ad eam rem pertineat cutis mentio; *et* prorsus uitiosum est; sin ablatiuus putatur, ut omittam copulationis insolentiam (*quibus et cute*), supra modum ridicule poeta alienis auriculis et cute (sua, opinor) perditus dicitur; de cute idem quaero, quod antea. sed omittamus nugas. uetulus ille alienis auriculis escas colligit, quibus ipse 'ohe' dicere cogitur, corpore fracto et debili libidinosae uoluptati ineptus. debile autem corpus eo significatur, quod cute perditus dicitur, hoc est, aqua intercute aeger ; huic adiungitur alter morbus, articulorum arthritide fractorum. scripserat enim Persius :

colligis escas,
articulis quibus et dicas cute perditus 'ohe'?

Buecheler Rhein. Mus. vol. 41 p. 457 :

Wie leicht der Versuch, es besser machen zu wollen, fehl schlägt, und wie gefährlich hier jeder Sturmlauf gegen die feste Tradition ist, dafür weiss ich kein treffenderes Beispiel als I 23 die Aenderung von *auriculis* in *articulis* durch einen unserer geschicktesten Emendatoren, durch Madvig; als ob zu Gelenkknoten je Einer spräche oder auch nur der Klatschende so wie ein Schreibender oder Musicirender vornehmlich Gelenke und Finger bewege, um vom Anschluss an v. 22 gar nicht zu reden.

When I read such things, I shiver, and say to myself 'numquid ego illi imprudens olim faciam simile?' But Mr Buecheler's pupils, charmed with the simplicity of the method, and perceiving that this is a game which any fool can play, address him as follows: 'Ihre Schüler dürfen auf dem von Ihnen eingeschlagenen und geebneten Wege mit dem ruhigen Vertrauen fortschreiten, dass er zur Wahrheit führt.' *Geebneten* indeed, *μέγα νήπιε Πέρση*.

τὴν μέν τοι κακότητα καὶ ἰλαδὸν ἔστιν ἑλέσθαι
ῥηιδίωσ· λείη μὲν ὁδὸσ, μάλα δ' ἐγγύθι ναίει.
τῆσ δ' ἀρετῆσ ἱδρῶτα θεοὶ προπάροιθεν ἔθηκαν
ἀθάνατοι.

Mr Theodor Birt, who possesses, like Ezekiel Spanheim and Rudolf Merkel before him, an erudition almost redeeming his want of a critical faculty, began his career in the seventies with a profusion of clumsy conjectures which found no acceptance; accordingly, when the tide turned, Mr Birt was ready to follow it, and to try his hand at defending the corruptions which he had not skill to remove. Propertius has these verses, II 13 46–9,

Nestoris est uisus post tria saecla cinis.
cui si tam longae minuisset fata senectae
Gallicus Iliacis miles in aggeribus,
non ille Antilochi uidisset corpus humari,

in which *Gallicus*, by reason of its great and manifest absurdity, has been attacked with many conjectures, none convincing. Mr Birt, Rhein. Mus. vol. 51 p. 527, explains 'quia Galli ex Ilio oriundi, Gallicus iam ille miles fuerat qui contra Graecos in aggeribus Iliacis pugnauit.' Ay sure; and 'quia Romani ex Ilio oriundi,' Hector was a Roman (strange that the Romans never call him so); and Alfred the Great, by parity of reasoning, was a New-Zealander; and Martin Luther was an African, which accounts for his propensity to innovation.

Mr Friedrich Leo is a distinguished scholar and critic who has written several good books and one book which is not good, a commentary on the culex; and this has received more praise and exerted more influence than any of the others. Naturally so; for its faults are congenial to the multitude and easy of imitation.

Culex 286 sq.

> haec eadem potuit, Ditis, te uincere, coniunx,
> Eurydicenque ultro ducendam reddere.

uiro Heinsius. But Mr Leo knows a trick worth two of that: 'in his nihil ambiguum: lyra deam uincit et quasi ipsa reddit coniugem citharistae'—that is Heinsius' *uiro*—'quae deae persuadet ut reddat, et *ultro* quidem, nam nisi precibus nullo coactu pretioue redimitur Eurydice.' 'nisi precibus': so *ultro reddere* means *precanti reddere*; and *dare gratis*, if necessary, will mean *uendere magno*, and *niger* will mean *candidus*.

Culex 58–61.

> o bona pastoris . . . . . . incognita curis
> quae lacerant auidas inimico pectore mentes.

Mr Leo writes 'mens in pectore sita est, pectus inimicum (*placidum* 97) uindicat Vergilius (Aen. X 555, XI 685).' The fittest and the severest comment on this note is simply to transcribe Virgil's words: 'truncumque tepentem | prouoluens super haec *inimico pectore* fatur,' 'hunc illa exceptum . . . traicit et super haec *inimico pectore* fatur.' uindicat Vergilius!

Ouid. her. XX 178, Acontius to Cydippe.

> quem si reppuleris, nec, quem dea damnat, amaris,
> (et tu continuo, certe ego saluus ero) 178
> siste metum, uirgo, stabili potiere salute.

Mr Leo at culex 296 says that this verse, 'quem nuper temptare coeperunt et ne Ehwaldus quidem ut libri tradunt recepit, habet aduerbium eodem colore insigne quo est apud Ciceronem de leg. I 35 *ex his enim, quae dixisti, Attico uidetur, mihi quidem certe, ex natura ortum esse ius*'; i.e. the words mean 'ego saluus ero etiamsi tu salua non fueris.' And pretty nonsense that makes; not to mention that Acontius expressly says at 233 'iuncta salus nostra est' and at 123 'torqueor ex aequo uel te nubente uel aegra.'

Mr R. Ehwald follows the 'exegetischen Vorbilder, die besonders Leos Kommentar zum culex und der Kaibels zum Aristoteles und Sophokles aufgestellt haben,' and in a pamphlet published at Gotha in 1900 he undertakes to defend the text of Ouid. her. XIV 41 sq., Hypermestra to Lynceus,

ipse iacebas,
quaeque tibi dederam uina, soporis erant;

where 'soporis erant' for 'soporifica erant' is a solecism pilloried in all the grammars, genetiuus qualitatis sine epitheto. All genitives are the same to Mr Ehwald, and he cites, as parallels to this, a genitive of material, art. I 292 'cetera lactis erant' (i.e. ex lacte constabant, see Soph. Ant. 114 λευκῆσ χιόνοσ πτέρυγι), and the possessive genitives Cic. Tusc. I 60 'uis (animi) . . . non est certe nec cordis nec sanguinis,' de diu. II 111 'est enim (poema) . . . artis et diligentiae,' Ouid. ap. M. Sen. contr. VII 1 27 'omnia noctis[1] erant'; and because 'omnia noctis erant' means 'nox omnia habebat' he infers that 'uina soporis erant' can mean, not 'sopor habebat uina' 'the wine was asleep,' but 'uina habebant soporem' 'the wine was soporific.' I am not lying, here are his words: 'wenn *omnia noctis erant* als ein von Ovid bevorzugter und besonders gelobter Ausdruck uns bezeugt ist in dem Sinn "alles war der Nacht verfallen, überall herrschte die Nacht," so ist auch *uina soporis erant* untadelig im Sinne "der Wein hatte die Wirkung des Schlafes, war ein Schlaftrunk." . . . . . . Damit ist der sprachliche Anstoss beseitigt.' Why not adduce Verg. Aen. I 1 'Troiae . . . oris'?

But suppose that we could blunt our grammatical perceptions to the hebetude of Mr Ehwald's and remove the 'sprachliche Anstoss' of the solecism *soporis* = *soporifica* by citing examples which have nothing in common with it: what then? Then the sentence will mean 'ipse iacebas, uinaque, quae tibi dederam, soporifica erant.' Who says 'uina, quae dederam, soporifica erant' when he means 'dederam uina soporifica'? for not a word has hitherto been heard of any wine offered to Lynceus by Hypermestra. And who says 'iacebas, uina*que* soporifica erant' when he means 'iacebas, uina *enim* soporifica erant'? Admire the *Umsicht* which has never even asked itself these questions. And admire too the self-

[1] This forms a parallel to Postgate's emendation '*quemque* tibi *dederant* uina, soporis *eras*' (29 'mero dubii,' 33 'cibo uinoque graues somnoque iacebant'): compare also met. VII 329 sq. 'custodes somnus habebat, | quem dederant cantus.'

complacency engendered by this union of obtuseness and inattention: 'Palmer meint *uina soporis erant* sei sprachlich unmöglich: er hätte sich nur, um sich vom Gegenteil zu überzeugen, an Seneca controu. VII 1 27 erinnern sollen.' 'Cette maîtresse d'erreur que l'on appelle fantaisie et opinion' says Pascal 'remplit ses hôtes d'une satisfaction beaucoup plus pleine et entière que la raison.'

Ouid. met. X 637.

> quid facit, ignorans amat et non sentit amorem.

'Die augusteischen Dichter' says Mr Ehwald 'haben bisweilen in archaïsierender Weise auch im indirekten Fragesatz den Indikativ'; and to substantiate this assertion about indirect interrogative clauses he cites examples not only of the indicative in *direct* interrogative clauses (such as 'dic mihi, quid feci?') but also of the indicative in *relative* clauses: her. XVI 78 '*hanc esse* ut scires, *unde mouetur* amor,' art. III 115 sq. 'adspice, *quae* nunc *sunt*, *Capitolia*, *quaeque fuerunt*: | alterius dices *illa* fuisse Iouis,' fast. VI 367 sq. 'si respicerent, *qua* uos *habitatis* in *arce*, | *totque domos* uestras obsidione *premi*.' Here is Goerenz come to life again, of whom Madvig wrote in 1839 'si qua est mota dubitatio, fere numquam scit, quid agatur, neque rem ad quaerendum propositam mente concipit; cum de oratione quaeritur, si in interrogatiuae sententiae modo haeretur, ille de relatiua dicit.'

Mr F. Vollmer, not content with editing Statius' siluae in the popular fashion, has lately published in the Berliner Philologische Wochenschrift vol. XX p. 1293 sq. some specimens of what this method can do for the text of Manilius.

Manil. V 608 sq.

> tandem confossis subsedit belua membris
> plena maris summasque iterum r e n a u i t ad undas.

remeauit Bentley and subsequent editors. '609 ist *rēnauit* als *reēnauit* zu halten' says Mr Vollmer. A very pretty verb, formed, I presume, on the analogy of *reeo*, *reintegro*, *reoleo*, *reundo*, and *rearguo*. Mr Vollmer has been appointed editor in chief of the Thesaurus Linguae Latinae.

Stat. silu. I 4 22 sq.

> ipse ueni uiresque nouas animumque ministra
> q u i s caneris.

Sense demands *qui*, and so the editors used to read. But hear Mr Vollmer: '*quīs* bezieht sich einfach als abl. instr. auf *uires* und *animum.*' Sense and nonsense are all one to him, and he finds nothing to wonder at in the sentence 'ueni et ministra eas nouas uires eumque animum quibus (nondum ministratis?) caneris' (pres. indic.).

Stat. silu. I 4 119 sq.

> nunc aure uigil nunc lumine cuncta
> augur o r.

The meaning of 'cuncta auguror' in the Latin language is 'cuncta futura esse conicio': because this is not sense, Heinsius writes *aucupor*, which is. Mr Vollmer placidly mistranslates '*auguror* beobachte, um für die Zukunft Schlüsse zu ziehen.' Where else has *auguror* any such meaning? Nowhere; but augury has something to do with the future, and any German phrase containing the word 'Zukunft' will pass with Mr Vollmer for a rendering of *augurari*.

Stat. silu. II 1 220–3.

> ast hic, quem gemimus, felix hominesque deosque
> et dubios casus et caecae lubrica uitae
> effugit, immunis fatis. non ille rogauit,
> non timuit m e r u i t u e mori:

Heinsius, having considered the sense and the context, observed that *meruit* was à propos de bottes, and conjectured *renuit*. Mr Vollmer snatches his pen and writes '*meruitue* ergänzt gut den vorhergehenden Gedanken (vgl. 177 *immeritus*), er starb eben als unschuldiges Kind'; i.e. he has not yet read the next clause, which is this,

> nos anxia plebes,
> nos miseri, quibus unde dies suprema, quis aeui
> exitus, incertum,

and contains no such thought as 'nos sontes.' Well may he say in his preface that Statius is an author 'dessen Worte einer kurzsichtigen Kritik zum Opfer gefallen sind.'

Stat. silu. II 5 1 sq. (leo mansuetus).

> quid tibi m o n s t r a t a mansuescere profuit ira?
> quid scelus humanasque animo dediscere caedes?

constrata earlier editors. '*monstrata* ist nicht zu ändern. Es wird durch *dediscere* gesichert: die *ira*, welche die Natur dem Löwen *monstrauit* (technisch vom Lehrenden s. zu III 3 39; ebenso *docte*

v. 7), verlernt er'—that is *constrata*—'indem er *mansuescit.*' Seven lines above, II 4 31 sq., are these words, (psittacus) 'conuiua leuis *monstrata*que reddere uerba | tam facilis,' and they show what *monstrata* really means. Here, lest one letter should be altered, it is to mean exactly the reverse, *monstrata* (*a natura*), that is (*a nullo*).

The promptness with which these scholars defend the corrupt and the ease with which they explain the inexplicable are at first sight a strange contrast to the embarrassment they suffer where the text is sound and the difficulty they find in understanding Latin. Indeed it may almost be said of them that if they are to construe a passage fluently the passage must be corrupted first. But the one phenomenon is only the result of the other. If a man is acquainted with the Latin tongue and with the speech of poets, he is sharply warned of corruption in a Latin poet's text by finding that he can make neither head nor tail of it. But Mr Vollmer and his fellows receive no such admonitory shock; for all Latin poets, even where the text is flawless, abound in passages of which they can make neither head nor tail. Thus they gradually come to regard Latin poetry as having absurdity for its main characteristic; and when they encounter in a corrupt passage the bad grammar or nonsense which they habitually impute to an author by misunderstanding what he has written, they encounter nothing unexpected. The following examples of Mr Vollmer's inability to construe Statius will throw much light on his proficiency in construing Statius' scribes.

Stat. silu. I 2 61 sq.

> puer e turba uolucrum, cui plurimus ignis
> ore manuque leui numquam frustrata sagitta.

This means 'qui ore plurimum ignem et manu leui sagittam numquam frustratam gerit.' But Mr Vollmer explains '*cui plurimus ignis ore* est et cui (=a quo) *manu leui numquam frustrata sagitta* est d. h. vergeblich entsendet': then he seems to bethink himself that mortal man could hardly write such stuff, and adds 'die Möglichkeit, dass St. *manusque leuis* oder *manusque leui* geschrieben, ist freilich nicht unbedingt abzuweisen.' Those who defend a text where it is corrupt are likely to suspect it where it is sound.

Stat. silu. I 2 139 sq.

> ipsam iam cedere sensi
> inque uicem tepuisse uiro.

'*uiro* ist Dativ,' says Mr Vollmer, 'für den Mann erglühen.' Is *quo* dative then in Hor. carm. I 4 19 'Lycidan . . . quo . . . uirgines tepebunt'? But Mr Vollmer's notion of the dative case is a case which he can translate by 'für'; and when he edits Virgil we shall read this note at Aen. VI 621 'uendidit hic auro patriam': '*auro* ist Dativ, er verkaufte sein Vaterland für Gold.'

Stat. silu. I 4 39 sq.

> quae tum patrumque equitumque notaui
> lumina et ignarae plebis lugere potentes!

These words describe the public grief at the illness of Rutilius Gallicus; they are quite easy, and they mean 'quales (quam maestos) notaui oculos patrum equitumque atque adeo plebis, quae potentes lugere non consueuit': *ignarus* has the infinitive again at Theb. III 67 'ignara moueri.' Mr Vollmer's note is '*lumina* "Leuchten" d. h. angesehene Männer wie Verg. XI 349 Silu. IV 8 15 u. o. *ignarae* Gegensatz zum Vorhergehenden "unbekannt, obscur."'

Stat. silu. II 6 50 sq.

> saepe ille uolentem
> castigabat erum studioque altisque iuuabat
> consiliis.

uolentem of course means *castigari uolentem*; so 15 sq. 'cui dulce *uolenti* | seruitium,' Verg. georg. IV 561 sq. 'uictorque *uolentis* | per populos dat iura.' What Mr Vollmer imagines it to mean he is too modest to say: he contents himself with quoting Martial's obscene verse IV 42 11 'saepe et nolentem cogat nolitque uolentem.'

Here is a similar example from Mr. Ehwald: Ouid. her. XIV 89–94

> adstitit in ripa liquidi noua uacca parentis
> cornuaque in patriis non sua uidit aquis
> conatoque queri mugitus edidit ore
> territaque est forma, territa uoce sua.
> quid fugis, infelix? quid te miraris in umbra?

unda most MSS, but P has *umbra*, which is equally good and therefore probably right. Mr Ehwald accepts it, in blind reliance on the authority of P, but he does not know what it means. He supposes 'in umbra' to signify 'sub arboribus,' and credits Ovid with the aimless enquiry 'quid te miraris (non in clara luce sed) in umbra?'; and this aberration, which has no existence except in his own fancy, he seriously commends as follows: 'mit *umbra* wird ein charakteristischer neuer Zug eingeführt, mit *unda* nur etwas schon Gesagtes wiederholt.' Goerenz again: I say with Madvig at Cic. de fin. II 50 'ego hoc loco et multis aliis, si eligendi necessitas esset, mallem non inscite errare quam, cum nihil intellegerem, superstitione et casu ueros apices relinquere.' *umbra* means the reflexion in the water: met. III 416 sq. 'dumque bibit, uisae correptus imagine formae | spem sine corpore amat; corpus putat esse, quod *umbra* est,' 434 'ista repercussae, quam cernis, imaginis *umbra* est,' XIII 839 'certe ego me noui liquidaeque *in imagine* uidi | nuper aquae.'

These samples come from Germany, but they have their counterparts in England. It surprises one at first that Mr S. G. Owen at Ouid. trist. I 1 43 should ascribe to Ovid the obvious falsehood 'carminibus metus omnis *abest*,' and this too in a context which requires *obest*; and that four lines lower he should print the meaningless Latin 'da mihi Maeoniden, et tot *circumspice* (*circumice* Heinsius) casus: | ingenium tantis excidet omne malis' and render it by the meaningless English 'give me a Homer's self—marking well my many sorrows—and all his powers will fail him in the presence of such heavy woes' and proffer the meaningless explanation 'the expression *da mihi* is a general formula, not addressed to the reader personally, equivalent to *if I were to become Homer*. So P. IV 1 17 *da mihi, si quid ea est, hebetantem pectora Lethen*'—equivalent, I suppose, to *if I were to become Lethe*. But all surprise is dispelled as one proceeds and finds Mr Owen repeatedly crediting Ovid with similar absurdities where the text is quite sound and sensible: he imagines that at I 2 67 sq. the words 'est illi nostri non inuidiosa cruoris | copia' (my life is his to take, and no ill-will is owing him on that account) mean 'the power of shedding my blood is not an object worth envying him'; that ib. 83 'obligor, ut tangam laeui fera litora Ponti' (here am I making vows, and all that I may reach a savage coast) means 'I am under an obligation to reach, i.e. I am compelled to reach'; that in I 3 23, 'femina uirque meo, pueri quoque funere maerent' (man woman and child), *pueri* means '*slaves* (Catull. XXVII 1), for Ovid had no sons'; that I 6 13 'rebus male fidus acerbis' (betraying me in the day of trouble) means 'in malignant confidence in my piteous plight'; that in I 7 4 'temporibus non est apta corona meis' (a wreath suits not my forehead) the word *temporibus* means 'circumstances'; and that in I 11 23 sq. 'mortis imago, | quam dubia timeo mente timensque precor' the relative pronoun *quam* (mortem) is an adverb qualifying *dubia*, 'with what misgiving of heart I dread, yet pray for all my dread.' It is natural and even inevitable that those who mistake poets' sense for nonsense should mistake scribes' nonsense for sense.

By this time it has become apparent what the modern conservative critic really is: a creature moving about in worlds not realised. His trade is one which requires, that it may be practised in perfection, two qualifications only: ignorance of language and abstinence from thought. The tenacity with which he adheres to the testimony of scribes has no relation to the trustworthiness of that testimony, but is dictated wholly by his inability to stand alone. If one cannot discriminate between grammar and solecism, sequence and incoherency, sense and nonsense, one has no protection against falsehood, and believes all the lies one is told. And critics who treat MS evidence as rational men treat all evidence, and test it by reason and by the knowledge which they have acquired, these are blamed for rashness and capriciousness by gentlemen who use MSS as drunkards use lamp-posts,—not to light them on their way but to dissimulate their instability.

I hope and believe then that my numerous defences and explanations of passages attacked and altered by Scaliger and Bentley are not such as would have occurred to Mr Vollmer or Mr Sudhaus, and that I have nowhere encroached on the ample field which Manilius' text affords them for the exercise of their favourite industry and the display of their peculiar prowess. I sometimes amuse myself by trying to forecast their operations. For example at V 289, 'condentemque nouum caelum per tecta *tenacis*,' where Scaliger writes *Tonantis* and Bentley *Tonanti*, I can almost predict the words of their defence: 'die Ueberlieferung ist richtig: *tenet* Iuppiter fulmen; vgl. Priap. 9 3 *fulmen habet mundi dominus, tenet illud aperte*, Hor. carm. I 3 38 sqq. *neque* | *per nostrum patimur scelus* | *iracunda Iouem ponere fulmina*.'

VI

When a passage is apparently inexplicable and probably corrupt, then comes the question, by what means shall we correct it? and here, first of all, we must have no favourite method. An emendator with one method is as foolish a sight as a doctor with one drug. The scribes knew and cared no more about us and our tastes than diseases care about the taste of doctors; they made mistakes not of one sort but of all sorts, and the remedies must be of all sorts too. Haase in Seneca, for ever assuming lacunas, and Bake in Cicero, for ever assuming glosses, are examples of editors maimed by their own whims: criticism requires a mind as various as its matter, nimble, flexible, empty of prepossessions and alert for every hint. It is neither my business nor my purpose to rehearse and classify here the modes of emendation; but I shall mention two, because some readers will perhaps suppose them to be favourites of my own. I do not think so myself: I think that the reason why I have to use them so often is that my predecessors have not used them often enough. They are the antidotes of two particular sorts of corruption whose ease and frequency are not yet fully understood.

The transposition of letters (some forms of which, as f*r*ag*l*o for f*l*ag*r*o, for*pic*e for for*cip*e, dis*plic*ina for dis*cipl*ina, were part of the vulgar speech) is an error of which I have given many examples in many places since 1887. I will here draw up a list of its various forms with a selection of specimens in each.

Trajection of one letter: Lucr. II 209 cadere in terra*m*, cadere*m* in terra, 555 *a*plustra, pl*a*ustra, IV 309 mult*a*, m*a*ult, V 617 cancri s*e*, canc*e*ris, VI 977 iucunda, *c*iuunda, Catull. 61 24 ludic*r*um, lud*r*icum, 64 54 (253, 66 60, Prop. II 3 18) aria*d*na, a*d*riana, 64 61 *e*heu, heu*e*, 64 251 pa*r*te, pate*r*, 71 2 (and 6) podag*r*a, pod*r*aga, Verg. Aen. IV 564 uario*s*, *s*uario, georg. IV 71 a*e*ris, ari*e*s, Hor. serm. II 3 242 c*l*oacam, coac*l*am, epist. I 5 26 but*r*am, b*r*utam, 19 39 (Iuu. III 322, Ouid. trist. II 60) a*u*ditor, adi*u*tor, II 1 79 ne*c*ne, nene*c*, art. 350 fer*i*et, f*i*eret, Ouid. Ib. 480 c*r*otopiaden, cot*r*opiaden, met. XIII 628 antand*r*o, ant*r*ando, XIV 92 ce*r*copum, cecop*r*um, XV 717 trac*h*as, t*h*racas, fast. III 272 qui*s*que suo, quique suo*s*, IV 726 feb*r*ua, f*r*ebua, trist. I 2 9 ne*p*tunus, netu*p*nus, II 460 excr*e*et, ex*e*cret, IV 4 41 ru*m*pe, rupe*m*, V 12 35 *qu*alia, ali*qu*a, ex Pont. IV 7 15 tendi*s*ti, tenditi*s*, her. III 87 ae*a*cide, aeci*a*de, XVI 3 indi*c*e notae, indie no*c*te, Pers. I 113 pinge d*u*os anguis, ping*u*edo sanguis, III 117 dici*s*, di*s*ci, VI 20 e*m*pta, epta*m*, Liu. XXI 19 1 dere*c*ta, de*c*reta, XXII 14 3 extrema iuga *m*assici, extrema*m* iuga assici, XLI 21 3 cla*u*dio sine, cladio s*u*ine, XLIV 6 12 repete*n*di, repe*n*tedi, Plaut. trin. 224 indipi*s*cor, indi*s*picor, mil. 604 si resciuere, scire siuere, Stat. Theb. IX 518 (silu. II 6 55) cecropiae, cecopriae, X 510 ialmenides, alimenides, 924 attritis, attristi, Nem. cyn. 218 ebore, ebreo, 280 uigor, uirgo. With further change: Ouid. Ib. 569 acerno, agenor, fast. IV 766 lupo, duplo, met. XII 23 superat, seruat, XIV 567 monstri, montis, Lucr. II 680 parcat, parato, Pers. prol. 5 lambunt, ambiunt, V 9 glyconi, cycloni, Catull. 62 40 conuolsus, conclusus, Tibull. II 1 66 applauso, appulso, Prop. I 16 12 purior, turpior, Gratt. 459 defugit a, defuit ac, Sen. Herc. Oet. 1767 spolium, solitum, Val. Fl. I 742 stupet aea, stupe acta, Stat. Theb. V 470 aduersi, adsueti, Verg. Aen. IX 517 armorum, murorum, Tac. hist. III 9 uipstanus, uipsanius, Liu. XXI 8 10 abiegno, ab ligneo, XLII 41 12 sum persecutus, sumpsere cuius.

Inversion of two letters: Verg. georg. III 440 (Lucr. VI 565, Hor. carm. I 15 24, Tibull. I 1 59, Prop. III 13 55, Ouid. her. XIII 72, Sen. Oed. 466, Stat. silu. V 3 242) *te*, *et*, II 313 (III 95, IV 322, Aen. XII 883, Cic. phaen. 2) *ima*, *iam*, I 115 (III 2, IV 293, Aen. II 296, IV 34, 490, V 634, Sen. Thy. 68) amnis, manis, II 277 setius, estius, III 166 circlos, criclos, 255 (559) suus, usus, 381 trioni, tironi, IV 123 tacuissem, tcauissem, 346 (Prop. II 8 39) martis, matris, Aen. I 24 (Ouid. met. I 600, fast. V 651, Sen. Phaed. 1057, Oed. 486) argis, agris, II 15 instar, instra, III 158 astra, asrta, IV 220 (Ouid. met. XIII 649, Sen. Oed. 951) partem, patrem, 250 (Lucr. I 489, V 675, VI 84, 257) flumen, fulmen, 438 fert, fret, 495 arma, aram, 684 germanam, geramnam, VIII 72 sancto, snacto, buc. V 21 coryli, ocryli, Hor. carm. I 31 16 cichorea, cichorae, III 12 6 liparei, liparie, serm. I 3 90 commixit, commixti, epist. I 6 58 gargilius, gragilius, 11 24 *ut*, *tu*, 18 111 set, est, art. 36 (Lucr. IV 517) prauo, paruo, 423 (Lucr. VI 1147) artis, atris, Prop. I 3 27 duxti, duxit, 14 24 (III 7 61) alcinoi, alcioni, II 6 6 phryne, phyrne, 13 55 paludibus, plaudibus, 28 29 heroidas, herodias, III 5 35 plaustra, palustra, 13 24 (Stat. Theb. XI 321) *pia*, *ipa*, 15 41 prata, parta, IV 5 74 clatra, caltra, Ouid. met. III 540 acrior, carior, VI 78 acutae, cautae, 117 aloidas, aolidas, 350 (Stat. Theb. VI 57) aera, area, XII 329 execrere, exercere, XIII 45 poeantia, poaentia, 588 (fast. I 615, 707, Sen. Herc. Oet. 29, Stat. silu. II 6 13) dies, deis, trist. IV 2 33 inclusit, inculsit, V 10 27 idem, diem, Tac. hist. I 15 *cn.*, *nc̄*, Cic. Rosc. Am. 66 elui, leui, Plaut. capt. 209 *id*, *di*, Tibull. II 4 3 teneor, tenero, Stat. Ach. I 653 uisa, uias, Germ. phaen. 153 arator, aratro, Auien. Arat. 420 puppes, ppupes, Sen. Phaed. 541 praeceps, praecesp, 780 cingent, cingnet, 877 continget, contignet, 1227 cingens, cignens,

Oct. 105 f*ru*or, f*ur*or, Catull. 45 4 om*nes*, om*ens*, 74 3 perde*ps*uit, perde*sp*uit, 90 6 om*en*tum, om*ne* tum, Lucr. v 1116 c*re*ti, c*er*ti, vi 402 *ea*s tum, *ae*stum, 642 flamm*ea*, flamm*ae*, 749 *ip*so, *pi*so, 907 lap*is*, lap*si*, 938 a*d* *r*es, a*rd*es. With further change: Lucr. i 741 (Tibull. iii 2 27, Stat. silu. ii 6 58, Ouid. fast. iv 807) ca*su*, ca*us*a, v 186 (Pers. v 105, Sen. Phoen. 184) speci*men*, speci*em*, 193 m*ea*tus, m*ae*stus, 854 m*ut*ent, me*tu*ent, vi 179 l*iq*uescit, *qui*escit, 1089 f*ie*ri, f*er*ri, Catull. 93 2 *sc*i*r*e, *si* o*r*e, Tibull. ii 5 70 pert*ul*erit, per*lu*erit, pan. Mess. 72 (Ouid. met. vi 77, her. xviii 205, Sen. Herc. Oet. 1240) f*er*a, f*r*e*t*a, Ouid. met. i 196 s*up*eri, *pu*eri, iii 39 u*rn*ae, u*nd*ae, iv 646 mo*en*ibus, mo*nt*ibus, v 107 b*ro*teas, b*or*eas, vii 248 *ci*uit, *lc*uit, viii 444 recal*fe*cit, recal*es*cit, xii 382 *ua*ra, *du*ra, fast. iii 547 *ci*nis, *ig*nis, rem. 778 *to*ro, *oi*ro, trist. i 10 9 co*gn*ita, co*nc*ita, Verg. georg. iv 110 f*ur*um, f*ru*gum, Aen. ii 771 (ix 552, xii 505, Luc. i 254, vii 295, Sen. Thy. 739) *ru*enti, f*ur*enti, Sen. Ag. 650 def*le*re, def*er*re, Stat. Theb. vii 342 o*rb*ata, o*bl*ata, Tac. hist. iii 27 l*ig*ones, le*gi*ones, Liu. iii 70 6 inte*gr*um, inte*rd*um, xxii 7 13 con*pl*exu, con*sp*exu, 14 4 se*gn*ibus, se*ns*ibus, Mart. iii 60 5 *su*illos, p*us*illos, Il. Lat. 980 *en*, *nc̄*, Claud. iii cons. Hon. 17 *cu*nabula, *ue*nabula, Iuu. viii 155 *ro*bum, t*or*uum.

Inversion of three letters: Liu. xli 16 9 *cis*, *sic*, 29 6 e*nix*e, e*xin*e, Lucr. iii 170 (Verg. Aen. xii 916) *tel*i, *let*i, 305 *pau*oris, *uap*oris, v 208 (Verg. georg. ii 400) *bid*enti, *dib*enti, vi 851 (Liu. xxii 6 10) *rap*tim, *par*tim, Verg. georg. ii 203 (356, iii 515, Hor. carm. iii 13 11) *uom*ere, *mou*ere, 512 *sol*e, *los*e, iii 274 (Pers. v 90, Stat. Theb. vii 575, silu. v 2 40) ex*cep*tant, ex*pec*tant, Aen. i 445 fa*cil*em, fa*lic*em, vi 221 n*ota*, n*ato*, viii 317 *par*to, *rap*to, Hor. carm. ii 20 15 *get*ulas, *teg*ulas, iii 9 9 r*egit*, r*iget*, epod. 5 15 inpl*ica*ta, inpl*aci*ta, 16 51 o*uil*e, o*liu*ae, serm. i 2 3 t*ig*elli, t*eg*illi, 3 37 f*eli*x, f*ile*x, epist. i 3 31 *mun*atius, *num*atius, 6 18 (Ouid. met. xi 506, Germ. phaen. 577) sus*pic*e, sus*cip*e, Ouid. met. ii 415 mae*nal*on, me*lan*on, x 48 eury*dic*en, eury*cid*en, xi 28 *mun*era, *num*era, 489 (Tibull. iii 3 22, Stat. Theb. vii 251, silu. iii 3 49) *ger*untur, *reg*untur, xiii 731 re*uom*it, re*mou*it, xiv 86 hippo*tad*ae, hippo*dat*e, 89 i*nar*imen, i*ran*imen, xv 705 cau*lon*a, cau*nol*a, trist. i 6 1 (ii 541, v 6 21) d*ile*cta, d*eli*cta, ii 379 sc*ire*mus, sc*eri*mus, Ib. 358 (Catull. 64 350, Iuu. vi 493) cri*men*, cri*nem*, 404 de*xame*ni, dex*ema*ni, fast. ii 740 m*ero*, m*ore*, her. xii 120 cr*edu*litatis, cr*ude*litatis, xviii 133 *lim*es, *mil*es, xx 30 *uaf*er, *fau*er, Sen. Tro. 105 *lat*us, *tal*us, 563 poss*edi*t, poss*ide*t, 799 *rap*iet, *par*iet, Phaed. 1201 taen*are*i, ten*era*i, Ag. 188 *par*idis, *rap*idis, 781 r*edi*t, r*ide*t, Herc. Oet. 1969 pa*ret*, pa*ter*, Oct. 141 *pac*tus, *cap*tus, Stat. Theb. IV 461 p*lo*rata, p*ro*lata, VII 110 u*ir*es, u*er*is, 511 d*oli*, d*ilo*, VIII 718 (740, Iuu. VIII 229) me*lan*ippus, me*nal*ippus, Plaut. mil. 1243 u*il*em, u*el*im, Tac. hist. III 7 u*edi*o, u*ide*o, Cic. de fin. III 49 (Non. p. 64 31) *bon*is, *nob*is, de diu. I 30 di*rex*it, di*xer*it, pro Clu. 49 uen*er*it, uen*ir*et, Prop. I 1 9 mi*lan*ion, mi*nal*ion, Phaed. III 19 7 r*edi*re, r*ide*re, Germ. phaen. 331 t*ale*, t*ela*, Auien. Arat. 56 *gel*ido, *leg*ido. With further change: Mart. XIV 162 1 *mula*, p*luma*, Hor. serm. I 1 38 (epist. I 7 40) *sap*iens, *pat*iens, II 3 21 *uaf*er, *fab*er, Prop. I 1 1 *cep*it, *fec*it, Lucr. II 199 (Ouid. Ib. 598) re*uom*it, re*mou*et, VI 916 peru*olat*, peru*alet*, Catull. 17 10 pu*tid*ae, pu*dic*ae, Verg. buc. V 61 (Ouid. her. XX 41) *dol*um, *mod*um, georg. I 122 p*er* artem, pa*re*ntem, II 514 *pen*ates, *nep*otes, III 235 re*fec*tae, re*cep*tae, IV 176 ali*ter*, ali*cet*, 548 *fac*essit, *cap*essit, Aen. IV 169 (VII 481, Ouid. met. IV 563, trist. V 2 3) *mal*orum, *lab*orum, Stat. Theb. II 328 *pas*tus, *sal*tus, IV 528 (VI 525) s*pec*ulis, s*cop*ulis, X 915 s*tyg*ias, s*cyt*ias, Ach. I 582 per*dita*, per*fida*, Sen. Tro. 1082 *ger*it, *teg*it, Ag. 428 re*mig*em, re*gim*en, Herc. Oet. 1443 *cael*o, *let*o, Ouid. met. II 421 *pos*ita, *sol*ita, III 725 as*pice*, ac*cipe*, V 482 *las*sa, *fal*sa, VI 556 (XII 277, Pers. IV 10) for*cipe*, for*fice*, VII 559 *nud*a, *dur*a, 763 pes*tis*, ces*sit*, XII 18 pro*uid*us, pro*dig*us, XIII 733 or*a* *ge*rens, or*e* *ca*rens, XV 818 *col*atur, *loc*etur, fast. II 585 in*mod*ico, in*dom*ito, III 418 grat*are*, crat*era*, trist. IV 5 27 *bon*itate, *nou*itate, ex Pont. II 10 18 *sequ*amur, *quer*amur, her. XX 210 *not*is, *tor*is.

At this point I omit the frequent confusions *modo domo*, *geret reget*, *limitis militis* and many like them, because these may be assigned indifferently to the preceding and to the following class (*mo-do*, *do-mo*).

Transpositions of syllables: Verg. Aen. XI 711 *pu-ra*, *ra-pu*, culex 355 *la-te*, *te-la*, Ouid. Ib. 246 *er-it*, *it-er*, met. XI 200 lao*me-do*nta, lao*do-me*nta, XII 306 me*la-neus*, me*ne-la*us, XIII 686 *ro-gi*, *gy-ro*, trist. V 6 11 (Il. Lat. 218) po*da-li*rius, po*li-da*rius, rem. 243 d*isc-ed*ere, d*ed-isc*ere, her. VIII 88 quod*ue mihi*, quod *mihi uae*, Hor. carm. I 36 17 *pu-tres*, *tres-pu*, Stat. Ach. I 638 pre*me-s u*rentia, pre*su-me*rentia, II 4 *bacchi-ca naxos*, *canaxos bacchi*, silu. III 5 57 *tra-chin*ia, *in-trac*ia, Amm. Marc. XIX 10 4 incuna*bu-lis*, incuna*li-bus*, heptat. Lat. gen. 421 *qua-terni*, *terni-qua*, Plaut. mil. 356 *mini-me*, *me-mini*, trin. 521 um*quam* fieri neque gnati tui, umfieri neque gnati tui *quam*, Lucr. III 154 ita pallorem*que*, ita*que* pallorem, IV 1145 cauere*que ne*, cauere *ne-que*, V 227 res*t*et transire, re et transire*st*, Germ. phaen. 143 *prior-a te*nec, *ate prior* nec. With further change:

Hor. carm. III 8 27 *ra-pe*, *spe-ra*, Non. p. 93 33 *bus-to*, *co-bus*, Prop. II 34 53 restab*it e*rumpnas, restau*er-it* undas, III 5 24 spars*er-it*, spars*it et*, 23 21 rettul*er-it*, retul*it et*, IV 1 106 umbra*ue quae*, umbra*que ne*, Catull. 58 5 magna-*ni-mi remi*, magna a*miremi-ni*, Ouid. met. II 688 *uo-ca*bant, *ca-ne*bant, III 567 *re-mo*ramina, *mo-de*ramina, IV 230 *mo-ra*tus, *re-mo*tus, X 653 pe*de li*bat, pe*n-de*bat, XIV 254 s*tet-imus*que, s*imul-at*que, trist. I 2 7 od*er-at*, od*at-ur*, II 168 per *tua per*que, per*pe-tuos*que, 565 sa*li-bus*, sta*bu-lis*, IV 2 31 *host-ili*bus, *in host*ibus, Pers. I 114 dis*cedo secuit*, dis*seuit cedo*, Stat. Theb. VII 112 *ue-lit*, *li-bet*, silu. I praef. con*ual-esc*enti, *est ual*enti, Sen. Thy. 488 t*est-or tamen*, h*ortamen est*, Phaed. III 10 36 ma*li-gna ins*ontem, ma*gna inso-le*ntem, Auien. Arat. 1630 *frater-nos*, *nox fratrem*, Cic. de fin. V 9 math*em-at*icorum, in ach*ad-em*icorum, pro Sest. 131 *sal-ut*is, *ut scit*is, Liu. XXII 25 12 *in-sci*tiam, *sci-en*tiam, XXXV 10 8 *lega-to*, *col-lega*, Tac. hist. I 31 *cels*um in*fest*is, *fest*um in*cest*is.

Transposition of two letters across an intervening space: Prop. III 3 35 *n*er*u*is, *u*er*n*is, 13 11 m*a*tr*o*na, m*o*tr*a*na, IV 1 129 (Ter. haut. 535, Verg. buc. X 68, Ouid. her. IV 45, art. II 729, ciris 275) *u*er*s*arent, *s*er*u*arent, Ouid. met. V 246 detr*e*ct*a*s, detr*a*ct*e*s, VI 234 (Sen. Thy. 416) *d*an*t*em, *t*an*d*em, Hor. epist. I 2 5 d*i*st*e*net, d*e*st*i*net, Val. Fl. I 564 ph*l*eg*r*ae, ph*r*eg*l*ae, Stat. Theb. II 311 (Liu. XXIV 45 2) d*e*sc*i*sse, d*i*sc*e*sse, Cic. de leg. II 57 *p*or*c*us, *c*or*p*us, Plaut. rud. 545 b*a*ll*e*na, b*e*ll*a*na, Auien. Arat. 540 d*u*ct*o*s, d*o*ct*u*s, copa 34 *p*ris*c*a, *c*ris*p*a, Liu. XLI 24 14 (Cic. ad Att. IV 5 2) f*a*c*e*r*e*t, f*e*c*e*r*a*t, Il. Lat. 786 p*o*lyd*a*mas, p*a*lyd*o*mas, Luc. VII 491 r*o*man*a*, r*a*man*o*, el. in Maec. I 105 arg*o* sax*a*, arg*a* sax*o*, 95 *o*dorat*a*, *a*dorat*o*, Iuu. X 294 u*e*rgin*i*a, u*i*rgin*e*a, Sen. Herc. Oet. 496 facil*i*s in sp*e*cies, facil*e*s insp*i*cies. With further change: Lucr. VI 339 *p*la*g*is, *g*la*d*is, 1122 qua *g*ra*d*itur, qua*d*ra*g*itas, Verg. Aen. I 264 cont*u*nd*e*t, cont*e*nd*u*nt, Ouid. met. VII 580 *c*ae*l*i, *l*ae*t*i, VIII 588 re*s*ol*u*it, re*u*ul*s*it, XI 687 te*t*end*i*, te*n*en*t*i, fast. V 507 ex*s*us*c*itat, ex*c*us*s*it ab, ex Pont. II 10 43 *a*bs*i*m, *i*ps*a*m, Prop. II 21 11 q*u*ond*a*m, qu*a*nd*o*, Germ. phaen. 83 pond*u*s, pand*o*s, Luc. VII 509 t*o*rrent*e*, t*e*rr*o*re, 645 ce*r*u*i*ce, *u*er*t*ice, Stat. Theb. XI 588 *e*ff*o*ssae, *o*ff*e*nsae, silu. V 3 288 p*o*rt*a*, p*a*rt*e*, Sen. Herc. Oet. 1790 *c*ar*p*ent, *p*ar*t*em, Oct. 731 cris*p*inus, *p*ris*t*inus, Phaed. 740 *p*orri*g*it, *c*orri*p*it.

Rearrangement of four or more letters: Prop. III 5 24 *et n*igras, *inte*gras, IV 10 37 tol*umni*, tol*inum*, Plaut. rud. 927 *grip*e, *pigr*e, truc. 730 *saluu*m, *lausu*m, Lucr. I 708 (Auien. Arat. 1003) puta*runt*, puta*ntur*, Ouid. met. VI 407 (fast. III 841) pa*tern*is, pa*rent*is, fast. II 663 thy*reat*ida, thy*ater*ida, ex Pont. III 3 102 (Stat. Theb. I 340) *serp*it, *reps*it, her. xviii 15 f*elix*, f*lexi*, Sen. Phoen. 195 ips*e* *cui*, ips*i* *ceu*, Herc. Oet. 49 *nemo*, *omne*, Auien. Arat. 136 *inde*que, *deni*que, Cic. pro Clu. 16 n*amque*, n*equam*, Ouid. met. ii 485 *tamen*, *manet*, her. ix 20 *turpis*, *stupri*, Prop. ii 34 29 *crethe*i, *erecht*i, iii 20 tit. co*ntemp*tore, co*mpten*tore, schol. ad Pers. ii 72 *ualer*io, *aurel*io, Liu. xxxiv 3 1 *animo*, *omnia*, Stat. Theb. x. 305 *ialmen*us, *alinem*us, Ouid. Ib. 348 t*isame*ni, t*esima*ni, trist. i 1 83 (met. viii 276, ex Pont. iv 14 32) a*rgolic*a, a*gricol*a. With further change: Mart. v 37 7 *crin*e, *nigr*e, Sen. Oed. 130 se*ptem*, se*mper*, Ag. 111 *uidu*a, *iunct*a, Ouid. met. viii 301 *praes*tantes, *spec*tantes, xiii 122 *rel*atis, *lacer*tis, xiv 233 *lami*, *imas*, 850 p*risc*um, p*osit*um, xv 804 ae*nead*en, t*ande*m, trist. iv 10 130 m*oria*r, m*aio*r, met. iii 235 an*ticip*ata, prae*cipit*ata, xiii 624 *patrem*, *templa*, Catull. 22 5 pal*impses*to, pal*misep*to, Mart. xi 99 5 *gemina*, *magni*, Stat. Ach. i 344 *therap*nis, *pharet*ris, Il. Lat. 430 mae*oniden*, me*ridione*, Iuu. viii 175 sa*ndapilar*um, sa*rdanapall*os, Auien. Arat. 1728 *procumb*entia, *copum b*retia, Amm. Marc. xxvii 6 12 *salut*em, *latus*, Liu. xxvi 31 3 *a p. ro. si*, *portas*, Sen. de clem. i 12 cum *quaeremus*, con*sequemur*, Cic. pro Clu. 47 di*ligentia*, di*gnitate*, de dom. 23 ui*sceribus aerari*, ui *caesaris rebus*.

Such transpositions occur in the texts of all authors, and Manilius is no exception: ii 182 u*eris*, u*ires*, 587 reum sponso*r*, re*r*um sponso, 932 suas a*git*at, sua fa*tig*at, iii 272 gra*uid*us, gra*dib*us, 544 *ui*ces, *ciu*es, iv 282 a*gilem*, ca*ligine*, 531 ex*us*tus, ex*su*tus, 551 *reg*entur, *ger*entur, 591 *eu*rus, *ue*rus, 662 pest*is*, pisc*es*, 668 ce*r*copum, cec*r*opum, cecop*r*um, 677 tan*ai*m, tan*ta*m, 748 dorsu*mq*. leuari, dorsum le*q*uari, 903 *s*ecess*it*, *s*ic ess*et*, v 143 edu*ntur*, edu*cunt*, 326 oe*a*grius, oegr*a*ius, 425 di*duc*et, di*cut*et, 729 s*tipat*um, *spati*um. On these observations I have acted in correcting i 84, 88, 214, 277, 285, 344, 408, 517, 599.

I now come to another method of correction, which I have employed at i 72, 145, 311, 331, 455, 530, 637; a method demanded by the complications which ensue, in the text of poets, upon corruptions which destroy the metre. When a word has fallen out and left the verse defective, the scribes insert another word in the gap; and when a word has lost its metrical form and brought the verse to a standstill, the scribes set it going again by a change of order.

In Ouid. met. vi 376 the valuable codex Laurentianus has these words,

quamuis sint sub aqua, linguis maledicere temptant.

If the other MSS agreed with it, this reading would now stand in the modern editions of Ovid. Heinsius and Bentley would instantly have perceived that this superfluous and pointless *linguis* was not Ovid's, and they would both have conjectured

quamuis sint sub aqua, <sub aqua> maledicere temptant;

but Merkel would have ejected the emendation from the text, and Merkel's followers would be stoutly defending the corruption in this year 1903. It happens however that the true reading is preserved in the better MSS Marc. and Neap.; and for that reason, not because it is true, it holds possession.

But in trist. I 11 11 sq. it is not one MS but the MSS in general which give

seu stupor huic studio siue est insania nomen,
omnis ab hac cura mens releuata mea est.

Here, though the aimless change from 'huic studio' to 'hac cura' suggests that something has gone wrong, the suspicion is fainter, and the true reading might never have been recovered were it not preserved elsewhere, to wit in C.I.L. VI 9632

seu stupor est huic studio siue est insania nomen,
omnis ab hac cura c u r a l e u a t a mea est.

This is Ovid all over, rem. 169 sq. 'rura quoque oblectant animos studiumque colendi: | *quaelibet huic curae* cedere *cura* potest,' 484 'et posita est *cura cura repulsa* noua.' But Ovid's editors will not accept it, because to do so would involve recognising that all the MSS, not only some of them, are deeply interpolated; and to recognise this would cause them discomfort. So they will deny to Ovid the aid which fortune has furnished him against his scribes, and will defend the corrupt reading with the babble which we have heard so often already that we can predict it before they have time to utter it afresh: 'an inscription (now no longer extant) which does not profess to quote Ovid's words, and which gives the hexameter in an unmetrical form, is not an authority to be set against the consenting testimony of the MSS. Will it be proposed to substitute for art. I 475 *quid magis est saxo durum* the reading given in C.I.L. IV 1895 *quid pote tan durum saxso?*' It is not because *cura leuata* has been found in an inscription that it ought to stand in the text, but because it is better and more Ovidian than the MS reading, because it perfectly accounts for that reading, and because, in addition to this, it has been found in an inscription.

At her. XII 29 P has rightly

accipit hospitio iuuenes Aeeta Pelasgos.

But many MSS spell the king's name *oeta* and destroy the verse; so G repairs it thus:

accipit hospitio iuuenes pater Oeta Pelasgos.

In her. XIV 91 only a few MSS have retained what the author wrote,

conatoque queri mugitus edidit ore.

The omission of *-que* before *que-* left an unmetrical *conato queri*, which seems to have been the original reading of P: most MSS have the conjectural emendation *et conata queri*. In her. XV 69 most MSS rightly read

et tamquam desint quae me sine fine fatigent,

but in one copy *fine* dropped out after *sine*, and hence the Francofurtanus, usually the most faithful, has manufactured this precious conjecture:

et tamquam desit quae me hac sine cura fatiget.

At trist. III 5 39 sq. the MSS presented

quae ducis Emathii fuerit clementia, Porus
praeclarique docent funeris exequiae.

For *praeclari* Heinsius conjectured *Darei*: this would be first mistaken for *clari* and then stretched to the right length by prefixing *prae*. The nineteenth century brought to light the oldest MS L, and in it stands the conjecture of Heinsius.

In trist. V 10 23,

est igitur rarus qui iam colere audeat,

the object of 'colere' is missing. Heinsius restored it:

est igitur rarus <rus> qui colere audeat,

whence first arose *rarus qui*, and then *iam* to plump out the verse.

I will take from the tristia one more example, in which detection of the fraud is made easier because the MSS do not conspire to tell the same lie, but impair their credit by contradicting one another. V 7 65 sq.

sic animum tempusque traho – – ⏑ reduco
a contemplatu summoueoque mali.

mecumque the best MSS, *me sicque* others, *meque ipse* others again. *meque ipse* is faultless, but if it had been the original the other two readings could hardly have come into existence. *me sicque*, apart from its clumsiness, is shown to be corrupt by the observations of Madvig de fin. v 40 and Haupt opusc. III 510; *mecumque*, which has most authority, is evidently impossible. All three have a common element, the letters *meque*, and all are attempts to make metre of a defective archetype: Ovid wrote

> sic animum tempusque traho me<me>que reduco
> a contemplatu summoueoque mali,

as he wrote in art. II 689 sq. 'me uoces audire iuuat sua gaudia fassas; | atque, morer *meme* sustineamque, roget,'[1] and as Silius wrote in IX 650 sq. 'comprimit ensem | nescio qui deus et *meme* ad grauiora reseruat.'

At Lucr. III 978 the Leyden MSS have

> atque ea nimirum quaecumque Acherunte profundo.

The loss of *e* after *e* changed this to *atque animirum*, which looked like *atque animarum*; so the chief Italian MS has the metrical interpolation

> atque animarum etiam quaecumque Acherunte profundo.

In moret. 34 most MSS give rightly

> pectora lata, iacens mammis, compressior aluo.

ia was lost after *ta* and left *lata cens*, whence two MSS have devised *lata gerens*. At culex 312 the right reading appears in Γ and V

> Ida faces altrix cupidis praebebat alumnis,

but the initial letter was lost, and the best and oldest MS B has expanded *da* to *daque*. At 226 sq. B and Γ give

> in uanas abiere uices, et iure recessit
> Iustitia,

where *iure* is a mistake for *rure*. In one copy the syllable *re* was written once for twice, *iu recessit*, and V has developed *iu* into *uita*. The true reading of Luc. I 295

> inmineat foribus pronusque repagula laxet

is preserved in most MSS; but the haplography *repagulaxet* has given

[1] Mr Ehwald prints this verse as 'atque, morer, me, me sustineamque, roget': such notions of the Ovidian pentameter has the modern Ovidian critic.

occasion in some for the interpolation *pulset*. At Stat. Theb. XII 72 sq. the Puteaneus retains

> o nisi magnanimae nimius te laudis inisset
> ardor,

but because the syllable *nim* came twice over, *magnanimaenimius* shrank to *magnanimius*, and other MSS repair the loss with guesswork

> o nisi magnanimus tantae te laudis inisset.

At Mart. X 14 7 sq. one family of MSS has the true reading

> quando breuis gelidae missa est toga tempore brumae?
> argenti uenit quando selibra mihi?

but *uenit* was absorbed by *-genti*, and the other family borrowed *missa* from overhead to complete a pentameter:

> argenti quando missa selibra mihi est?

Again at VI 32 4 one family keeps

> et fodit certa pectora tota manu,

but in the others *tota* has been swallowed by *-tora*, and *nuda* takes its place. And again at V 22 7,

> uixque datur longas mulorum rumpere mandras,

this reading of one family, having shrunk to *mulorumpere*, becomes in the other family *mulorum uincere*. And yet again at XII 61 5, where two families agree in the right reading

> in tauros Libyci ruunt leones,

ruunt was mistaken for *munt*, as *ruinas* for *minas* in Aetn. 139, and the third family comes to the aid of the verse with the interpolation *fre-munt*.

This is just what I suppose to have happened in Manil. V 45. The man born under the sign Argo will become a seafarer:

> rector erit puppis clauoque immobilis haerens
> mutabit pelago terras uentisque sequetur
> fortunam totumque uolet transnare profundum
> classibus atque alios menses altumque uidere
> Phasin et in cautes Tiphyn superare trementem. 45

'trementem in cautes' has no sense; 'superare Tiphyn in cautes' may perhaps be made to yield one, but Tiphys was no trembler. *tre-mentem* is a metrical expansion of *mentem*, that is

in cautes Tiphyn superare ruentem.

'ruentem in cautes': *ruit* is the verb used by Valerius Flaccus in describing the exploit at IV 676, 'praecepsque fragores | per medios ruit.' In G the corruption has gone further; *ent* was lost in the sequence *tr-em-ent-em*, the remaining *tremem* looked like t^{i}*remem*, and accordingly *triremem* stands in the text of this much interpolated MS. Mr Vollmer in Berl. Phil. Woch. xx p. 1292, to extol G at the expense of Manilius, says 'zweifellos ist zu bessern *in cautes Tiphyn superare triremi.*' Why, in fortune's own name, should a man chase fortune in a *trireme*? and why, if he did so, should his strange whim be mentioned at this particular point?

In Verg. Aen. IX 782 the MSS Pγc read

quos alios muros quaeue ultra moenia habetis?

eueu dwindled to *eu* and left *quaeultra*; MR prop the verse with *quae iam ultra*, and many editors inconsiderately adopt the interpolation. In Aen. X 48 PM have

Aeneas sane ignotis iactetur in undis.

The letters of *sane* are those of *-neas* and were consequently omitted, whereupon R fills the space with *procul.* At verse 705 of the same book occurs a famous instance of such interpolation in the Virgilian archetype. Bentley restored what the sense demands,

nec non Euanthen Phrygium Paridisque Mimanta
aequalem comitemque, una quem nocte Theano
in lucem genitori Amyco dedit et face praegnas
Cisseis regina Parin: <Paris> urbe paterna 705
occubat, ignarum Laurens habet ora Mimanta.

But *Paris* was absorbed by *Parin*, and Virgil's MSS have *creat* in its place.

The interpolation in Aen. IX 579 is still undetected. The MSS have

sternit . . .
Priuernum Capys. hunc primo leuis hasta Themillae
strinxerat: ille manum proiecto tegmine demens
ad uolnus tulit; ergo alis adlapsa sagitta,
et laeuo adfixa est lateri manus, abditaque intus 579
spiramenta animae letali uolnere rupit.

adfixa Pγ, but *infixa* MRbc: Seruius' lemma has *adfixa*, but his quotation of IV 689 shows that he read *infixa*. The spear of Themillas had grazed the skin of Priuernus, whereupon he like a fool dropped his shield and clapped his hand on the place. Accordingly the arrow of Capys came winging up, and . . . his hand was pinned to his left side, and . . . driven deep within inflicted a mortal wound on the lungs. What a narrative! To begin with, the left side is the very last place where a man who was carrying a shield would be grazed by a spear: consequently it is not the place on which Priuernus clapped his hand, and consequently, when Capys' arrow struck his left side, it found no hand there to pin. And the thing which pierced Priuernus' lungs and wounded him to death must certainly have been Capys' arrow; whereas the text says it was his own hand. Now where all MSS give nonsense and are therefore corrupt, those MSS are to be preferred which give the worst nonsense, because they are likely to be the least interpolated; and here *infixa* is seen by its naked absurdity to be a remnant of the truth, and *adfixa* to be a conjectural emendation. *adfixa* was invented to suit the *manus* which is now the subject of the clause, *infixa* refers to the *sagitta* which ought to be its subject: *manus* is a metrical stopgap like *creat* in X 705 and *procul* in X 48; and the metrical defect which provoked it arose in this verse as in those from the absorption of like by like:

> ergo alis adlapsa sagitta
> et laeuo infixa est <alte> lateri abditaque intus
> spiramenta animae letali uolnere rupit.

alte is easily confused with *late*, as Aen. I 427 *alta* MPR, *lata* F, IX 151 '*summae* custodibus arcis' MP, *late* (i.e. *altae*) FR, Liu. XXII 28 14 *latera*, *altera*; then *latelateri* shrank to *lateri*, and the collapsing verse was distended with *manus*. For the elision see VIII 96 'placido aequore.'

Juvenal at XIII 179 is preaching against revenge, and says that it is both unsatisfying and odious.

> 'nullane peiuri capitis fraudisque nefandae
> poena erit?' abreptum crede hunc grauiore catena
> protinus et nostro (quid plus uelit ira?) necari
> arbitrio: manet illa tamen iactura, nec umquam
> depositum tibi sospes erit, sed corpore trunco
> inuidiosa dabit minimus solacia sanguis. 179

There is not in the Latin language a more inapposite adjective than *minimus.* You put a man to death for cheating you: suppose, a foolish supposition, that the man has little blood in his veins, or suppose that you, in putting him to death, shed little of that blood: what then? How does that either diminish or increase the satisfaction which you experience? How does it either increase or diminish the hatred which you incur? No answer. And this ridiculous *minimus* usurps the place of an absent adverb which the sense requires and the reader must mentally supply. The scholiast says nothing about *minimus,* though it is the word which most invites a scholium, but he says 'id est, etiamsi decolletur, *nihil* inde lucri habebis *nisi* inuidiosam defensionem.' Just so:

inuidiosa dabit <solum> solacia sanguis.

The scribe passed from *sol-* to *sol-*, and his successor filled the space with the first word that occurred to him, perhaps remembering X 217 '*minimus* gelido iam in corpore *sanguis.*' It is true that 'solum solacia,' being a conjecture, will sound ill to many who never stumble at Verg. Aen. III 183 'casus Cassandra canebat.'

These are verses where the loss of words or syllables has been made good by stopgaps. Now come others where the metre, spoilt by corruption, has been mended by transposition.

The case of Iuu. VIII 148 is now notorious: the true reading

ipse rotam adstringit sufflamine mulio consul

is preserved in the florilegium Sangallense; *mulio* became *multo,* and the cod. Burn. 192 has *sub flamine multo consul;* the rest arrange the unmetrical words in metrical order, the majority giving *multo sufflamine consul,* the minority *consul sufflamine multo.* In Ouid. fast. I 245 the second-best MS reads rightly

arx mea collis erat, quem uolgus nomine nostro
nuncupat.

But *x* and *a* are much confused, so *arx* became *ara* and upset the verse, and the best MS has the interpolation *ara mea est colli.* At trist. V 5 55 there has been bolder work: the best MSS retain

cum Pelia genitae tot sint, cur nobilis una est?

but *nobilis* was mistaken for *nobis,* and the majority in lieu of *nobilis una est* present *cognita nobis.* At Stat. Theb. VIII 459 the truth is preserved in the best MS

Pallas huic praesens, illum Tirynthius implet.

But *hŭic* was corrupted by *illum* to the monosyllabic *hunc*, and most MSS restore the ruined metre by transposing *hunc Pallas.* The siluae unluckily are handed down to us in no good MS, and when we find at silu. I 1 27 sq.

te signa ferente
et minor in leges iret gener et Cato castris

we have nothing to help us but our own wits. The sense is 'if you, Domitian, had been in Caesar's place, both Pompey and Cato would have surrendered their independence.' *castris* is a superfluity and an encumbrance, and *in leges* lacks an epithet, either *tuas* or *Caesaris.* The verse is a rearrangement of these unmetrical words

et minor in leges gener et Cato castris iret,

and *castris* is *caseris* (Ouid. her. XIX 157 *casera* P for *castra*), and *caseris* is *cesaris*: 'tu si dux fuisses, et Pompeius, Magnus ille quidem sed socero minor (Ouid. fast. I 603 sq. 'Magne, tuum nomen rerum est mensura tuarum, | sed qui te uicit nomine maior erat': Mr Vollmer only cites passages which are nothing to the point), et Cato in leges irent Caesarianas': see Mart. XI 5 9–14 'te (Nerua) duce gaudebit Brutus . . . et te . . . Magnus amabit . . . ipse quoque infernis reuocatus Ditis ab umbris | si Cato reddatur, Caesarianus erit.' After I had been put to the trouble of making this correction I found that it had been made long ago by Scriuerius and neglected by everybody since, even Gronouius and Markland.

There are several instances of such interpolation within the four hundred verses of the culex. 192

et ualidum dextra detraxit ab arbore truncum

stands unaltered in Γ; but *ab* swallowed *arb-* and left *detraxit ab ore truncum,* which B and V have reduced to metre by the transposition *truncum detraxit ab ore.* 210

'quis' inquit 'meritis ad quae delatus acerbas
cogor adire uices.'

This is preserved by no MS, but Γ has *quid inquit*; B and V for metre's sake transpose *inquit quid.* 357

omnis in aequoreo fluitat iam naufraga fluctu.

V and Γ have this order; but *fluitat* was corrupted to *fluctuat* and B rearranges the words as *fluctuat omnis in aequoreo.* 366

cui cessit Lydi timefacta potentia regis.

Γ has kept this reading with no error but a false division of words *lidithime facta.* But *liditime* or *loeditime* looked like *legitime,* and since this was unmetrical B and V have changed the order to *legitime cessit cui facta.*

Verg. Aen. IX 402 sq. now stand in MP as follows:

ocius adducto torquens hastile lacerto
suspiciens altam lunam et sic uoce precatur.

RV have *altam ad* for *altam,* but Virgil's construction is the accusative, Aen. X 898 sq., XII 196, buc. IX 46, georg. I 375 sq. The sentence has no structure unless *et* is removed or some other change is made. Suppose that once upon a time the text was

suspicit altam ens lunam et sic uoce precatur,

this would become *suspiciens altam* in a trice. But it should be

suspicit altam <am>ens lunam et sic uoce precatur.

See 424 sq. 'tum uero exterritus, *amens,* | conclamat Nisus,' II 745 'quem non incusaui *amens* hominumque deorumque?'

In Lucr. VI 1135 sq. the MSS offer

an caelum nobis uitro natura corumptum
deferat aut aliquid quo non consueuimus uti.

uitro was early and easily corrected to *ultro,* but *corumptum* still remains a stumbling-block. On the one hand it seems impossible, and certainly wants better evidence than is forthcoming, that Lucretius should have said *cŏruptum* or Lucilius *cŏrupto*; but on the other hand Lachmann's *coortum* could hardly have been altered thus, and Isidore attests the participle of 'corrumpo' with his 'aer *corruptus* ex aliis caeli partibus ueniens.' Consider *corumptum* and *uitro* together, and the corruption, or corumption, is explained. What the MSS present is a rearrangement of words designed to better the metre of this:

an caelum nobis corruptum deferat uitro
natura aut aliquid quo non consueuimus uti.

deferat uitro could be scanned by nobody: *natura corruptum* could be scanned, in the ages of faith, by many a humble Christian; for true religion enabled men not only to defy tortures but to shorten the first syllables of *colloco* and *parricida*, Muell. de r. m. ed. 2 pp. 447 sq.

VII

The poet's name is not preserved in the MSS of the family **α**. The heading of **G** is now erased and *Mālius poeta* written over it by a hand of the 15th or 16th century; it once filled two lines and was presumably the same which now stands in **L** and Cus., *Arati philosophi astronomicon liber primus incipit prelibatio.* None of these three MSS has any other inscriptions or subscriptions. Poggio, in the letter announcing to Barbaro his discovery of **β** and quoted on p. viii, names the author *M. Manilium astronomicum.* The first page of **M** is missing, but its inscription can probably be recovered from **U**: *M. Manilii astronomicon liber primus foeliciter incipit.* **M** elsewhere gives the name as follows: after book I *M. Manili*, after II *M. Manlii Boeni*, after III *M. Milnili.* **V** has *M. Mallii Boeni* at the end of II and *M. Mallii* at the end of III; Vrb. 668 is inscribed *Marci Manilii Boeui astronomici liber primus incipit.* Gerbert, who reigned as Pope Sylvester II from 999 to 1003, writes in August 988 in epist. 130 ed. Havet 'fac ut mihi scribantur *M. Manlius de astrologia*, Victorius de rhetorica, Demosthenis ophthalmicus': the author so styled however may be Anicius Manlius Torquatus Seuerinus Boethius, and Gerbert in epist. 8 mentions 'VIII uolumina Boetii de astrologia.'

The date of the poem has been canvassed with merciless prolixity for the last four-and-twenty years, but the pertinent facts are few. That book I was written later than 9 A.D. is proved by the mention of Varus' disaster in u. 899; that it was written earlier than the August of 14 A.D. is proved by two passages which show Augustus to be living, 384 sq. and 922 sqq.: one passage, 799–801, which in its present form assumes Augustus to be dead, contains an absurdity (*caelum repleuit*) and must therefore be corrected; and to correct it is easy. That Augustus was still alive while book II was writing is proved by 507 sqq. 'Capricornus in ipsum | conuertit uisus, quid enim mirabitur ille | maius, in Augusti felix cum fulserit ortum?': were Augustus dead and Tiberius on the throne, the instant answer to this question would be 'id sidus, quod in Tiberii ortum fulsit'; for reigning emperors were always greater than their predecessors. Book III contains nothing which bears on the point. In book IV (whose last verses 933–5, though eternally cited and debated, prove nothing either way) Capricorn is fallen from his high estate: at 243–58 we read that he engenders miners and smiths and clothiers, and at 568–70 that his 30th point engenders sailors; but of kings and kesars not a word. Worse yet, in 257 sq. we have 'Veneri mixto cum crimine seruit | pars prior, at melior iuncta sub priste senecta est': these words, with their spice of truth and personality, were hardly written of Augustus' star in Augustus' lifetime. Instead of Capricorn it is Libra that now assumes the primacy of heaven, 548 sqq. 'felix aequato genitus sub pondere Librae. | iudex examen sistet uitaeque necisque | imponetque iugum terris legesque rogabit. | illum urbes et regna trement nutuque regentur | unius, et caeli post terras iura manebunt,' 773 sqq. 'Hesperiam sua Libra tenet, qua condita Roma | orbis et imperio retinet discrimina rerum | lancibus et positis gentes tollitque premitque; | qua genitus Caesar melius nunc condidit urbem | et propriis frenat pendentem nutibus orbem.' Now not only Manil. II 507 sqq. quoted above but also Germ. phaen. 558 sqq. 'hic (Capricornus), Auguste, tuum genitali corpore numen | attonitas inter gentis patriamque pauentem | in caelum tulit et maternis reddidit astris,' and Suet. Aug. 94 'tantam mox fiduciam fati Augustus habuit, ut thema suum uulgauerit nummumque argenteum nota sideris Capricorni, quo natus est, percusserit,' and the many coins stamped with Augustus' head on the one side and Capricorn on the other, are clear proofs that Capricorn was Augustus' star: to show that Libra was his star there is nothing;[1] but to show that Libra was the star of Tiberius there is

[1] When Virgil in georg. I 32–5 invites Augustus to a place in the zodiac between Virgo and Scorpius (where Libra was inserted by those astronomers who gave the zodiac twelve signs instead of eleven), he does so because there is no room anywhere else; and the words 'Libram qui Caesar habet' de XII signis 22 (P. L. M. Baehr. IV p. 144) are an allusion to this passage of Virgil. It is true that Augustus, if Suetonius Aug. 5 is right in saying 'natus est Augustus M. Tullio Cicerone C. Antonio coss. IX kal. Oct. *paulo ante solis exortum*,' was most likely born under Libra; for Soltau Röm. chron. p. 54 observes that in 63 B.C. the calendar would seem to have tallied pretty nearly with the Julian, since the eclipse of the moon mentioned by Cicero de cons. II 17–9 as taking place about the time of the feriae Latinae in that year must be the eclipse which fell at half-past four in the morning of the 3rd of May by our reckoning. If so, it is possible to hold that Capricorn was not the star

one piece of evidence. A. von Sallet beiträge z. gesch. u. numism. d. könige des Cimmer. Bosp. u. d. Pont. p. 69, W. von Voigt Philologus vol. 58 p. 175, and Th. Reinach l'histoire par les monnaies p. 143 describe a silver coin of Pythodoris queen of Pontus struck in the year 60 of the Pontic era, whose relation to the Varronian is not yet ascertained, and showing Tiberius' head on the obverse and the effigy of Libra on the reverse, just as other coins, and among them one struck by Pythodoris in the same year, show Augustus and Capricorn. This brings us to another debated passage of book IV, the verses 764 sqq. 'Rhodos, hospitium recturi principis orbem, | tumque domus uere Solis, cui tota sacrata est, | cum caperet lumen magni sub Caesare mundi,' in which the last words are generally supposed to mean a luminary second only to the reigning emperor Augustus, as Velleius II 99 in relating Tiberius' withdrawal to Rhodes calls him 'uere alterum rei publicae lumen et caput.' But if Tiberius was the second light of heaven he resembled the Moon, and did not at all resemble the Sun, which is the first. The words are capable of quite another sense, and 'lumen magni sub Caesare mundi' may mean 'the Sun, in the person of him who is now emperor,' to wit Tiberius: so II 3 'uictamque sub Hectore Troiam,' 16 'sub fratre uiri nomen,' 621 sqq. 'plus . . . in duplici . . . roboris . . . quam te, Nemeaee, sub uno,' IV 24 sq. 'Troia sub uno | non euersa uiro,' V 381 'ipse deum Cycnus condit uocemque sub illo.' It appears then that book IV was

of his birth but of his conception; for it may perhaps be gathered from Censorinus de die nat. 8 4 that the star of a man's conception was not, like that of his birth, the star rising at that moment (the moment of conception is seldom discoverable) upon the horoscope or eastern point, but the star in which the sun was then situated, 'quo tempore partus concipitur, sol in aliquo signo sit necesse est, et in aliqua eius particula, quem locum conceptionis proprie appellant'; and nine months before IX kal. Oct. the sun would be situated in Capricorn. But Suetonius expressly says 'sideris Capricorni, quo *natus* est,' not *conceptus*, and he thus contradicts in c. 94 what he asserts in c. 5; for if Augustus' birth took place under Capricorn on IX kal. Oct. it took place not *paulo ante solis exortum* but *circa meridiem*.

I cannot quit the subject without recommending chronologers and numismatists to study astrology before they write about it. Such a statement as 'lag Octavian's Konzeption im Steinbock, so fällt seine Geburt in die Wage' is a pure *non sequitur*, though made by a very learned man; and 'Horaz war VI Id. Dec. im Schützen geboren' is an assertion of which I can only say that the odds against its truth are 11 to 1. But who can blame these scholars, when an editor of Manilius, who might be expected to know the rudiments of his system, enunciates the similar fiction 'Tiberii conceptus in Pisces, in Sagittarium genitura incidit'?

written after Augustus' death. Book V, like book III, contains no indication of its date.

It seems to follow that the poem was not published as a finished whole by Manilius himself. Whether he published it by instalments or whether he never published it at all is a question which I see no means of solving. That our five books form only a portion of the whole design is plain enough. The account of the planets, promised at II 965 and elsewhere, does not exist. At V 28, speaking of constellations outside the zodiac, he proposes to declare what effects they produce at their setting, 'cum merguntur in undas': the proper place for this information is in the gap between V 709 and 710, where perhaps he gave it and it was lost. Then, if the non-zodiacal signs produce effects at their setting, so assuredly must the zodiacal, whose importance is so far superior; yet of this we are told nothing. And after all these several pieces of instruction, we shall still require the combination and co-ordination which he promises in II 750–87 and at III 587 sq. 'mox ueniet mixtura suis cum uiribus omnis, | cum bene materies steterit praecognita rerum'; for I defy anyone to cast a nativity from the information furnished in the poem as it stands. Were the books once eight in number? Was Gerbert's 'M. Manlius de astrologia' and his 'VIII uolumina Boetii de astrologia' the complete work of the poet designated in **M** by the name *M. Manlii Boeni*?

This First Book of Manilius, his Sphaera, being purely astronomical and complete in itself, can be detached without injury from the astrological portion of the poem. It was my first intention to comment only on those passages where I was proposing new explanations or conjectures or defences of the text. Thence I was drawn on to signify my own judgment in places where former critics and interpreters were at variance, and to correct many misapprehensions which I found revealed in the paraphrases of Fayus and Pingré or lurking under the notes of other editors. These additions so swelled the bulk of what I had written that I decided to take one step more and to equip the text with a regular commentary. This commentary is designed to treat of two matters only: what Manilius wrote, and what he meant. From the illustration of his phraseology and vocabulary, as distinct from the elucidation of his language, I have purposely abstained; not that I despise this industry, but because life is short, and I have chosen other business which is more difficult and more important. Therefore at u. 1, to begin at the beginning, I do not quote Verg. Aen. IV 519 sq. '*conscia fati* | *sidera*' nor Auson. 163 17 sq. 'tu caeli numeros et *conscia sidera fati* | callebas.' Scaliger laid a foundation in this department, Mr A. Cramer has made a considerable collection of parallel phrases on pp. 61–89 of his treatise de Manilii elocutione 1882, and Manilius has now in Messrs E. Mueller and J. Moeller a pair of diligent and well-read students who may be expected to continue the work. There are other industries, now much in vogue, from which I have abstained because I do despise them. The sacred name of Posidonius, if I remember right, is not once mentioned in my notes; and when I come to II 96 I shall not pretend that Manilius, or Catullus either, imbibed from the manuals of that Rhodian sage the daring theory that the moon's light is borrowed. If anyone is enamoured of speculations for which no material exists, he is welcome to pursue them, atque idem iungat uolpes et mulgeat hircos; but the lot is fallen unto me in a fair ground, I have a goodly heritage, and I leave the sands of the sea to be ploughed by others.

It is no reproach to Scaliger and Bentley that they, amidst the dust of their labours and the blaze of their discoveries, left much undone which was easy to do and overlooked many things which were plain to see. But it is a heavy reproach to the other editors, whose discoveries are not dazzling and whose labours are not Titanic, that they have let slip so many obvious and trivial blunders whose detection required neither genius nor effort but only common attention and ordinary acquaintance with Latin. It is not decent that I, in the 20th century after Christ, should have to remark that Pyrrhus (I 786) was not defeated by Papirius; that '*intra* Capricorni sidus et mundum imo axe subnixum' (I 375 sq.) is not Latin for *inter*; and that *Phryxaei* (III 304) is not the way to spell *Phrixei*.[1] But the strangest and most injurious of all these elementary mistakes is that which vitiates the numerals in IV 443–97; and since ignorance on this head is not confined to editors of Manilius but crops up in all texts of Ovid at fast. III 124 and in many at her. XI 46, I will here transcribe my note on IV 451.

Tauri nona mala est, similis quoi tertia pars est
post decimam, nec non decimae pars septima iuncta,

[1] Similar blunders may be found persisting in the text of less neglected authors. Editors of Plato still print φθῖνον for φθίνον at symp. 211 A and Parm. 157 B, and editors of Sophocles λεῶν for λεών at Aiax 1100.

bisque undena notans et bis duodena nocentes, 451
quaeque decem trisque ingeminat, fraudatque duobus
triginta numeros, et tu, tricensima summa.

451 notans*, **nocens** libri. qui factum dicam ut nec Scaliger nec Bentleius, nam ceteros uix numero, ne externa quidem huius uersiculi deformitate, quae in illis *nocens nocentes* summa est, admoniti sint ut de Latini sermonis legibus aliquid cogitarent neue neutralia pro femininis, distributiua pro ordinalibus haberent? nam *bis undena, bis duodena* uolunt esse *pars duoetuicensima, pars uicensima quarta.* atqui notissimum esse debebat *pars bis undena* Latine non partem duoetuicensimam significare sed uiginti duas partes; uelut Verg. Aen. v 120 *terno ordine* pro tribus ordinibus positum est, Sil. xv 257 *ter dena boue* pro triginta bubus. legitur quidem in plerisque Ouidii codicibus her. xi 46 *iam nouiens erat orta soror pulcherrima Phoebi | denaque luciferos luna mouebat equos*, sed liber optimus Puteaneus *nonaque* exhibet, Gronouius *plenaque* Bentleius *pronaque* proposuit, poteras etiam *et noua.* porro in eiusdem Ouidii fastis, iii 124, omnes libri *bis quino femina mense parit*, sed facili emendatione Maduigius adu. crit. ii p. 106 *bis quinto*, quemadmodum fast. vi 768 scribitur *quintus ab extremo mense bis ille dies.* primus, quantum obseruaui, barbarum hoc loquendi genus inuexit Appuleius, quem de mag. 9 p. 403 *bis septeno uere* pro quarto decimo dixisse metrum demonstrat; itaque eundem met. iii 19 p. 208 *duodeni laboris Herculei* posuisse credibile est, cum duodecimi uellet. item Ausonius 369 34 (Peip. p. 97) *septeno cum lumina fudit ab astro* posuit pro *septimo*, neque intercedo quominus idem metro non cogente 250 1 (Peip. p. 335) *bis octono sub consule* pro *bis octauo* scripsisse censeatur, qui uersu tertio *desieras puer anne puella uideri* dicere sustinuerit. sed Nemesianus in cyneg. 123 *bina lampade* non dixit pro *altera lampade* sed prorsus recte pro *duplici*, in his, *cum se bina formarit lampade Phoebe*, id est *cum luna bis* (non *iterum*) *plena fuerit.* in Claud. vi cons. Hon. 391 *centenus consul* non magis pro centensimo positum est quam 388 sq. *centum messibus* pro centensima messe; nedum ut Martialis, cum viii 45 4 *amphora centeno consule facta minor* scriberet, *centensimo* uoluerit. hoc autem Manilii uersu, ut uidetur, deceptus Scaliger innocenti poetae non minus tribus locis similem soloecismum adfinxit; nam 455 *ter quina et* (hoc est *ter quintae*) *noxia par est* in *ter quinae*, 461 *nec ter quintae elementior usus* in *ter quinae* (ita sane **G**), 478 *quae ter quinta notatur* in *ter quina* mutauit: successit operi Bentleius et pro *bis quinta salubri | terque caret caelo* 465 sq. nouauit *bis quina.* superest igitur ut u. 472 pro *quae ter decimam cludit sors ultima partem* scribatur *ter denam* et v 365 *ter decima sub parte feri* in *ter dena* et eiusdem libri 490 *bis sextamque notat partem fluuialis Aquari* in *bis senam* mutetur. neque Martialem Hispanum Latine loquentem feremus, sed iv 57 4 pro *quo te bis decimus ducit ab urbe lapis* faciemus *bis denus*, item *bis denae* vii 65 1 pro *bis decumae numerantem frigora brumae*; in his autem, i 15 3 *bis iam paene tibi consul tricensimus instat*, quia *tricenus* numeri non admittunt, graue mendum subesse dicemus. ne a lapidibus quidem temperabimus, sed C.I.L. vi 5534 2 pro *annus ut accedat, ter mihi quintus erat* scribemus *quinus.* ceterum huius uersus iv 451, qualem eum restitui, sententia haec est: et ea pars, quae bis undena notat, et ea, quae bis duodena, nocentes sunt. simili oratione usus est u. 485 *uel cum ter dena figurat* et 487 *decimamque sequens quam tertia signat.* erat cum conicerem *bisque undena nocens et bis duodena recensens*, cui similia sunt 484 *cumque iterum duodena refert*, Claud. vi cons. Hon. 392 *his annis, qui lustra mihi bis dena recensent.*

After these grammatical oversights there is nothing marvellous in the composure with which editors accept such maunderings as II 231 'ambiguus terrae Capricornus, Aquarius undis' (which means 'Capricornus, de quo terra, Aquarius, de quo undae ambigunt'), or such chaos as III 265–71, where three verses (268–70) describing the motions of the planets have found their way by some mischance into a passage describing the lengthening and shortening of the days, and are serenely rendered by the translators and expounded by the commentators as if they belonged to it.

At the end of the volume I have added conjectures on books II and III and IV: my conjectures on book V are printed in the Journal of Philology for 1900, vol. XXVII pp. 162–5. Most of my corrections of book I were published in 1898 in the same Journal, vol. XXVI pp. 60–3.

G codex Gemblacencis, Bruxellensis 10012
L codex Lipsiensis 1465

M codex Matritensis M 31
U codex Vrbinas 667, Vaticanus

v codicis Vossiani 390, Leidensis 3, pars prior

***** editoris coniecturae

M. MANILII

ASTRONOMICON

LIBER PRIMVS

CARMINE diuinas artes et conscia fati
sidera diuersos hominum uariantia casus,
caelestis rationis opus, deducere mundo
aggredior primusque nouis Helicona mouere
5 cantibus et uiridi nutantis uertice siluas
hospita sacra ferens nulli memorata priorum.
hunc mihi tu, Caesar, patriae princepsque paterque,
qui regis augustis parentem legibus orbem
concessumque patri mundum deus ipse mereris,
10 das animum uiresque facis ad tanta canenda.
iam propiusque fauet mundus scrutantibus ipsum

1 *diuinas* melius Salmasius a deis ortas intellegit quam Scaliger praesagas. uide 26, 48 3 *opus* ad *sidera casus uariantia* per appositionem adnexum est, non ad deducendi aggrediendiue notionem *caelestis rationis*, eius rationis quae caelum regit, 64 *totum aeterna mundum ratione moueri*, 251, 479, II 64, 82 *mundo*, caelo, ut 9 et passim 5 *et* in *ad* sine causa mutauit Gronouius obs. I 9, uide Stat. silu. V 3 209 sqq. *me quoque uocales lucos Boeotaque tempe* | *pulsantem . . . admisere deae* 6 *nulli memorata priorum*, nam Arati carmen a Cicerone conuersum mathematicam non attigerat 10 *facis* finalem Graecanico artificio productam habet, quod semel praeterea poeta adhibuit huius libri uersu 876 *numquam futtilibus excanduit ignibus aether*, postea abiecit. atque hoc loco Burtonus *facis et uires* coniecit, *facis* in *excis* mutauit Lachmannus ad Lucr. VI 385, ubi oblongus *fatulerit* habet pro *extulerit* ; sed quae in altero uersu temptata sunt *concanduit* et *futtilibus non umquam* omni specie carent. certe aptissimum est *facis* : Bentleius Ouid. met. IV 528 *uires insania fecerat* et Verg. Aen. II 617 sq. *animos uiresque secundas* | *sufficit* apposuit, ipse Lachmannus in opusc. II p. 44 Stat. silu. I 4 22 *uiresque nouas animumque ministra* **11 propiusque fauet mundus GL, proprius mundusque fauet U.**

et cupit aetherios per carmina pandere census.
hoc sub pace uocat; tandem iuuat ire per ipsum
aera et immenso spatiantem uiuere caelo
15 signaque et aduersos stellarum noscere cursus.
quod solum nouisse parum est. impensius ipsa
scire iuuat magni penitus praecordia mundi,
quaque regat generetque suis animalia signis
cernere et in numerum Phoebo modulante referre.
20 bina mihi positis lucent altaria flammis,
ad duo templa precor duplici circumdatus aestu
carminis et rerum: certa cum lege canentem
mundus et immenso uatem circumstrepit orbe
uixque soluta suis immittit uerba figuris.

que secundo loco positum est, ut falsa incertaque omittam, in 270 *missurus iamque sagittam* et II 723 *pluribus inque modis*; nam peruulgata qualia sunt *bis sexque* et *in uanumque* non numero. hoc uersu poeta sic uerba ordinasse uidetur uel ne tres continuae uoces in *us* exirent uel ne quis *propius* ad *scrutantibus* traheret, quod nihilominus faciunt nonnulli, Bentleius quidem uerbis transpositis, cum tamen *propius fauet* tam recte dicatur quam 737 *miratur propius*. mundus propterea iam propius fauet hominibus sese scrutantibus quia Caesar hominum rector mundum meretur **12 census** Scaliger, **sensus** libri, quod qui defendere parati sint cum hac aurea aetate uulgo nascantur, adnoto in IV 877 *inque ipsos penitus mundi descendere census* illud *sensus* in solos interpolatos libros irrepsisse. *census* pro opibus et diuitiis passim Manilius **13 uocat LU, uacat G**, quod idem est: Cic. phaen. 84 *missore uacans* H, *misso reuocans* D, id est *missore uocans*. Scaliger attulit Germ. phaen. 5–16 *quantum etenim possent anni certissima signa | . . . si non parta quies te praeside puppibus aequor | cultorique daret terras, procul arma silerent? | nunc uacat audaces in caelum tollere uultus | sideraque et mundi uarios cognoscere motus | . . . pax tua tuque adsis nato* **tandem U, tantum GL**, *iam nunc* Bentleius, quocum librorum interpunctionem secutus sum: uulgo parum eleganter scribitur ac distinguitur *hoc sub pace uacat tantum; iuuat* **15** *stellarum* errantium, ut saepius apud Manilium **18 quaque** Scaliger, **quaeque** libri, 'inepte. non enim quae animalia regit Zodiacus uult scire, regit enim omnia,' uide 27 *mundum, quo cuncta reguntur*, 'sed qua regit'; hoc est qua ratione, quomodo, ut Verg. Aen. I 676 *qua facere id possis*. idem mendum 147. in Cic. de cons. II 7 scribendum est *si stellarum motus cursusque uagantis | nosse uelis, qua sint signorum in sede locatae*, id est quanam in parte zodiaci; *quae* libri, quod indicatiuum modum requirit **22** *carminis et rerum*, 'stili et materiae, poetices et astronomiae' Scaliger **23** *et*, etiam, insuper, ne simplici legis metricae cura laboret poeta **24** *immittit*, immitti sinit, ut Verg. buc. II 59 *liquidis immisi fontibus apros*, qua ratione saepe *transmittere*, uelut Stat. Theb. XII 746, saepissime *admittere* ponitur *figuris* datiuus. uix soluta uerba, nedum numeris astricta, in proprias figuras (τὰ σχήματα τῆσ λέξεωσ, ita IV 805 *nominaque innumeris uix complectenda figuris*) cogi patitur. *soluta* prosa esse iam Bentleius intellexit, in figurarum nomine aberrans; mirifice

25 quem primum ulterius licuit cognoscere terris
munere caelestum? quis enim condentibus illis
clepsisset furto mundum, quo cuncta reguntur?
quis foret humano conatus pectore tantum,
inuitis ut dis cuperet deus ipse uideri,
32 sublimis aperire uias imumque sub orbem,

fallitur Scaliger eumque secuti interpretes **25 ulterius,* interius** libri. error facilis est, 447 *intima* **v** pro *ultima*, Aetnae 142 *ultra* et *intra* libri. *ulterius cognoscere terris*, ultra terras cognitionem proferre, ut Ouid. met. VI 469 sq. *quotiensque rogabat* | *ulterius iusto, Procnen ita uelle ferebat.* cognoscendi uerbum absolute positum esse puto, ut Cic. pro Clu. 64 et alibi in re iudiciaria, et *ulterius* pro aduerbio habeo: ita Persius IV 43 *sic nouimus* dixit pro *eam notitiam habemus*, nec dissimiliter Ouidius met. V 130 sq. *quo non possederat alter* | *latius*, hoc est latiores possessiones habuit; etsi Quintilianus ea uoce pro substantiuo utitur, inst. I 6 26 *'fero,' cuius praeteritum perfectum et ulterius non inuenitur*, id est ulteriora, partes ulteriores. *licet* cum accusatiuo et infinitiuo positum quamquam defensione non eget, utar tamen exemplo a poeta paulo antiquiore sumpto, Ciris uersibus 443–6, quos emendatos adscribam: *men inter matres ancillarique mitratas* (*maritas* et *marinas* libri) | *men auias* (*alias* libri) *inter famularum munere fungi,* | *coniugis atque tuae, quaecumque erit illa, beatae* | *non licuit grauidos penso deuoluere fusos?* Bentleius *interius licuit cognoscere caelum* coniecit, sententia satis recta, mutatione uiolenta et uel propterea improbabili quod uersu 31 sequitur *caelum interius.* traditam lectionem praeeunte codicis **L** librario P. Thomasius lucubr. Manil. an. 1888 p. 1 ita defendit ut *quem* (mundum) relatiuum esse uelit, permire sociatis quae nihil inter se habent coniuncti 'uatem carmina meditantem circumstrepit mundus et immensitate sua obturbat, qui mundus, ne forte ignores, deorum beneficio terris siue hominibus innotuit,' et prauissime superioribus appendiculae loco ea adnectens quae uersuum 25–112 primariam inducunt sententiam. nam quod negat Thomasius usquam indicasse Manilium quis fuerit primus ille astronomiae inuentor, indicauit uersibus 41–51 **26 munere G** supra scr. man. 1, **munera GLU**: illud a uerbis proxime sequentibus requiri uidit Bentleius. II 115 *quis caelum possit nisi caeli munere nosse?* Verg. georg. I 7 sq. *Liber et alma Ceres, uestro si munere tellus* | . . . *glandem mutauit arista*, 237 sq. *duae mortalibus aegris* | *munere concessae diuom*, Cic. de r.p. VI 17 *animos munere deorum hominum generi datos* *condentibus*, abscondentibus: sic recte Scaliger adlato Soph. apud Stob. ecl. II 1 4 p. 4 5 *ἀλλ' οὐ γὰρ ἂν τὰ θεῖα κρυπτόντων θεῶν* | *μάθοισ ἄν, οὐδ' εἰ πάντ' ἐπεξέλθοισ σκοπῶν.* leuissime Bentleius 'hoc ineptum. non enim *abscondunt* superi'; qui cum *nolentibus* reponeret, ne id quidem uidit, pari iure, hoc est nullo, responderi posse 'hoc ineptum. non enim *nolunt* superi' **27** *clepsisset*, quo uerbo Seneca in tragoedia usus est, Bentleius sine causa in *cepisset* mutauit, quod quomodo in alterum abire potuerit non intellegitur **30** et **31** post **34** Scaliger, post **33** ego collocaui, necessaria transpositione, licet Iacobo et Becherto haec placeat sententia, 'per te caelum et sidera nota sunt aperire uias et astra'

32 '*uias sublimes et sub imum orbem* sunt siderum cursus per aera circa terram in medio sitam; ut modo sub finitore sint, in imo, modo in caelo nostro, sublimia' Iacobus in programmate Lubecensi an. 1833 p. 3. uide 447–51 *ultima, quae mundo semper uoluuntur in imo* | . . . *sublimis speciem mundi*

et per inane suis parentia finibus astra?
30 tu princeps auctorque sacri, Cyllenie, tanti,
per te iam caelum interius, iam sidera nota
34 nominaque et cursus signorum, pondera, uires,
maior uti facies mundi foret, et ueneranda
non species tantum sed et ipsa potentia rerum,
sentirentque deum gentes qua maximus esset.
40 et natura dedit uires seque ipsa reclusit

. . . *referunt* **30** Erat. catast. 43 *Στίλβων τῷ Ἑρμῇ ἐδόθη διὰ τὸ πρῶτον αὐτὸν τὸν διάκοσμον ὁρίσαι τοῦ οὐρανοῦ καὶ τῶν ἄστρων τὰσ τάξεισ καὶ τὰσ ὥρασ μετρῆσαι*, Maneth. v 1 sqq. *ἐξ ἀδύτων ἱερῶν βίβλων . . . | καὶ κρυφίμων στηλῶν, ἃσ ἥρατο πάνσοφοσ* Ἑρμῆσ | *οὐρανίων τ' ἄστρων ἰδίαισ ἐχάραξε προνοίαισ*, Firm. math. III 1 1 *Aesculapium et Hanubium, quibus potentissimum Mercurii numen istius scientiae secreta commisit*, IV prooem. 5 *omnia enim, quae Aesculapio Mercurius et Hanubius tradiderunt, . . . perscripsimus*, Ampel. 9 5 *Mercurii quattuor: . . . quartus Cyllenii filius, qui Aegyptiis litteras et numerum dixit*

sacri tanti, 51 *tantum decus*, Aetn. 227 *ingenium sacrare caputque attollere caelo* **34** nisi a 32 et 33 sicut a me factum est distineatur quomodo defendam non uideo. *cursus* enim a *uiis* uersu 32 commemoratis non differunt; *nomina* autem signorum non *aperiunt* astronomi sed notitiae congruenter fingunt eisque imponunt, 109 *attribuitque suas formas, sua nomina signis* ratio, Verg. georg. I 137 *nauita tum stellis numeros et nomina fecit*, Macr. somn. Scip. I 19 18 *nomina haec non esse inuenta ex natura sed hominum commenta significationi distinctionis accommoda*, 21 22 *certaque singulis* (signis) *uocabula gratia significationis adiecta sunt*, Plin. n.h. II 95 *Hipparchus . . . ausus . . . sidera ad nomen expungere organis excogitatis*. frustra *mominaque* Scaliger, 'qui saepius hoc uerbum ingerit, numquam feliciter,' ut ait Bentleius ad III 679 **35** *facies*, praetextus, dignitas, *πρόσωπον, πρόσχημα* *et ueneranda*, III 125 *quam diuturni*, 130 *et specioso*, 434 *sic breuiantur*; accedunt II 762 *fundata elementis*, III 535 *casusque animantum*, V 257 *purpureos hyacinthos* **36** Sen. nat. quaest. VII 25 3 *multae hodieque sunt gentes quae tantum facie nouerunt caelum* **37 qua** Gronouius obs. III 19, **quam** libri: item *qua maxima* pro *quam maxima* Prop. IV 1 1 restituit Carrio. *qua*, qua parte, scilicet in potentia, non in specie; nam Gronouius suam emendationem male interpretatus est, cum non intellegeret *deum* eundem esse ac mundum. ceterum iniuria Bentleius *quam maximus esset* Latinum esse negat, quod nihilo maiore audacia dicitur pro *quam ualde magnus, quanto omni comparatione maior*, quam quae apud optimos scriptores passim occurrunt *quam nullus, quam nihil*, uelut Cic. de diu. II 16 *nondum dico quam haec signa nulla sint*. nam quod longe alio sensu *quam* cum superlatiuo plerumque ponitur, id non magis huc pertinet quam ad Ouid. amor. I 8 27 *tam felix esses, quam formosissima, uellem* uel ad Ter. ad. 501 sqq. *quam estis maxume | potentes . . . | tam maxume uos aequo animo aequa noscere | oportet*

post hunc uersum Bonincontrius an. 1484 duos inseruit, *qui sua disposuit per tempora, cognita ut essent | omnibus et mundi facies caelumque supernum*, quos una cum 31–37 eiecit Bentleius **40 et natura G** et pro uar. scr. **L, it natura U, et nataruque L.** scilicet scriptum fuerat *et*

regalis animos primum dignata mouere
proxima tangentis rerum fastigia caelo,
qui domuere feras gentes oriente sub ipso,
[quas secat Euphrates, in quas et Nilus inundat,]
45 qua mundus redit et nigras super euolat urbes.
tum qui templa sacris coluerunt omne per aeuum
delectique sacerdotes in publica uota
officio uinxere deum; quibus ipsa potentis
numinis accendit castam praesentia mentem,
50 inque deum deus ipse tulit patuitque ministris.
hi tantum mouere decus primique per artem

naturq., *q.* pro *a.* **41** *regalis*, regum, sequuntur enim uersu 47 sacerdotes. pseudoLucian. de astrol. 1 *ἡ μὲν σοφίη παλαιὴ . . . ἔστιν ἔργον ἀρχαίων βασιλέων θεοφιλέων*, Suid. s.u. *ἀστρονομία* : *πρῶτοι Βαβυλώνιοι ταύτην ἐφεῦρον διὰ Ζωροάστρου· μεθ' ὃν καὶ 'Οστάνησ. οἳ ἐπέστησαν τῇ οὐρανίᾳ κινήσει τὰ περὶ τοὺσ τικτομένουσ συμβαίνειν*, Iustin. I 1 9 *Zoroastre, rege Bactrianorum, qui primus dicitur . . . mundi principia siderumque motus diligentissime spectasse*, Achill. isag. 1 (Maassii comm. Arat. p. 27) *Χαλδαῖοι εἰσ ἑαυτοὺσ μετάγουσι Βήλῳ τὴν εὕρεσιν ἀναθέντεσ*, Plin. n.h. VI 121 *Iouis Beli . . . inuentor hic fuit sideralis scientiae.* Nechepsonem Aegyptium, quem proprie *τὸν βασιλέα* Vettius Valens appellare solet, hic non significari statim apparebit **43** *domuere*, mansuefecere
44 deleuit Bentleius. *quas* (gentes) *secat*, quod ille uituperat, defendi posse ostendam cum ad IV 602 peruenero ; sed *in quas inundat*, quod iam Gronouius obs. I 9 puerile uideri pronuntiarat et uel mediocri uersificatore indignum, Manilium dixisse incredibile est, cum *abundat* posset. accedit grauius argumentum a neutro animaduersum ; nam Aegyptum neque sub ipso oriente positam esse neque nigros incolas habere, ut neminem ignorare par erat, ita Manilio notum fuisse demonstrant uersus libri IV 724–7 **45** *redit* ab inferioribus terrae partibus in conspectum nostrum, ut III 591 *qua redit in terras mundus*, II 911 ; contra de occasu II 794 *unde fugit mundus praecepsque in Tartara tendit* **46** Firm. math. VIII 5 *diuini illi uiri et sanctissimae religionis antistites Petosiris et Nechepso, quorum alter imperii gubernacula tenuit.* in papyro quadam demotica anni ante Christum 917, ab Ernesto Riessio in dissertatione Bonnensi de Nechepsone et Petosiride an. 1890 et in Philologi supplemento VI p. 327 adhibita, commemoratur Petosiris sacerdos Osiridis Hori Isidis Abydenus sapientia insignis, qui num idem sit atque celeberrimus astrologiae auctor decerni non potest **47** 691 *extremamque Sagittari laeuam atque sagittam*, V 454 *tutorisue supercilium patruiue rigorem*, tum I 350 *et finitur in Andromeda succedit iniquo*, II 685 *sidera quadrata efficiunt non lege quadrati* ; accedat ex Breiteri emendatione II 171 *ut Capricornus et intentum qui derigit arcum* **48–50** Firm. math. III prooem. 4 *Petosiris et Nechepso, quorum prudentia ad ipsa secreta diuinitatis accessit* **50** deus, hoc est mundus, ipse eos in deum, hoc est in sese, in caeli notitiam, tulit, et suis se ministris patefecit : 484 sq. *mundum . . . ipsum esse deum*, 523, II 115 sq., IV 390, 915–9. primus, quod sciam, recte hunc uersum explicauit Franciscus Malchinus in dissertatione de Posidonio Rostochii an. 1893 edita, p. 44 ; nam permirum Scaligeri errorem interpretes secuti erant **51** *tantum mouere decus*,

sideribus uidere uagis pendentia fata.
singula nam proprio signarunt tempora casu,
longa per assiduas complexi saecula curas:
55 nascendi quae cuique dies, quae uita fuisset,
in quas fortunae leges quaeque hora ualeret,
quantaque quam parui facerent discrimina motus.
postquam omnis caeli species, redeuntibus astris,
percepta, in proprias sedes, et reddita certis
60 fatorum ordinibus sua cuique potentia formae,
per uarios usus artem experientia fecit

tam augustam instituere disciplinam, 30 *sacri tanti* **52** *uagis* proprio sensu dici, ut II 743, III 62, 101, significarique prae ceteris planetas, etsi interpretes fefellit, res ipsa demonstrat; nam 58–60 in fixa sidera non quadrant, quae cottidie eo unde profecta sunt redeunt. consentaneum est planetas primos motibus et fulgoris praestantia hominum mentes ad se conuertisse **53–57** Cic. de diu. II 97 *aiunt quadringenta septuaginta milia annorum in periclitandis experiundisque pueris, quicumque essent nati, Babylonios posuisse* **55** interrogatio ex notandi notione pendet, quae uerbis *signarunt tempora* inest **58** et **59** quo modo interpungendi essent intellexit Fayus sic interpretatus, 'postquam omnis forma caeli fuit obseruata, sideribus reuertentibus in sua pristina loca'; intellexerat multo ante Auienus in Arat. 1363 sq. Manilium imitatus, *non ego nunc longo redeuntia sidera motu | in priscas memorem sedes.* significatur ὁ καλούμενοσ μέγασ ἐνιαυτόσ, Auson. idyll. 18 15 sqq. (Peip. p. 94) *donec consumpto, magnus qui dicitur, anno | rursus in anticum ueniant uaga sidera cursum, | qualia dispositi steterant ab origine mundi,* Cic. de n.d. II 51 *quarum ex disparibus motionibus magnum annum mathematici nominauerunt, qui tum efficitur, cum solis et lunae et quinque errantium ad eandem inter se comparationem confectis omnium spatiis est facta conuersio. quae quam longa sit, magna quaestio est.* similia hyperbata poeta habet 192 sq. *semper et ulterior, uadentibus, ortus, ad ortum, | occasumue, obitus . . . perennet,* 262 *ut sit idem, mundi, primum, quod continet arcem,* II 84 sq. *quae, quamquam longo, cogit, summota recessu, | sentiri tamen,* III 61 sq. *quae, quasi, per mediam, mundi praecordia, partem | disposita, obtineant, Phoebum . . . euincunt,* IV 395 *at, nisi perfossis, fugiet te, montibus, aurum.* de hoc genere et dixi alias, uelut in Journal of Philology uol. XVIII pp. 6–8, Classical Review uol. XI pp. 428 sq., et, uti spero, dicturus sum: unum unius scriptoris locum, quem coniecturis temptari uideo, Calpurn. VII 39 sq., in transcursu attingam; est autem sic distinguendus, *cum mihi, tum, senior, lateri qui forte sinistro | iunctus erat, 'quid te stupefactum, rustice,' dixit | 'ad tantas miraris opes?'* id est 'senior, qui tum lateri iunctus erat' **59 percepta U, praecepta GL** non apte, nam haec prius discenda erant quam doceri possent. *descripta,* hoc est discripta, Bentleius structura uerborum non intellecta, prudentior tamen Iacobo, cui hoc Manilianum uidetur nec corrigendo eximendum, *caeli speciem praecipere in sedes*
60 *formae,* σχήματι, planetarum inter se comparationi. Manetho III 211 sq. Ἑρμοῦ δ' ἀντέλλοντοσ ἐπὴν Ἄρησ πάλι δύνῃ | δεινὸν σχῆμα τέτυκται, ibid. 232, 253, 271, 282, 293, 316, 362, VI 731, IV 80, 391, 444, 617, V 44, 47, 139, 215, 227, 315 **61** Cic. de diu. II 146 *obseruatio diuturna . . . notandis rebus fecit*

exemplo monstrante uiam, speculataque longe
deprendit tacitis dominantia legibus astra
et totum aeterna mundum ratione moueri
65 fatorumque uices certis discernere signis.
nam rudis ante illos nullo discrimine uita
in speciem conuersa operum ratione carebat
et stupefacta nouo pendebat lumine mundi,
tum uelut amissis maerens, tum laeta renatis
70 sideribus, uariosque dies incertaque noctis
tempora nec similis umbras, iam sole regresso
iam propiore, suis discernere *nescia* causis.

artem **64 aeterna** Scaliger, **alterna** libri mendo peruagato, quod iniuria defendit Bentleius. sane *totum alterno consensu uiuere mundum* II 63 legimus, sed quid id ad rem? hoc dicit, ratione et consilio mundum, non casu, moueri, ut II 64 *rationis agi motu*, Diog. Laert. VII 138 *τὸν κόσμον οἰκεῖσθαι κατὰ νοῦν καὶ πρόνοιαν, καθά φησι Χρύσιππος*, quae uocabuli notio perit adiecto *alterna*; contra aptissime additur aeternam esse eam rationem neque caeli conuersionibus mutari, quod si faceret, nulla esset astronomia **mundum GU, mundi L** **65** *signis*, indiciis, *ἐπισημασίαις*, ut Verg. georg. I 351 sqq. *atque haec ut certis possemus discere signis* | . . . *ipse Pater statuit.* Latina *uices certis discernere signis* ad uerbum respondent Graecis Gemini de alio *ἐπισημασιῶν* genere agentis XVII 9, *ἱσταμένοις τισὶ σημείοις ἠθέλησαν ἀφορίσαι τὰς μεταβολὰς τοῦ ἀέρος*: quod igitur homines in tempestatum mutationibus uoluisse Geminus, id mundum in fatorum uarietatibus efficere Manilius dicit. Scaliger cum *signis* interpretaretur *ζῳδίοις*, pro *discernere* scripsit *discurrere*, ut discurrere quidem uagarique dicerentur fatorum uices, sed ita, ut certa sidera sequerentur (uide Macr. somn. Scip. I 21 10 *quinque stellas uagari, nec has tamen per omnes caeli partes passim ac sine certa erroris sui lege discurrere*); quam coniecturam haud sane absurdam Bentleio probauit. Iacobus quomodo uerba acceperit operae pretium est cognoscere, ne quis eum mundi similem fuisse arbitretur et rationis participem: experientia deprendit discernere (hoc est didicit perspicere, nam Aegonis nostri sic rure locuntur) fatorum uices certis signis moueri **68** *nouo*, insueto, ne interpretibus credas. similia de Arcadibus narrat Statius Theb. IV 282 sqq., fabulam irridet Lucretius V 972 sqq. **71** *nec similis* 'idem quod *et non similes, et dissimiles*' Bentleius, noctes hieme longas, aestate breues. uide quae ad uersum 656 adferam *regresso* in australe Capricorni signum, *propiore* huic orbi septentrionali et Cancrum tenente

72 discernere nescia,* poterant discernere libri. *nesc* post *nere* intercidit, *ia* ante *ca* (*iuncta* et *cuncta* confusa sunt 439, II 337, IV 369, *iura* et *cura* II 744): similiter in IV 440 *esc* ante *ere* omissum effecit ut *splend-esc-ere* in *suspendere* abiret; I 87 *nauita* post *pene-trauit* periit in Vossianis, tum in v infertum est *remige.* pro *poterant* requiri *non poterant* iam Huetius intellexerat; rectam sententiam primus restituit Bentleius *impar discernere* scribendo, 'constructio est *rudis uita operum ratione carebat,* maerens *amissis sideribus,* laeta *renatis,* impar *uarios dies discernere suis causis.*' Postgatius in Journal of Philology uol. XXV pp. 266 sq. *uariosque* u. 70 mutauit in *uariosne*, qua interrogandi forma (*poterantne discernere?*) inepte poeta lectores docens pro negatione

necdum etiam doctas sollertia fecerat artes,
terraque sub rudibus cessabat uasta colonis;
75 tumque in desertis habitabat montibus aurum,
immotusque nouos pontus subduxerat orbes,
nec uitam pelago nec uentis credere uota
audebant; se quisque satis nouisse putabant.
sed cum longa dies acuit mortalia corda
80 et labor ingenium miseris dedit et sua quemque
aduigilare sibi iussit fortuna premendo,
seducta in uarias certarunt pectora curas
et quodcumque sagax temptando repperit usus
in commune bonum commenta elata dederunt.
85 tunc et lingua suas accepit barbara leges,
et fera diuersis exercita frugibus arua,

uteretur: aptum erat *quo pacto poterant?* Iacobus *pendebat* u. 68 dicit esse *nesciebat*, inde sese insinuasse negationem, ut *poterant* idem sit quod *non poterant*; adeo nulli hominum aetati suus defuit Sudhausius **75** *habitabat*, v 285 *habitatur spica . . . frugibus*, I 133, IV 664; ut praeter necessitatem nescio quis apud Stoeberum ad v 176 coniecerit *latitabat* **76 immotus GL, ignotus U** nihilo deterius *orbes*, terras, ἠπείρους, ut IV 677 *Tanaim Scythicis dirimentem fluctibus orbes*, ubi plura dicam **78 se GLU, sed v**, 'recte. hanc enim sententiam totius orationis tenor flagitat. omissum pronomen *se* excusat aetas et consuetudo scriptoris' Iacobus, cuius consuetudo excusat mendacium. *se* et *sed* uulgo permutantur; uelut Il. Lat. 677 sqq. sic scribendi sunt, *ruit undique turbidus Hector | aduersasque acies infensa* (*inuersa* libri) *cuspide terret. | se* (*sed* libri) *rursus Danai turbati caede suorum | conuertunt* **82** *seducta. diducta* Iacobus probante Hauptio opusc. II 341, sed *seducunt* pro *diducunt* Ouidius dixit met. XIII 611 *quarto seducunt castra uolatu; | tum duo diuersa populi de parte feroces | bella gerunt*

83 incipit **M**; itaque posthac codicis **U** lectiones nisi certas ob causas non sum adlaturus *quodcumque* et *quod* per *d* ac non per *t* libri nostri passim; quae scribendi ratio et librariis et editoribus interdum fraudi fuit, uelut III 67, ubi *quodcumque genus rerum, quodcumque labores* solus seruauit **M**, ceteri libri et editores omnes *laborum*, quia alterum quoque *quodcumque* pro neut. sing. habebant, cum tamen laborum *genera* parum apte commemorentur **84 commenta M, commentum GL**, siue metri studio siue quia *quotcumque* non agnoscebant **elata,* laeta** libri una transposita littera: similia sunt 69 *latea* **v** pro *laeta*, v 326 *ocgraius* **G** pro *oeagrius*, Lucr. II 555 *plaustra* libri pro *aplustra*, quibus plurima possum addere. homines, quotcumque commenta usus repperit, in uulgum extulerunt et communi utilitati impertierunt. *in commune bonum commentum* cum nimis inconditum esset, uariae temptatae sunt coniecturae, quarum et prima et optima fuit Regiomontani *commentis*, nam *commenti*, quod Hauptio placuit, genetiui usum habet a Manilio alienum

85, 86 *accepit . . . et . . . exercita*, II 235 *eget frustraue creatum*, 601 sq. *fas atque nefas mixtum, legesque per ipsas | saeuit nequities*, 878 *com-*

et uagus in caecum penetrauit nauita pontum,
fecit et ignotis linter commercia terris.
tum belli pacisque artes commenta uetustas;
90 semper enim ex aliis alia*s* proseminat usus.
ne uulgata canam, linguas didicere uolucrum,
consultare fibras et rumpere uocibus angues,
sollicitare umbras imumque Acheronta mouere,
in noctemque dies, in lucem uertere noctes.
95 omnia conando docilis sollertia uicit.
nec prius imposuit rebus finemque manumque
quam caelum ascendit ratio cepitque profundam
naturam rerum causis uiditque quod usquam est.
nubila cur tanto quaterentur pulsa fragore,
100 hiberna aestiua nix grandine mollior esset,

pulsi, montesque . . . rediere, v 551 *adstrinxere . . . iniectaque uincla*
88 linter * (=iinter), **itiner GL, inter M, iter in** cod. Venetus et Gronouius obs. I 9. hoc satis bonum est et simile eius quod Seneca dixit nat. quaest. IV 2 4 *harenas per quas ad commercia Indici maris iter est.* sed meam coniecturam ut ueram esse existimem et duplex in libris scriptura facit, quam ab *iinter* tamquam a communi fonte ortam esse mihi manifestum uidetur (in Lucr. VI 103 *ligna* in *iigna* et *igna* abiit, de transpositionibus qualis est *itiner* pro *iinter* dixi ad 84), et horum locorum similitudo: Luc. III 193 sq. *rudis Argo | miscuit ignotas temerato litore gentes,* Sen. Med. 335 sq. *bene dissaepti foedera mundi | traxit in unum Thessala pinus,* Claud. rapt. Pros. I 91 *geminoque facis commercia mundo*; nam Man. IV 170 *totque per ignotas commercia iungere terras,* Val. Fl. I 246 sq. *ipse suo uoluit commercia mundo | Iuppiter, et tantos hominum miscere labores,* Auien. descr. orb. 1065 sq. *primi docuere carinis | ferre cauis orbis commercia,* Prisc. perieg. 848 sq. *qui pelagus primi temptantes nauibus altis | disiunctas gentes docuerunt iungere mercem* neutram in partem trahi possunt. imperitus sit oportet qui priscam formam *itiner* retineat et *clepsisset* u. 27 tamquam simile adscribat: accedit quod '*iter* fecit commercia' pro '*nauigatio* fecit' ne mediocrem quidem scriptorem decet; Manilius ut ita loqui sustinuerit quam non sit uerisimile ostendunt quae de Xerxe rerum naturam inuertente scripsit III 21 *immissumque fretum terris, iter aequoris undis,* id est uiam stratam **90 alias** cod. Flor., **alia GLM.** Gratt. cyn. 8 sq. *contiguas didicere ex artibus artis | proserere.* de *s* ante *p* omisso uide ad 843 **91 ne G, nec LM**: uide ad 557 **96** *imposuit finemque manumque,* ita imposuit manum ut etiam finem imponeret, hoc est ultimam manum imposuit. *manum,* quod exemplis nihil efficientibus commendare studet, e codicibus reduxit Bentleius, cum in editionibus inde ab Aldina anni 1499 excusum esset *modum,* quod paene probo: sic Varro apud Non. p. 211 13 *statues finemque modumque* **97** *cepit,* mente et cogitatione comprehendit atque intellexit; quod cum non caperet Bentleius scripsit *profundis* (hoc cod. Flor.) *naturam rerum claustris,* quasi claustra profunda esse possint. quamquam *profundis* fortasse uerum est, IV 195 sq. *cernere cuncta | quamuis occultis naturae condita causis* **98** *causis,* per causas, IV 520 *si modo*

arderent terrae solidusque tremesceret orbis;
cur imbres ruerent, uentos quae causa moueret
peruidit, soluitque animis miracula rerum
eripuitque Ioui fulmen uiresque tonandi
105 et sonitum uentis concessit, nubibus ignem.
quae postquam in proprias deduxit singula causas
uicinam ex alto mundi cognoscere molem
intendit totumque animo comprendere caelum,
attribuitque suas formas, sua nomina signis,
110 quasque uices agerent certa sub sorte notauit
omniaque ad numen mundi faciemque moueri,
sideribus uario mutantibus ordine fata.

hoc mihi surgit opus non ullis ante sacratum
carminibus. faueat magno fortuna labori,
115 annosa et molli contingat uita senecta,
ut possim rerum tantas emergere moles
magnaque cum paruis simili percurrere cura.

et quoniam caelo descendit carmen ab alto
et uenit in terras fatorum conditus ordo,
120 ipsa mihi primum naturae forma canenda est
ponendusque sua totus sub imagine mundus.
quem siue ex nullis repetentem semina rebus
natali quoque egere placet, semperque fuisse
et fore, principio pariter fatoque carentem;

per causas naturam quaerere fas est **104 tonandi** recentiores duo, **tonantis GLM**: illud ut commendet Bentleius adfert 368 *fulmina uimque tonandi* **105 sonitum** cod. Flor., **solitum GLM** **106–108** postquam *τὰ μετάρσια* siue sublimia didicerunt ad *τὰ μετέωρα* siue caelestia progressi sunt: Achill. isag. 32 (Maassii comm. Arat. p. 68), Sen. nat. quaest. II 1 1 **109** *suas* et *sua* ad *signis* referuntur **110** *sorte*, lege generali. II 958 *tali sub lege notandae* **LMV**, *nocte* **G**, *sorte* Bentleius probabiliter, cum etiam II 205 et 222 confusa sint *sortem* et *noctem* **112 uario** Scaliger, **uariis** libri **116** *emergere moles* pro *emergere e molibus* Latine dici potuisse etsi difficile est negare cum Vergilius Aen. I 580 *erumpere nubem* posuerit et alii eluctandi uerbum cum accusatiuo coniunxerint, uelut Seneca nat. quaest. IV 2 5 *eluctatus obstantia*, tamen propterea minus probabile uidetur quia cum emergendi uerbo longe alia ratione poni solet accusatiuus, uelut V 198 *sese emergit*. itaque haud scio an recte Bentleius *euincere* substituerit, hoc est *euicere* pro *em'gere*: contrario errore Ouid. her. XIX 183 in aliquot codicibus pro *merguntur* scriptum est *uincuntur* **122–124** Aristoteles de caelo II 1 1 *οὔτε γέγονεν ὁ πᾶσ οὐρανὸσ οὔτ᾽ ἐνδέχεται φθαρῆναι . . . ἀλλ᾽ ἔστιν εἶσ καὶ ἀίδιοσ, ἀρχὴν καὶ τελευτὴν οὐκ ἔχων τοῦ παντὸσ αἰῶνοσ.* haec Xenophanis fuit sententia,

125 seu permixta chaos rerum primordia quondam
discreuit partu, mundumque enixa nitentem
fugit in infernas caligo pulsa tenebras;
siue indiuiduis, in idem reditura soluta,
principiis natura manet post saecula mille,
130 et paene ex nihilo summa est nihilumque futurum,
caecaque materies caelum perfecit et orbem;
siue ignis fabricauit opus flammaeque micantes,
quae mundi fecere oculos habitantque per omne
corpus et in caelo uibrantia fulmina fingunt;
135 seu liquor hoc peperit, sine quo riget arida rerum
materies ipsumque uorat, quo soluitur, ignem;
aut neque terra patrem nouit nec flamma nec aer
aut umor, faciuntque deum per quattuor artus
et mundi struxere globum prohibentque requiri
140 ultra se quicquam, cum per se cuncta crearint,
frigida nec calidis desint aut umida siccis,
spiritus aut solidis, sitque haec discordia concors

Plut. placit. philos. II 4 3 **125–127** Hes. theog. 116 *ἤτοι μὲν πρώτιστα Χάοσ γένετο*, Man. II 14 *chaos enixum terras* **128–131** celeberrimam Leucippi Democriti Epicuri sententiam nunc inter alias commemorat poeta, impugnat 483–531. uersus eiecit Bentleius, qui nullo pacto abesse possunt **130 summa** cod. Cusanus, quem secuti sunt Postgatius silu. Man. p. 3 et Bechertus, **summum LM, sumptum G** et pro uar. scr. **L.** non *summum* tantum sed medium quoque et imum, hoc est *summam*, ex atomis constare uolebant Epicurei. at Iacobus, homo confidens, '*summum* est *τὸ πᾶν*' *nihilum* recto casu Persius posuit VI 55 **132–134** Heracliti sententia apud Clem. strom. V 14 **133** *mundi oculos*, sidera. Plin. n.h. II 10 *tot stellarum illos conlucentium oculos*, anth. Pal. I 669 *εἴθε γενοίμην | οὐρανόσ, ὡσ πολλοῖσ ὄμμασιν εἰσ σὲ βλέπω* **135, 136** Thaletis sententia, Arist. metaph. I 3 4 **136** *sine quo riget . . . materies, ipsumque uorat . . . ignem*, id est *et qui ipsum ignem uorat*. relatiuum obliquo casu semel positum ad alterum orationis membrum nominatiuo auditur, qua de structura et alii dixerunt et Maduigius opusc. II p. 177. sic Manilius V 116 sq. *pastorem . . . cui fistula collo | haereat et* (qui) *uoces alterna per oscula ducat.* hoc cum nemo intellexisse uideatur, prae ceteris laudandus est Bentleius, qui *seu liquor hoc peperit uoratque ignem* prauum esse senserit scripseritque *creat*, neque enim hoc nunc agi, quid uoret liquor, sed num mundum fabricauerit

soluitur, Plin. n.h. II 223 *lunae . . . sidus . . . nocturnum soluere umorem et trahere* **137–144** Empedocles frag. 6 Diels. *τέσσαρα γὰρ πάντων ῥιζώματα κτλ.* **137** *aut* pro *seu*, ut Verg. Aen. XII 686 *nec aer*, IV 469 *nec una*, sed III 238 *neque ullam* **138** *deum*, mundum **139 prohibent U, prohibet GLM** **140 crearint** Iacobus, **creantur GLM, creauit v, creentur L** pro uar. scr. **142** *discordia concors* significat Empedoclis *Νεῖκοσ* et *Φιλότητα*. Sen. nat. quaest. VII 27 4 *non uides quam contraria inter se elementa sint? grauia*

quae nexus habilis et opus generabile fingit
atque omnis partus elementa capacia reddit:
145 semper erit pugna ingeniis, dubiumque manebit
quod latet et tantum supra est hominemque deumque.
sed facies quacumque tamen sub origine rerum
conuenit, et certo digestum est ordine corpus.
ignis in aetherias uolucer se sustulit oras
150 summaque complexus stellantis culmina caeli
flammarum uallo naturae moenia fecit.
proximus in tenuis descendit spiritus auras
aeraque extendit medium per inania mundi.
155 tertia sors undas strauit fluctusque natantis,

et leuia sunt, frigida et calida, umida et sicca. tota haec mundi concordia ex discordibus constat. concordia discors Hor. epist. I 12 19 et Ouid. met. I 433 **143 quae** Scaliger, **quem** libri **144 capacia** Scaliger, **rapacia** libri **145 pugna ingeniis** * (=**pugna in genus**), **genus in pugna** libri. de genere mendi dixi in praefatione. Verg. georg. II 382 *praemiaque ingeniis . . . Thesidae posuere*, ubi *ingentis* uel *in gentis* libri plerique. contra de re certa atque explorata Aetn. 548 *nec locus ingenio est, oculi te iudice uincent. erit genus in pugna* Fayus enarrat 'origo mundi erit in controuersia,' Gronouius apud Schefferum ad Phaedri II prol. 1 'genus humanum pugnabit,' uter incredibilius non decerno **146 hominem GL, hominum M**, quod sic potest seruari ut *captum* scribatur pro *tantum* ex coniectura Woltieri de Man. poet. p. 61. *supra est hominemque deumque*, supra captum hominum atque adeo deorum. sic recte Scaliger, quem contra Huetium defendit Bentleius. Plin. n.h. II 54 *macti ingenio este, caeli interpretes rerumque naturae capaces, argumenti repertores quo deos hominesque uicistis*, 95 *ausus rem etiam deo inprobam, adnumerare posteris stellas* **147 quacumque** Scaliger, **quaecumque** libri. facies, etsi origo incerta est, tamen conuenit **149 oras** Bentleius, **auras** libri uulgari errore: uide Lachmannum ad Lucr. III 405 et 835. Sen. nat. quaest. II 13 4 *purgatus ignis in custodia mundi summas sortitus oras operis pulcherrime circumit* **151** II 118 *mundi flammea tecta*, Lucr. I 73 *flammantia moenia mundi* **152** *descendit*, quod Bentleius propterea sollicitat quia rectam habet sententiam, tuetur Stoeberus, siue aliquis ab eo compilatus, adlato Macr. somn. Scip. I 22 5 *quidquid ex omni materia . . . purissimum ac liquidissimum fuit, id tenuit summitatem et aether uocatus est; pars illa, cui minor puritas et inerat aliquid leuis ponderis, aer extitit et in secunda delapsus est* **154**, quem nullo nexu prioribus cohaerere uere dicit Bentleius, post **158** collocaui: nimirum transiluerat scriba ab *aeraque* 153 ad *aeraque* 158. ad sententiam quod attinet, uide Stob. ecl. I 21 pp. 184 sq. Wachsm. ἀπὸ δὲ τοῦ ὕδατοσ τὸν ἀέρα ἐξῆφθαι καθάπερ ἐξατμισθέντα . . . ἐκ δὲ τούτου τὸν αἰθέρα, Cic. n.d. II 84 *ex aqua oritur aer, ex aere aether*, Ouid. met. XV 246 sqq. *tenuatus in auras | aeraque umor abit, dempto quoque pondere rursus | in superos aer tenuissimus emicat ignes* **alat** Bentleius (qui cum uersum sede non moueret etiam *ut* ante *flatus* inseruit), **alit** libri propter *extendit* u. 153 **155 fluctus G, flatus LM.** Ennius apud Seruium ad Verg. Aen. VI 705 *fluctusque natantes*, Man. III 52 *undamque*

aequoraque effudit toto nascentia ponto,
ut liquor exhalet tenuis atque euomat auras
aeraque ex ipso ducentem semina pascat,
154 ignem flatus alat uicinis subditus astris.
159 ultima subsedit glomerato pondere tellus,
conuenitque uagis permixtus limus harenis
paulatim ad summum tenui fugiente liquore;
quoque magis puras umor secessit in undas
et saccata magis struxerunt aequora terram
adiacuitque cauis fluuidum conuallibus aequor,
165 emersere fretis montes, orbisque per undas
exiliit, uasto clausus tamen undique ponto.
168 idcircoque manet stabilis, quia totus ab illo
tantundem refugit mundus fecitque cadendo
170 undique, ne caderet medium totius et imum.

natantem **156 aequoraque effudit** Barthius ad Stat. Theb. IX 438, **aequora perfudit** libri, hoc est, si Scaligero credimus, fudit per aequora, qui quid sit *fundere fluctus per aequora ponto nascentia* non explicat. contra Huetius sic uerba struit, *aequora* (terrae) *ponto perfudit*, asyndeto intolerabili, sententia parum apta; neque enim tam plana quam caua ac depressa mari perfusa sunt. ceterum uide II 225 *effuso . . . aequore* perperam a plerisque acceptum, Hor. epist. I 11 26 *effusi late maris*, M. Sen. suas. III 1 *deus fudit aequora*, Lucr. V 480 sqq. *terra repente,* | *maxima qua nunc se ponti plaga caerula tendit,* | *succidit et salso suffudit gurgite fossas* **158 aera** cod. Flor., **aere GLM** **160** Lucr. V 496 sq. *omnis mundi quasi limus in imum* | *confluxit grauis et subsedit funditus ut faex* **162** *puras umor secessit in undas*, ita a limo harenisque secessit ut puras undas efficeret. *in auras* Bentleius, recte, si recte uersu insequenti legeretur *siccata* **163 saccata** Munro ad Lucr. V 487, **fetata** (ex **saecata** ut opinor) **M, siccata GL**. siccata aequora non terram struunt uerum alunt aera **struxerunt GLM, strinxerunt v** et editores paene omnes, peruersa sententia, pro *magis* enim scriptum oportuit *minus*; unde uariae natae sunt coniecturae, inepta Huetii *siccatasque magis . . . terras*, apta Bentleii *strinxerunt aequora terrae* **165** sqq. Cic. Tusc. I 68 *globum terrae eminentem e mari, fixum in medio mundi uniuersi loco* **167**, quem Bentleius deleuerat, ego ante **215** collocaui. nempe cum illic casu excidisset et ante *idcirco* in u. 215 positum inseri deberet, ante *idcircoque* quod u. 168 legitur insertus est; cuius generis errores in hoc uno scriptore satis multos deprehendemus, uelut II 732–4 ante *in quo* 735 positi sunt, ante *in quocumque* 745 ponendi. hoc loco certe ferri nequit *ima* femininum, praecedente u. 165 *orbis*, sequente u. 168 *illo*, pro quo editores ante Bentleium nauiter substituerunt *illa*, sublato ueri indicio **170 est** in fine uersus deleuit Iacobus distinctione mutata: idem additamentum V 197 in **GL**. mundus undique cadendo effecit ne caderet id quod uniuersi medium et imum est; nam Iacobus suam emendationem non intellexit. Cic. n.d. II 84 *medium locum mundi, qui est infimus,* item complures ab Arist. de cael. I 2 2 usque ad Martianum Capellam e

[ictaque contractis consistunt corpora plagis
et concurrendo prohibentur longius ire.]
  quod ni librato penderet pondere tellus,
non ageret cursus, mundi subeuntibus astris,
175 Phoebus ad occasum et numquam remearet ad ortus,
lunaue submersos regeret per inania cursus,
nec matutinis fulgeret Lucifer horis
Hesperos emenso dederat qui lumen Olympo.

Apollinarem Sidonium **171** et **172**, qui uersus, ut *contractas plagas* nunc omittam, sententiarum cohaerentiam interrumpunt et superioribus repugnant, recte deleuit Bentleius; miro iudicio Breiterus de emend. Man. p. 22 eos post uersum 131 collocauit, quasi ad mundi originem pertineant. Aristoteles de cael. II 14 8 haec docet de terra, *ἕκαστον τῶν μορίων βάροσ ἔχει μέχρι πρὸσ τὸ μέσον, καὶ τὸ ἔλαττον ὑπὸ τοῦ μείζονοσ ὠθούμενον οὐχ οἷόν τε κυμαίνειν, ἀλλὰ συμπιέζεσθαι μᾶλλον καὶ συγχωρεῖν ἕτερον ἑτέρῳ, ἕωσ ἂν ἔλθῃ ἐπὶ τὸ μέσον*, item Stoici apud Achill. isag. 9 de mundo *πάντα αὐτοῦ τὰ μέρη ἐπὶ τὸ μέσον νένευκεν* et apud Cic. n.d. II 116 *omnibus eius* (terrae) *partibus in medium uergentibus*; paullo aliter Achill. 4 *τὴν γῆν πανταχόθεν ὑπὸ τοῦ ἀέροσ ὠθουμένην ἰσορρόπωσ ἐν τῷ μέσῳ εἶναι καὶ ἑστάναι.* uersus igitur addidisse uidetur homo aliquis non indoctus qui *τῆσ ἐπὶ τὸ μέσον φορᾶσ* mentionem desiderabat neque intellegebat totum hoc de corporibus plagisque a Manilii ratione abhorrere

171 ictaque L², itaque GL, letaque M. in Cic. phaen. 279 scribendum est *deficxum possidet arcum*, ubi *defixum* D, *deflexum* H *contractis.* interpolatorem uoluisse puto *undique in unum locum uergentibus. contra actis* Iacobus, cuiusmodi elisionis in illa uersus sede nullum apud Manilium reperitur exemplum, etsi uera, ut uidetur, coniectura Scaliger *aeque illi* scripsit II 826, ubi libri *atque* **172 prohibentur** Huetius, **prohibent in GLU, prohibentur in M** teste Ellisio, **prohibetur in v** **173** *quod ni* sed 827 *quod nisi*: sic 488 *e quis* metro non cogente, ut aliquotiens Silius aliique, at 261 *e quibus*; 519 *quae nec longa*, at 137, 180. 212 *neque.* quamquam *ni* a *nⁱ*, *quis* a *quib;* tam prope abest ut quid a poeta positum sit ignoremus. in Stat. Theb. VII 27 *quod ni* meliores libri, *quod nisi* deteriores **174** *subeuntibus*, sub terra commeantibus, ut 181 *subeat*; errat enim Bentleius, cum sententia sit 'non sub terra irent mundi astra, Phoebo ab ortu ad occasum cursus agente' id est interdiu. hoc dicit: ni penderet tellus, neque astra interdiu infra eam currere neque sol noctu posset; quod tamen utrumque fieri manifestum est **176** *regeret per inania*, inania nancisceretur per quae regeret; ne cum Bentleio uersum abicias *cursus. currus* recentiores duo et Scaliger, contra *currus* u. 174 Bentleius, quorum alterutrum uerum esse puto, neque enim ulla est in hac re codicum auctoritas **178 emenso** Bentleius, **inmenso** libri, Stoeberus, Bechertus, quasi caelum uesperi immensum sit, mane non item, *inmerso* editores ueteres sine sensu. 'emenso per diem Olympo cum solem licet radiis eius occultatus semper comitetur, dat tandem lumen suum Hesperus sub noctem' Bentleius, qui adfert II 836 de cardine occidentali *ultimus emenso qui condit sidera mundo* et Verg. georg. I 450 de sole *emenso cum iam decedit Olympo.* addo Il. Lat. 108 *interea sol emenso decedit Olympo*, ubi in aliquot libris est *immenso*, qui error redit Ouid. met. XV 186 *cernis et emensas* (*inmensas* cod. Hauniensis) *in lucem tendere noctes* et Calp. VII 25

nunc, quia non imo tellus deiecta profundo
180 sed medio suspensa manet, sunt peruia cuncta,
qua cadat et subeat caelum rursusque resurgat.
nam neque fortuitos ortus surgentibus astris
nec totiens possum nascentem credere mundum
solisue assiduos partus et fata diurna,
185 cum facies eadem signis per saecula constet,
idem Phoebus eat caeli de partibus isdem
lunaque per totidem luces mutetur et orbes
et natura uias seruet, quas fecerat ipsa,
nec tirocinio peccet, circumque feratur
190 aeterna cum luce dies, qui tempora monstrat
nunc his nunc illis eadem regionibus orbis,
semper et ulterior uadentibus ortus ad ortum
occasumue obitus, caelum et cum sole perennet.
    nec uero tibi natura admiranda uideri
195 pendentis terrae debet. cum pendeat ipse

emensique (Schraderus, *immensosque* libri) *gradus et cliuos lene iacentes | uenimus ad sedes.* erat cum mihi in mentem ueniret *inuerso* collatis Verg. Aen. XI 201 sq. *nox umida donec | inuertit caelum stellis ardentibus aptum* et II 250 *uertitur interea caelum et ruit Oceano nox* **181 cadat et** Fayus, **caderet** libri **182** *fortŭĭtos* pronuntiandum esse docet Lucianus Muellerus de re metr. p. 302 ed. 2, quia Manilius omni synhaeresi abstineat **184 fata M, facta GL.** *fata*, interitus: Arist. meteor. II 2 9 ὁ ἥλιοσ . . ., καθάπερ ὁ Ἡράκλειτόσ φησι, νέοσ ἐφ' ἡμέρῃ ἐστίν **187** *luces et orbes*, 'ses phases et ses retours' Pingraeus. equidem nihil definio, nam aliter uerba accipi possunt, ut *luces* dies sint, *orbes* rotundi corporis figurae **189** *tirocinio*, propter tirocinium, hoc est imperitiam et ut ita dicam ruditatem. tiruncula esse desiit, itaque non peccat **190 qui v** et teste Becherto **G** man. 1, **quod LM** **monstrat** cod. Flor. et Bentleius, **monstrant GLMv** **192 ortum** Scaliger, **ortus** libri uix satis concinne. ordo est *ad ortum uadentibus ulterior semper ortus, ad occasumue uadentibus ulterior semper obitus perennet atque continuetur, necnon et sol et caelum.* recte uerba intellexit Bentleius, modo ne *pererret* scripsisset: Iacobus tam nihil intellexit ut mihi magis explicate sit dicendum. Romae igitur degentibus sol supra Appenninum oritur, qui si ad ortum uersus iter fecerint et in summo Appennino constiterint, ortum uidebunt ulteriorem, sole ex supero mari surgente, et ulterius progredientibus idem semper eueniet, neque enim aut caelum aut solem post se relinquere poterunt. de hyperbato dixi ad 58 **194** alter huiusmodi uersiculus cum apud Manilium non extet, perpauci apud alios, Lachmannus Lucr. p. 414 pro *tibi natura* maluit, quod nunc in Vrb. 668 et Monacensi 15743 inuentum est, *natura tibi*, quibus numeris similes habent haec carmina, I 417, 493, II 213, 704, III 470, V 158. melius, ut uidetur, Ellisius in Classical Review uol. VII p. 311 *nec uero admiranda tibi natura*, quales uersus Manilius multo magis frequentauit, uelut I 510 513, 694 **195-201** interpunxit Bentleius,

mundus et in nullo ponat uestigia fundo,
quod patet ex ipso motu cursuque uolantis,
cum suspensus eat Phoebus currusque reflectat
huc illuc agiles, et seruet in aethere metas,
200 cum luna et stellae uolitent per inania mundi,
terra quoque aerias leges imitata pependit.
est igitur tellus mediam sortita cauernam
aeris, e toto pariter sublata profundo,
nec patulas distenta plagas, sed condita in orbem
205 undique surgentem pariter pariterque cadentem.
haec est naturae facies: sic mundus et ipse
in conuexa uolans teretis facit esse figuras
stellarum; solisque orbem lunaeque rotundum
aspicimus tumido quaerentis corpore lumen,
210 quod globus obliquos totus non accipit ignis.
haec aeterna manet diuisque simillima forma,
cui neque principium est usquam nec finis in ipsa,
sed similis toto *orbe* manet perque omnia par est.
sic tellus glomerata manens mundumque refugit

qui 197 eiecit sine iusta causa **198 currus** Bentleius, **cursum** libri. *agiles metae* quales sint aut quomodo seruari possint ne illi quidem docent qui sic poetam dicentem faciunt. Senecam Med. 787 *Triuiae currus agiles* posuisse Bentleius adnotauit, cuius bonum inuentum dum emendare studet corrupit Bechertus *cursus* scribendo **203 e** Bentleius, **et** libri **207** deum sidera ad mundi exemplar rotunda fecisse narrat Plato Tim. p. 40 A *τῷ δὲ παντὶ προσεικάζων. εὔκυκλον ἐποίει (τὸ πῦρ)* **209** *quaerentis*, desiderantis **211** *τὸν θεὸν σφαιροειδῆ εἶναι* iam Xenophanem docuisse tradit pseudAristoteles de Xen. III 7, item Cicero Acad. II 118 **212 ipsa** recentiores duo et Bentleius, **ipso GLM**, quod quo referatur deest **213 orbe manet** Pingraeus satis bene, **remanet** libri nulla neque sententia neque orationis structura, *toto ore sibi* Bentleius, *ore* pro facie uix recte posito. similem elisionem Manilius admisit IV 831 *sese ipse.* ceterum cum sic intra quattuor uersus 211–214 ter legatur manendi uerbum, neque cur *ipsa* in *ipso* mutatum sit ratio reddi possit, ualde suspicor unum uersum excidisse, ut haec fuerit orationis forma, <*quippe animal deus est rapida uertigine gaudens,*> *cui neque principium est usquam nec finis in ipso,* | *sed simile* <*e*> *toto remanet perque omnia par est* **214 tellus** Iacobus, **stellas M** Iacobo ignotus, **stellis GL**, quo seruato Scaliger *manet mundoque figura*, sententiam nihil respiciens; uerissime enim Bentleius, etsi iniuria uersum damnauit, 'de *telluris*' inquit 'hic agit, non de *stellarum* et *mundi* rotunditate, quam supra asserit I 207. tum autem quod sequitur, *idcirco terris non omnibus omnia signa* | *conspicimus*, demonstrat huius uersiculi *νοθείαν*. quid enim? an stellae simul omnes a terra conspici non possunt, quia *stellae* et *mundus* rotundus est? nugae. immo quia *terra* ipsa rotunda est.' Iacobus *glomerata*

167 imaque de cunctis mediam tenet undique sedem.
215 idcirco terris non omnibus omnia signa
conspicimus. nusquam inuenies fulgere Canopon
donec ad Heliacas per pontum ueneris oras;
sed quaerunt Helicen, quibus ille superuenit ignis,
quod laterum tractus habitant, medioque tumore

manet mundumque figurat scripsit, Stoicorum quandam opinionem a tota hac disputatione alienissimam inferens, quam commemorauit Achilles isag. 7
manens,* **manent** libri: eadem confusio II 169, 615, 892, IV 493, 751, et passim in libris uel antiquissimis, uide Ribbeckii prol. Verg. pp. 255 et 261
refugit * (= **figuret**), **figurant** libri propter *manent.* uide 168 sq. *totus ab illo* (orbe) | *tantundem refugit mundus,* 548 sq. *summum igitur caelum bis bina refugit ab imo* | *astra,* Ouid. fast. VI 279 sq. *et, quantum a summis, tantum secessit ab imis* | *terra; quod ut fiat, forma rotunda facit* tum huic uersui subieci **167**, qui quomodo in sedem non suam delatus esset supra exposui
167 *mediam undique,* III 327 *mediam mundo . . . ab omni* (sic enim uerba struenda uidentur, non *ab omni mundo suspendit*), Hor. epist. I 18 9 *medium uitiorum et utrimque reductum,* Lucr. V 839 *utrimque remotum.* de *ima . . . mediam* uide ad 170: simillimum est Lucr. V 449–51 *terrai corpora quaeque . . . coibant* | *in medio atque imas capiebant omnia sedes* **217 ad heliacas,*** **adeiacas M, niliacas GL.** in altera stirpe aspiratio neglecta et *l* ante *i* omissum est, in altera cum *he* in *ni* mutatum esset, fortasse ob Canopum urbis Aegyptiae nomen, metri causa abiectum est *ad.* delicta scribarum immeritus luit poeta; nam Rhodi primum, non Alexandriae, Canopus in conspectum uenit. Cleom. I 10 *Κάνωβοσ . . . ὡσ πρὸσ μεσημβρίαν ἰοῦσιν ἀρχὴν τοῦ ὁρᾶσθαι ἐν Ῥόδῳ λαμβάνει . . . ἐν Ἀλεξανδρείᾳ ὕψοσ ἀπέχων τοῦ ὁρίζοντοσ . . . τέταρτον ζῳδίου, ὅ ἐστι τεσσαρακοστὸν ὄγδοον τοῦ ζῳδιακοῦ,* Gemin. III 15 *ἐν Ῥόδῳ . . . ἀφ' ὑψηλῶν τόπων ὁρᾶται. ἐν Ἀλεξανδρείᾳ δέ ἐστι παντελῶσ ἐκφανήσ· σχεδὸν γὰρ τέταρτον μέροσ ζῳδίου ἀπὸ τοῦ ὁρίζοντοσ μεμετεωρισμένοσ φαίνεται,* schol. Arat. 351 *φαίνεται δὲ πρῶτον ἀπὸ Ῥόδου τοῖσ ἐπ' Αἴγυπτον πλέουσι,* Hipparch. I 11 8 *θεωρεῖται ἐν τοῖσ περὶ τὴν Ῥόδον τόποισ,* Plin. n.h. II 178 *adeoque manifesto adsurgens fastigium curuatur, ut Canopus quartam fere partem signi unius supra terram eminere Alexandriae intuentibus uideatur, eadem a Rhodo terram quodam modo ipsam stringere*; nam Vitruuius IX 5 4 in foedo errore uersatur cum Canopum in *australibus* Aegypti regionibus primum conspici credit, nec Martianum curo, qui VIII 838 scribit *in confinio Alexandriae incipit apparere* oblitus eorum quae VI 593 uere tradidit. Manilius IV 765 de Rhodo *domus uere Solis, cui tota sacrata est,* pseudoLucian. amor. 7 *τῆσ Ἡλιάδοσ ἀψάμενοι Ῥόδου,* Strab. p. 654 *οἱ Ἡλιάδαι μυθεύονται κατασχεῖν τὴν νῆσον, ὧν ἑνὸσ . . . γενέσθαι παῖδασ τοὺσ τὰσ πόλεισ κτίσαντασ ἐπωνύμουσ αὐτῶν Λίνδον Ἰηλυσόν τε καὶ ἀργινόεντα Κάμειρον,* Diod. V 57 *οἱ δ' Ἡλιάδαι . . . διήνεγκαν . . . μάλιστ' ἐν ἀστρολογίᾳ.* Rhodii uidentur esse quos Lysippus in fragmento a Dicaearcho descr. Graec. p. 22 Buttm. seruato irridet quod illo adiectiuo abuti consuerint dictitentque *ἁλιακὸν ἔτοσ, ἁλιακὸν στέφανον* **218 quaerunt,*** **quaerent** libri propter *ueneris* et *inuenies.* non tum demum quaerere incipient cum tu Rhodum ueneris, sed semper quaerunt nec cernunt umquam *superuenit,* supra uerticem uoluitur, ut intellexerunt Gronouius obs. I 9 et Huetius, nam Scaliger errauerat. significantur *ἄντοικοι* sub quinquagensimo gradu latitudinis australis positi **219** *laterum tractus,* deuexas orbis regiones

220 eripiunt terrae caelum uisusque coercent.
te testem dat, luna, sui glomeraminis orbis,
quae cum mersa nigris per noctem deficis umbris
non omnis pariter confundis sidere gentes,
sed prius eoae quaerunt tua lumina *terrae*,
225 post medio subiecta polo quaecumque coluntur,
tum uice ad hesperios infecti uolueris axis,

220 *terrae* nom. plur., quo non animaduerso Bentleius *habitant* u. 219 in *obstant*, cod. Flor. *medioque tumore* in *mediique tumores* mutauit. Plin. n.h. II 177 *attollente se contra medios uisus terrarum globo* **221–229** etsi non nimis diligenter poeta quid uellet edisseruit, apparet tamen ex uu. 226 (*ad hesperios uolueris*) et 228 (*orta*) de luna in ipso ortu deficiente sermonem esse; defectio autem propterea commemoratur quia luna nisi deficiens nullam notam impressam habet qua homines ad tempora definienda utantur, obscurata uero oriens aliam faciem Parthis, aliam Graecis, aliam denique Hispanis ostendit. dico propter Pingraeum, I. Woltierum de Manil. p. 65, F. Malchinum de Posidon. p. 17. ceterum in eo uitupe-randus est poeta quod u. 222 *per noctem* haec fieri dicit, quae non fiunt nisi circa solis occasum. paullo aliter lunaris defectionis testimonio utuntur Cleomedes I 8 et Plinius n.h. II 180 **221 glomeraminis** egregie Gronouius obs. I 9, **glomerabilis** libri: idem mendum IV 522 idem sustulit Gronouius. Lucr. V 726 de luna *glomeraminis atque pilai* **222 deficis GL, deficit M**
223 confundis G, confundit LM **224 terrae** Bentleius, **gentes** libri ex uersu superiore repetitum: quid quod *gentes* pro *terrae* scriptum est in Vergilii Mediceo Aen. VI 776, *terras* pro *gentes* in Ouidii Laurentiano met. II 215? non ignoro permulta uerborum intra breue spatium iteratorum exempla apud Manilium reperiri, qualia sunt 163–4 *aequora . . . aequor*, 230–1 *terra . . . terris* V 504–5 *partibus . . . parte*; uerum est modus in rebus, neque II 37 sq. ferendum duco *nihil est nisi fabula caelum* | *terraque composuit caelum*, sed scribo *mundum*. accedit quod *terrae* ipsum per se melius est, cum sequatur *quaecumque coluntur* **226 tum uice*** (=**tumuia**), **ultima** libri. *uices* et *uias* iam in antiquissimis Vergilii codicibus confusa sunt georg. I 418, item in Prop. I 15 30, III 18 34; *uias* pro *uices* cod. Flor. huius libri uersu 110 **infecti . . . axis,*** **infectis . . . alis** libri. *uice axis*, curru locum ex loco mutante hic uersus, qualis in libris habetur, tribus uitiis laborat, quorum nullum Bentleium fugit. nam primum, qui lunae alas dederit, Latinorum nemo producitur, Graecorum unus nec bonus scriptor a Doruillio ad Charit. III 3, is qui incertum qua aetate hymnum ad Lunam qui dicitur Homericum sic est exorsus, Μήνην ἀείδειν (εὐειδῆ Bothius) τανυσίπτερον ἔσπετε Μοῦσαι, si modo ita scripsit ac non potius τανυσίπτεροι. deinde, quae alas habent, ea uolare solent, non uolui: quod incommodum ut amoliantur Doruillius Pingraeus Iacobus, mirifici dialectici, nonnullos locos adferunt ubi ea, quae alas non habent, uolare dicuntur. postremo *luna ultima ad hesperios uoluitur* Latine significat lunam ultimam esse ex nescio quibus rebus quae ad hesperios uoluantur: eis uerbis Manilius longe alium sensum subiecisse creditur, ex populis ad quos luna uoluatur ultimos esse hesperios. hoc qui defendunt, ut Huetius ad II 730, Doruillius l.c., Pingraeus uol. II p. 300, Iacobus progr. Lubec. an. 1833 p. 11, ueterem cantilenam canunt, adiectiuum pro aduerbio positum esse, quibus uerbis quid uelint ne ipsos quidem puto intellegere; certe quae res agatur nesciunt.

seraque in extremis quatiuntur gentibus aera.

Latini, cum planissime dici posset *uesperi forum pererro*, nonnumquam eo trahebantur ut pro aduerbio actionem praedicatam circumscribente adiectiuum ponerent quod quis subiecti inter agendum status esset denotaret, dicebantque *uespertinus*: eam status definitionem prorsus pari iure ad obiectum transferens Horatius serm. I 6 113 sq. *uespertinum* inquit *pererro* | *saepe forum*; quae tria unam atque eandem rem significant, neque ulla alia uerborum sententia ne fingi quidem potest. item pro eo quod est *Argonautae sero ad Phasin peruenerunt* cum cuiuis poetae dicere liceret *seri*, Valerius Flaccus *serum* maluit, IV 705 sq. *serum ut ueniamus ad amnem* | *Phasidis*, neque enim minus recte Phasis serus adiri quam Minyae seri eum adire dicuntur; utrumque autem eundem sensum habet neque praeterea ullum. his ante expositis illuc praeuertamur. qui ita loquitur, *Manlius primus Viniam in matrimonium duxit*, is negat Viniam ulli uiro antea nupsisse, qui uero ita, *primam*, Manlium ullam antea habuisse uxorem; haec autem duo sunt, aliquantum inter se diuersa. utrumque, etsi minus explicate, per aduerbium significari posse notum est; sed quid hoc ad rem? illud quaeritur, liceatne sublato discrimine alteram adiectiui formam pro altera substituere, ut *primus* Viniam duxisse dicatur qui eam septem maritis superstitem duxerit ipse matrimonii rudis, uel, quod a Manilio hic factum credunt, ut *ultima ad hesperios uolueris* ponatur pro *ad hesperios uolueris ultimos*. quod cum per se incredibile est (nam ne Vlixem quidem, sagacissimum uirum, Cyclopem intellecturum fuisse opinor si hunc in modum locutus esset, Οὖτιν ἐγὼ πύματοσ ἔδομαι), tum nullo confirmatur exemplo. Vergilius enim cum scribit Aen. X 785 *hasta ima sedit inguine*, hastam sic inguine sedisse dicit ut ima esset; quod etsi idem fere est ac si dixisset *imo inguine*, neutiquam tamen alterum pro altero ponitur; non magis quam Man. I 257 *quae media obliquo praecingunt ordine mundum* pro *medium*, quamquam sententia eodem redit. adiectiuum *primus* pro aduerbio actionem circumscribente pauci interdum sic ponunt ut *primus* rem aliquam facere patiue dicatur qui eam uel facere uel pati incipit (Francogallice uertas 'pour la première fois'). sic Valerius in Argonauticon initio *prima deum magnis canimus freta peruia natis* pro *freta primum peruia facta*, II 207 *ut prima . . . intonuit . . . Mauortia coniunx*, VII 172 *cum primos adgressa es flectere sensus* | *uirginis*, non antea flexos; itemque Vergilius Aen. VIII 59 *primisque cadentibus astris*, hoc est astris cadere incipientibus, XI 573 *utque pedum primis infans uestigia plantis* | *institerat, iaculo palmas onerauit acuto*, quibus plantis numquam ante sic usa erat, VI 811 *primam qui legibus urbem* | *fundabit*, fundatam quidem a Romulo sed nondum legibus, fortasse etiam georg. III 187, quamquam ibi Philargyrius *primo* aduerbium esse dicit. eandem explicationem recipit Aen. V 857 *uix primos inopina quies laxauerat artus*, ubi tamen *primos* potest esse *primores*, ut IX 244 *primam urbem*, Man. I 643 *primis undis*, IV 560 *prima ueste*, 572 *primus Aquarius*; recipiunt georg. I 12 *cui prima frementem* | *fudit equom tellus*, quod numquam antea fecerat, et Hor. serm. I 3 99 *cum prorepserunt primis animalia terris*: quamquam nescio cur haec aliter accipiamus atque accipere cogimur eiusdem Horatii serm. II 2 93 *hos utinam inter* | *heroas natum tellus me prima tulisset*, id est *pristina*. sed numquam aut *hoc primus feci* ita dicitur ut sit *hoc primum feci, cetera postea*, aut *hoc ultimus feci* pro *cetera prius, hoc postremum feci*. itaque si Manilium Vergiliana illa Valerianaque ratione adiectiuum *ultima* posuisse putabimus, qua *primi* id facere, quod facere incipimus, *ultimi* (pour la dernière fois), quod desinimus, dici possumus, bella profecto nascetur sententia, lunam ad hesperios accedere, ad

quod si plana foret tellus, semel orta per omnem
deficeres pariter toti miserabilis orbi.
230 sed quia per teretem deducta est terra tumorem,
his modo, post illis apparet Delia terris

quos postea non sit accessura. neminem autem monendum esse puto ne *ultimam* lunam occidentem interpretetur, quemadmodum sol occidens *extremus* dicitur Val. Fl. III 730 *extremi . . . solis Hiberas . . . domos*; nam neque de occidente luna nunc agitur, uerum de oriente, neque ulla sic efficitur sententiae cohaerentia. haec igitur habui quae de nom. sing. fem. pro acc. plur. masc. posito, et de adiectiuis *primus* et *ultimus* aduerbialiter accipiendis, uetere ignauiae perfugio, exponerem. sed multo plura neque ullo modo ad rem pertinentia (uelut Verg. georg. III 130, Aen. I 24, II 613, III 95, V 375, VII 61, 118 ubi *primam* satis mira breuitate positum ex superioribus supplendum uidetur, ut sit *primam ferentem laborum finem*, certe *primus* non significat, X 242, 427, XI 786, Val. Fl. VI 686) coaceruabunt qui erudito uiro I. Vahleno praeceptore diuersa confundere didicerunt et facillima quaeque explicando implicare. quid enim ab eius disciplina non speremus, qui in Prop. II 20 27 *cum te tam multi peterent, tu me una petisti* (id est tu me petisti, quem praeter te petebat nulla) *una* pro *unum* accipit, sententia pessumdata; uel in Ouid. art. I 131 *Romule, militibus scisti dare commoda solus* (id est ut nemo, omnium optime, prorsus ut Ter. Phorm. 562 *solus es homo amico amicus*, μόνοσ φιλεῖν γὰρ τοὺσ φίλουσ ἐπίσταται) hoc pro *solis* positum existimat; uel in met. XIII 751 *Acis . . . magna quidem patrisque sui matrisque uoluptas*, | *nostra tamen maior, nam me sibi iunxerat uni* (effecerat ut Cyclope ceterisque spretis Acin solum amplexarer: sic her. XX 23 *fraus mea quid petiit nisi uti tibi iungerer uni?*) sententiam adeo non assequitur ut eam *unam* requirere opinetur; uel Hor. epist. II 2 157 *uiueret in terris te si quis auarior uno* (nisi tu unus uiuorum auarissimus esses) enarrat 'si quis unus te auarior uiueret' et interpretum silentium miratur? (at ego rursus Vahleni obliuionem miror, cuius ex animo exciderint Catull. 107 7 *quis me uno uiuit felicior?* Cic. fam. VII 16 3 *neminem te uno Samarobriuae iuris peritiorem esse*, catalept. 13 9 *o quis te in terris loquitur iucundior uno?*). et qui intra duas paginas (343 et 344 monatsb. der koenigl. akad. der wissensch. zu Berlin 1881, ubi quod ex Prop. IV 9 60 adfert *una* pro *unis* positum, id ego anno 1887 in *unda* correxi et postea Ribbeckius, in III 7 42 Itali *soliti* restituerunt, in II 16 12 recte pars codicum *illa*) tam saepe ac tam multipliciter errauit, is sibi et discipulis suis subtiliter uidetur iudicare **228** *semel*, uno puncto temporis, 'non per uices, nunc hic, nunc illic' Bentleius: Mart. lib. spect. 27 5 sq. *hoc armante manus hydrae mors una fuisset*, | *huic percussa foret tota Chimaera semel*, Luc. VII 234 *semel totos consume triumphos*, Iuu. V 141 sq. *pueros tres* | *in gremium patris fundat semel.* sine ulla minima causa editores Bentleio priores *simul* substituerunt; nam quod Breiterus in Fleck. annal. uol. 139 p. 194 apposuit Plin. n.h. II 180 *quod si plana esset terra simul omnia adparerent cunctis*, Plinius de temporis momentis non loquitur, sed id Latine dicit quod Graece Cleomedes I 8 εἰ πλατεῖ καὶ ἐπιπέδῳ τῷ σχήματι ἐκέχρητο, εἶσ ἂν ἦν ὁρίζων παρὰ πᾶσιν ἀνθρώποισ, ut *simul* sit *sub uno conspectu*. addo librarios multo saepius ex *semel* fecisse *simul* quam contrario errore peccasse **229 deficeres** Bentleius, **deficeret** libri sequentibus Iacobo et Becherto, qui quae ad uu. 222 et 223 e codicibus enotarint iam obliti sunt **toti GM** et pro uar. scr. **L, toto Lv**: sic Ouid. met. II 642 *totique salutifer orbi* | *cresce* codex optimus Marcianus, *totoque* deteriores; ut deliberan-

exoriens simul atque cadens, quia fertur in orbem
uentris et accliuis pariter decliuia iungit
atque alios superat gyros aliosque relinquit.
235 [ex quo colligitur terrarum forma rotunda.]
hanc circum uariae gentes hominum atque ferarum
aeriaeque colunt uolucres. pars eius ad arctos
eminet, austrinis pars est habitabilis oris
sub pedibusque iacet nostris supraque uidetur
240 ipsa sibi fallente solo decliuia longa
et pariter surgente uia pariterque cadente.
hanc ubi ad occasus nostros sol aspicit ortus,
illic orta dies sopitas excitat urbes

dum sit de Prop. III 11 57 *toto quae praesidet orbi*, Ouid. amor. III 3 41 *toto facio conuicia caelo*, fast. I 49 *nec toto perstare die sua iura putaris* **232** *fertur* Delia **233** *uentris*, tumoris (230), terrae κυρτώματοσ, cuius orbem siue circuitum sequitur luna *accliuis* solum superesse uidetur exemplum adiectiui quod est *accliuus* a bono scriptore usurpati, nam pro *adcliuo limite* quod Ouid. met. II 19 legebatur G. M. Edwardsius meo admonitu ex fragmento Bernensi recepit *adcliui* in Corpore Poetarum anno 1894, quod iam ante me H. Magnus commendauerat; ipse autem Manilius II 918 sq. scripsit *qua summa accliuia finem* | *inueniunt, qua principium decliuia sumunt.* pluribus testibus nititur *procliuus. accliuis decliuia iungit* non magis mirum uideri debet quam apud Ouidium *dextera dextrae iungitur, dextrae dextera iuncta*, aut in Prop. II 3 43 sq. *ostendet eois,* | *uret et eoos.* quod ad sensum uerborum attinet, uide 205, 241, III 328 sq. *ubi conscendes orbem scandensque rotundum* | *degrediere simul.* Friderici Vollmeri errores thes. ling. Lat. I p. 327 ll. 44 et 58 sq. non exagito **235** deleuit Bentleius: '*terrarum* hic habes, cum mox sequatur *hanc* et *pars eius* . . . . . . uide uero sententiam: *sed quia per teretem deducta est terra tumorem.* hoc est, *quia terra rotunda est*, luna non simul omnibus terris exoritur: *ergo terra rotunda est.* nonne dialectice loquitur, ut nihil supra?' **236** *hanc*, terram (230), non Deliam (231). Cic. Phil. II 14 *L. Caesar . . . qua grauitate dixit in sororis suae uirum, uitricum tuum . hunc* (Caesarem, non Lentulum) *tu* cet. **237** *pars* habitabilis, quod adiectiuum ἀπὸ κοινοῦ positum est **238** *est*, locum habet **240** *fallente*, dissimulante, ut 676 *rectaque deuexo fallit uestigia cliuo*; cuius fallendi decipiendique uerborum significationis exempla collegi in Classical Review uol. XIV p. 259, quibus addere debui Prop. III 14 5 *cum pila ueloces fallit per bracchia iactus* et Ouid. amor. II 5 5 *non mihi deceptae nudant tua facta tabellae*, quod quomodo intellegendum sit docet pentameter *nec data furtiue munera crimen habent*

242 quae sententia requiratur perspicuum est, 'hanc partem australem ubi sol nobis occidens aspicit, illic dies oritur'; itaque Bentleius tradita uerba sic interpretatus est, *hanc ubi ad occasus nostros* positus *sol oriens aspicit*, quod per se quidem optimum est sed *orta* u. 243 seruari non sinit, pro quo Bentleius scripsit *alma.* minore negotio *ortus* in *actus* mutabitur, hoc est *hanc ubi sol, ad nostros occasus actus, aspicit*: in Culicis uersu 149 *acta* Vossianus, recte ut uidetur, *orta* Bembinus. de *hanc* et *illic* eodem spectantibus dicendum non

et cum luce refert operum uadimonia terris;
245 nos in nocte sumus somnosque in membra locamus.

arbitror: uide e. c. Verg. Aen. IX 576 sq. ubi et *hunc* et *ille* ad Priuernum relata sunt **244** *operum uadimonia*, negotia praestituto tempore obeundi necessitatem. Scaliger adscripsit Plin. n.h. XVIII 231 *ad dies praefinitos expectari tempestatum uadimonia* **245 locamus. uocamus** Burmannus senior ad Phaedri I 16 1 fortasse recte, facile enim haec in libris permutantur, uelut II 244, III 70, Lucr. III 95, Luc. VII 815. *somnos locare in membra* nihil est; *somnos in membra* pro *membra in somnos* positum, quod Scaliger puerile et nugatorium dicit et asinorum potius quam hominum, Gronouius obs. III 19 exemplis non aptis defendere conatur, haud iniuria a Bentleio neglectus, qui uersum deleuit. itaque quae ipse de hoc genere anno 1897 adnotaui in Journal of Philology uol. XXV p. 247, ea hic pluribus exemplis aucta repetam. praepositiones hypermonosyllabas post casus suos reiectas, cum is ordo ne a prosa quidem oratione abhorreat, praeteribo ac relinquam; illud tamen memorabile est, quod ita interdum collocantur ut primo adspectu ad aliud nomen pertinere uideantur, cuiusmodi sunt Man. V 144 *perque dapes mensas que super petulantia corda*, 335 *curas inter secreta mouebit | carmina*, 374 *pascentemue super surgentia ducere lina* (nam eos locos omittam ubi post aliquot uerba sequitur aut nomen e praepositione pendens aut eius epitheton, uelut V 372 *medios inter uolucrem prensare meatus*, Hor. carm. IV 1 19, Ouid. amor. I 6 68, Ciris 485, Stat. Theb. V 363, Sil. XII 121), Cic. phaen. 209 *hunc subter partem praeportans ipse uirilem*, Tib. II 5 66 *iactauit fusas et caput ante comas*, Hor. serm. I 1 116 *illum . . . temnens extremos inter euntem*, Culicis 174 *metabat sese circum loca*, Pers. IV 43 *ilia subter | caecum uulnus habes*, Stat. Theb. XI 175 *uidi ego me propter ruptos telluris hiatus*, Sil. XIV 155 *medios inter fera proelia miscet*, Claud. nupt. Hon. 254 *te propter Paphias sedes Cyprumque reliqui*, item in soluta oratione Cic. ad Att. X 4 1 *quos propter omnia amisimus*, 8 8 *quos contra me senatus, ne quid r.p. detrimenti acciperet, armauit.* iam monosyllabas praepositiones, ne peruagata attingam, qualia sunt *secum*, *quode*, neue omnes locos adferam in quibus nomen e praepositione pendens uel eius attributum post interuallum sequitur (ut Verg. buc. VI 9 *ipsis ex uincula sertis*, Man. IV 605 *usque canes ad, Scylla, tuos*, Stat. Theb. X 714, Sil. XI 430), Lucretius saepius postponit, II 791 *uariis ex*, III 375 et aliis locis *quibus e*, VI 788 *terris ex*, 1264 *uiam per*, V 770 *dum loca luminibus propriis inimica per exit*, ceteri pudenter et raro, uelut Verg. georg. III 276 *saxa per et scopulos*, Aen. V 663 *transtra per et remos*, Stat. silu. I 3 60 *tecta per et postes*, Cic. Tusc. II 15 *hunc post Rhodius Hieronymus dolore uacare summum bonum dixit*, n.d. II 10 *senatus, quos ad soleret, referendum censuit*, nam Cicerone antiquiores omitto. uerum ne in his quidem collocandis ambiguitatem reformidant, dixitque Manilius III 521 *ipsas uoluit numerari signa per horas* cum *horas per signa* intellegi uellet, II 905 *medium post astra diem* pro *astra post medium diem* siue ἀπόκλιμα μεσουρανήματοσ, Aetnae scriptor 325 *densa per ardentes exercet corpora uires* pro *exercet uires per corpora*, Messallae laudator 185 *horrea fecundas ad deficientia messes* pro *ad messes deficientia*, Sidonius carm. IX 146 sq. *cui contigit paternam | quartum post Ithacam redire lustrum*, Lucretius IV 597 *haec loca per uoces ueniant* pro *uoces ueniant per loca*, eundemque VI 574 *recipit prolapsa suas in pondera sedes* pro *recipit pondera in sedes* posuisse olim docui et post me Giussanius; denique huic Manilii uersui I 245 simillime Auienus, ab editoribus suis non intellectus, Arat. 761 sq.

pontus utrosque suis distinguit et alligat undis.
hoc opus immensi constructum corpore mundi

sipara conuertunt tergumque in curua remulco | *litora certatim subeunt simul*, hoc est *nautae subeunt curua litora in tergum*, naue auersa. sed Ouid. met. II 774 *uultumque deae ad suspiria duxit* corruptum esse neque huc pertinere docet obseruatio metrica a Lachmanno Lucr. p. 198 prolata ; Statium in silu. II 1 63 sq. *abitusque morabitur artis* | *nexibus, atque ipsos reuocabit ad oscula postes* uoluisse *oscula reuocabit ad postes* (et ad *ipsos* postes, quasi in intimo aedium recessu positi sint) commentum est Vollmero dignissimum : recte Itali *ipso . . . poste.* Hertzbergium Propertii uersum III 1 4 *Itala per Graios orgia ferre choros* (uide Sen. Herc. Oet. 594 *orgia ferre*, Man. I 4–6 *Helicona mouere . . . hospita sacra ferens*, Hor. serm. I 10 35 *magnas Graecorum . . . implere cateruas*) sic enarrare, *Graios choros ferre per Itala orgia*, mirarer, si in Propertii interprete quicquam mirandum esse ducerem. notabili inconstantia Kempfius thes. ling. Lat. I p. 582 ll. 8, 9 huc trahit Ouid. amor. III 8 48 *discordes addere in arma manus* (quod sine ulla causa dicit esse *arma in manus dare*) et art. II 672 *fera belligeras addite in arma manus*, non trahit aut amor. I 7 1 *adde manus in uincla meas* aut fast. III 306 *uinclaque sopitas addit in arta manus* (non magis quam met. VI 26 sq. *falsosque in tempora canos* | *addit*), neque met. VII 788 *digitos amentis addere* dicit esse *amenta addere digitis.* superest ut aliquis amor. I 19 55 *per nulla traham suspiria somnos* interpretetur *nulla suspiria per somnos traham*, sensu haud sane inepto, et simili artificio peruertat Man. II 53 *integra quaeramus rorantis prata per herbas* et IV 170 *totque per ignotas commercia iungere terras.* sed ut illuc redeam, *membra in somnos locamus* idem erit quod *corpora somno damus*, sic enim Plaut. Amph. 303 sqq. *homines quattuor* | *in soporem collocastis nudos . . . . . . quattuor nudos sopori se dedisse hic autumat* ; neue in plurali numero haereas, quem Iacobus progr. Lubec. an. 1832 p. 17 calumniatur, uide Ouid. met. VII 253 *in plenos resolutum carmine somnos.* sed in primis huc facit Culicis uersus 205 *in fessos requiem dare comparat artus* (hoc est *dare fessos artus in requiem*, homines enim corpora somno dant, somnum corporibus natura) simili etsi non plane eadem (neque enim postponitur praepositio) licentia et ambiguitate insignis ; quocum conferri possunt Copae 4 *ad cubitum raucos excutiens calamos* (*excutiens cubitum ad calamos*), Prop. III 4 18 *et subter captos arma sedere duces*, Verg. Aen. II 278 *uolnera . . . quae circum plurima muros* | *accepit patrios*, nam Hor. serm. I 1 86, 6 58 sq. rectius ad tmesin referuntur. ceterum ab hac disputatione seposui *per* praepositionem in obsecrationibus traiectam, seposui etiam talia quale est Man. II 541 *cum Virgine natis* (*cum eis qui Virgine nati sunt*), ad quem uersum plura apponam **246** *pontus*, mare ; licet Scaliger τὸν ὁρίζοντα esse contendat, quo sensu Graeci nonnumquam Ὠκεανὸν ponunt, assentiatur Bentleius, Huetius ita contra dicat ut nihil quod ad rem faciat adferat. sententiam a multis commemoratam diligentius quam ceteri exposuit Macrobius somn. Scip. II 9. plures in orbe terras habitabiles siue οἰκουμένας esse opinabantur, quas qui accuratiore naturae ignorantia instructi erant quattuor faciebant et hunc in modum rem animo informabant. duo Oceani amnes, alter aequatorem sequens, alter a septentrionali polo ad australem descendens et per contrariam orbis partem ad septentrionem refusus, tellurem in quattuor insulas diuidunt, quarum una, ex Europa Asia Libya constans, nobis nota est, tres reliquae ignotae. harum septentrionalem alteram qui incolunt, περίοικοι appellantur ; ἄντοικοι, qui australem in eodem nobiscum hemisphaerio locatam ; ἀντίποδεσ nobis κατὰ διάμετρον oppositi (Gemin. XVI 1–3

membraque naturae diuersa condita forma
aeris atque ignis, terrae pelagique iacentis,
250 uis animae diuina regit, sacroque meatu
conspirat deus et tacita ratione gubernat
mutuaque in cunctas dispensat foedera partes,
alter*a* ut alterius uires faciatque feratque
summaque per uarias maneat cognata figuras.
255 nunc tibi signorum lucentis undique flammas,
260 omnia quae possis caelo numerare sereno,
256 ordinibus certis referam. primumque canentur
quae media obliquo praecingunt ordine mundum

Cleom. I 2, Achill. isag. 30, anonymus Maass. comm. Arat. p. 97). pseud-Arist. *περὶ κόσμου* 3 *ἡ σύμπασα (οἰκουμένη) μία νῆσόσ ἐστιν ὑπὸ τῆσ Ἀτλαντικῆσ καλουμένησ θαλάσσησ περιρρεομένη· πολλὰσ δὲ καὶ ἄλλασ εἰκὸσ τῆσδε ἀντιπόρθμουσ ἄποθεν κεῖσθαι*, Plin. n.h. II 170 *maria circumfusa undique diuiduo globo partem orbis auferunt nobis nec inde huc nec hinc illo peruio tractu.* errat autem Manilius uu. 242–5 una cum Vergilio georg. I 249–51 australe hemisphaerium cum occidentali confundens et ea communiter de populis australibus tradens quae eis praeter antipodas non conueniant, conueniant autem perioecis, qui australes non sunt *alligat*, complectitur, coercet. ut hic *distinguit et alligat*, sic 306 *diuidit et cingit*, 452 *distingui claudique*, quae omnia Bentleius quia non capiebat aut mutauit aut eiecit **247–254** uide II 60–83, IV 888–90 **250** sq. *meatu* | *conspirat.* Plin. ep. VI 16 13 de dormiente *meatus animae . . . ab eis qui limini obuersabantur audiebatur* **252 mutuaque** Bentleius, **multa quod M, et multa GL** ignaue ; uide II 359 *mutua . . . foedera*, III 47–55 *natura . . . cum tantas strueret moles . . . diuersaque membra . . . sociaret corpus in unum,* | *aeraque et terras flammamque undamque natantem* | *mutua in alternum praebere alimenta iuberet,* | *ut . . . staret . . . alterno religatus foedere mundus*, Macrob. somn. Scip. I 22 1 de tellure mundi media *illae uere insolubiles causae sunt, quae mutuis in uicem nexibus uinciuntur et, dum altera alteram facit ac uicissim de se nascuntur, numquam a naturalis societatis amplexibus separantur.* Bentleius, **M** nondum reperto, haec scripserat, 'cum ab ignaro librario *multaque* scriptum esset, accesserunt boni correctores, qui metri gratia *et multa* substituerunt'; Bechertus neque Bentleiani inuenti neque confirmationis a codice accedentis ullam mentionem fecit. *multa foedera*, si Pingraeo et Iacobo credimus, sunt uisus, auditus, amicitiae, odia (nouum hoc foederis genus), quique praeterea duodecim signorum inter se affectus in libro II expositi sunt : uellem docuissent ubi aera atque ignem, terram pelagusque inter se uidere et audire legissent **253 altera** Fayus, **alter** libri *faciatque feratque*, ministret et uicissim accipiat. Macr. somn. Scip. I 21 35 *uigorem, qui uitalem calorem et faceret et ferret*, idem loco paullo ante adlato *altera alteram facit ac uicissim de se nascuntur*

255–455 recensentur signa caelestia **260** ante **256** traieci, quia uerba *quae possis numerare*, siue ad planetas siue ad zodiaci signa referuntur, aeque inepta sunt ; sic enim dicuntur quasi haec sidera numerari possint, Septentriones Bootes Orion Canicula non possint. uidetur librarius ab *omni-* ad *ordin-* delapsus esse **256–274** enumerantur zodiaci signa

solemque alternis uicibus per tempora portant
atque alia aduerso luctantia sidera mundo.
261 [e quibus et ratio fatorum ducitur omnis.]
ut sit idem mundi primum quod continet arcem,

258 *tempora*, annum, 'les saisons': errant Fayus et Pingraeus
259 ordo est *portant solem atque alia sidera* (lunam et quinque planetas): sic Bentleius **261** deleui, derecta fronte cum Manilii sententia pugnantem. neque enim aut ex planetis aut ex zodiaco aut (quod propterea dico ne quis hunc quoque uersum ante 256 traiciat) ex signis caelestibus huic poetae omnis fatorum ratio ducenda esse uidebatur, sed undique, ex fixis pariter atque ex errantibus sideribus, II 749 *undique miscenda est ratio*; itaque in libris II III IV de zodiaco, in V de ceteris signis disputat, de planetis se postea disputaturum saepe promittit. haec, quam Manilio supposuit interpolator, Manethonis et aliorum astrologorum sententia fuit, eisdem paene uerbis concepta a Seruio ad Verg. Aen. IV 519, *planetas, in quibus fatorum ratio continetur*, a Seneca irrisa nat. quaest. II 32 6 *quinque stellarum potestates Chaldaeorum obseruatio excepit. quid, tu tot illa milia siderum iudicas otiosa lucere? quid est porro aliud, quod errorem maximum incutiat peritis natalium, quam quod paucis nos sideribus adsignant, cum omnia, quae supra nos sunt, partem nostri sibi uindicent?* Manilium nimis iocose sic loquentem inducunt, qui cum quinque libros conscripsisset ad planetarum effectus nondum peruenerat. in *mundi* u. 262 tam breui interuallo a *mundo* u. 259 distante nulla esse debet offensio; Latini enim intercedente plena distinctione talia uix sentiebant, scripsitque Vergilius, ut hoc utar, georg. II 125 sq. *et gens illa quidem sumptis non tarda pharetris. | Media fert tristis sucos tardumque saporem*, Manilius III 369 sq. *recto uersabitur orbe. | at simul e medio praeceps descenderit orbe* **262** ad sequentia et ad Arietis signum traxit Fayus; ad superiora et ad duodecim signa Scaliger, quo pacto singularis numerus rationem non habet. sensus est 'ut idem signum (uide 255 *signorum*), quod mundi arcem continet, in hac mea enumeratione primum sit, neue Aratum (545) secutus a Cancro ordiar, propterea sic incipio: *aurato princeps Aries*': eodem modo *ne* positum est u. 91. respicitur ad eam signorum positionem quam nascente mundo fuisse astrologi uoluerunt; is enim, si Firmico credimus, horoscopante Cancro editus est, III 1 1 *constituerunt . . . horam* (ὥραν, horoscopum) *in Cancri parte* XV: ergo eo tempore Aries Medium Caelum (*mundi arcem*, uide Man. II 795–7, 810 sq., 918 *arce . . . caeli*) obtinebat, ib. 17 sq. *cur autem initium signorum* XII *ab Ariete esse uoluerunt, etiam hoc nunc explicandum est . . . . . . retractans itaque genituram mundi . . . inueni Medium Caelum geniturae in Ariete esse positum. ob hoc itaque, quia frequenter, immo semper, M.C. in omnibus genituris possidet principatum et quia hic locus supra primum uerticem est et quia ex hoc loco totius geniturae fundamenta colligimus, opportune ex hoc signo initium signis omnibus datum est*, item Paul. Alex. fol. A ἔστι δὲ ἐν τούτῳ τῷ ζῳδίῳ τὸ μεσουρανοῦν κέντρον τοῦ κοσμικοῦ διαθέματοσ, Macr. somn. Scip. I 21 23 *aiunt . . . incipiente die illo, qui . . . mundi natalis . . . uocitatur, Arietem in M.C. fuisse, et quia M.C. quasi mundi uertex est, Arietem propterea primum inter omnes habitum, qui ut mundi caput in exordio lucis apparuit*, Maneth. IV 24 Κριὸσ ὅ τ' οὐρανίου κορυφῆσ ὅροσ. alio sensu *mundi arcem* posuerunt Propertius III 5 31, Ouidius amor. III 10 21, Homerus Latinus 862, ut altam operosamque molem significarent. de hyperbato dixi ad 58: Bentleius, qui hic *idem primum, mundi quod* coniecit,

aurato princeps Aries in uellere fulgens
respicit admirans auersum surgere Taurum
265 summisso uultu Geminos et fronte uocantem,
quos sequitur Cancer, Cancrum Leo, Virgo Leonem.
aequato tum Libra die cum tempore noctis
attrahit ardenti fulgentem Scorpion astro,
in cuius caudam contento derigit arcu
270 mixtus equo uolucrem missurus iamque sagittam.

idem in Hor. serm. I 5 72 ex codicibus et scholiastis restituit *paene, macros, arsit, turdos dum uersat in igni* pro eo quod Lambinus inuexerat *paene arsit, macros* **264 auersum MU** sicut coniecerat Lannoius, **aduersum GL.** *auersum* Taurum poeta frequentat, *aduersum* librarii, qui solum IV 521 *auersus* intactum seruarunt: uerum restituerunt docti II 153, 201, 366, 549, III 403, V 140, mihi restituendum reliquerunt apud Auienum hunc Manilii uersum imitatum Arat. 545 sqq. *mundo qua pectora Laniger alto | urget et auerso* (*aduerso* libri) *surgentem corpore Taurum | respicit.* sed iniuria opinor in Ouid. met. II 80 *per tamen aduersi gradieris cornua Tauri* Scaliger *auersi* coniecit neque transformationum scriptori suas reliquit nugas; nam diurnus iste solis ab oriente in occidentem per zodiacum cursus, quem fingit Ouidius, si fieret omnino, Taurum habiturus erat aduersum **269 et 270** prorsus recte in libris traduntur. ordo est *mixtus equo* (hoc est Sagittarius, ut II 172 *iunctus equo*) *in Scorpii caudam contento arcu uolucrem sagittam derigit iamque missurus est*: uide IV 347 *qui contento minitatur spicula neruo.* adiectiuum et substantiuum *uolucrem sagittam* in duo orationis membra distributa sunt ut 157 *liquor exhalet tenues atque euomat auras*, 208 *solisque orbem lunaeque rotundum*, II 899 *numenque dei nomenque potentis*, III 328 sq. *conscendes orbem scandensque rotundum | degrediere simul*, IV 96 *nec fortuna probat causas sequiturque merentes*, 250 *ferrum calidi soluant atque aera camini*; item cum anaphora IV 130 *nunc glomerare rudes, nunc rursus soluere lanas*, 563 *altaque nunc statuet, nunc idem moenia uertet*: ex eis quae alii scriptores magno numero praebent pauca ponam, 'frondes ut si quis ab Ida carpat,' Lucr. V 625 sq., Catull. 64 24, 66 87 sq., Verg. georg. IV 315, Aen. II 565 sq., VII 464 sq., IX 9, Hor. serm. II 2 121 sq., Ouid. amor. I 11 1, III 9 21, met. I 458, IV 117, 355, VII 444 sq., trist. V 12 47 sq., her. XVI 289, Culicis 12, 196 sq., Val. Fl. I 352, Sil. VII 465, XIV 440, Nemes. buc. IV 30 quem uersum male interpungunt, Gratt. 347 sq. *stat Fatum supra, totumque auidissimus Orcus | pascitur et nigris orbem circumsonat alis*, quemadmodum etiam accipiendum est Iuu. VI 495 sq. *altera laeuum | extendit pectitque comas et uoluit in orbem.* *iamque* secunda sede (nam pro simplici *iam* poni posse Silii codicibus VIII 626 non uidetur credendum, sed recte ibi Liuineium *iamiam* reposuisse; ibid. X 568 neutrum aptum est, neque magis, quod Burmannus coniecit, *namque*: aptissimum *omnibus exuuiis nudo tamen* (*tam̄*) *Hannibal unus | sat decoris laudator erat*),—secunda igitur sede *iamque* ut semel Manilius ita quater Vergilius collocauit, Aen. III 588, V 225, VI 81, X 813. participium futuri aliquotiens pro uerbo finito ponitur, uelut Prop. I 19 17 sq. *quamuis te longae remorentur fata senectae, | cara tamen lacrimis ossa futura meis*, Luc. VII 781 sq. *quos aut Pharsalia uidit | aut ultrix uisura dies*, uerbum autem participiumque ex aequo posuit Manilius etiam 85 sq. et locis

tum uenit angusto Capricornus sidere flexus.
post hunc inflexa defundit Aquarius urna
Piscibus assuetas auide subeuntibus undas,
quos Aries tangit cludentis ultima signa.
275 at qua fulgentis caelum consurgit ad Arctos,
omnia quae summo despectant sidera mundo
nec norunt obitus unoque in uertice mutant
in diuersa situm caelumque et sidera torquent,
aera per gelidum tenuis deducitur axis
280 libratumque regit diuerso cardine mundum;
sidereus circa medium quem uoluitur orbis
aetheriosque rotat cursus, immotus at ille
in binas Arctos magni per inania mundi

ibi adlatis. uituperandus igitur Bentleius, quod sanam scripturam corrupit, sed multo magis Scaliger et Iacobus, qui eam prauissime interpretati tamen retinuerint **271** *flexus* propter *inflexa* Bentleius mutare uoluit; sed iteratio in uerbo composito quam facile delitescat ostendunt hi loci: 535 *contenta tenetur*, II 9 sq. *latices in carmina duxit* | *amnemque in tenues ausa est deducere riuos*, III 121 sq. *committens hospita iura* | *iungitur et similis coniungens foedus amicos*, 308 *super transuersum uertitur axem*, IV 617 sq. *Euxino iniungit ponto et Maeotidis undis* | *quae tergo coniuncta manet*
272 inflexa defundit . . . urna M, inflexam diffundit . . . urnam GL. *defundit* Scaliger inuenerat, sed in ablatiuo quoque praeferendam esse Matritensis lectionem uidit Breiterus Fleck. annal. uol. 147 p. 417, collato IV 259 *inflexa fontem qui proicit urna.* utrum in alterum facilius abiturum fuerit apparet **275–293** describitur axis **275 at qua** Scaliger ed. 1, **atque M, at qui G**, de **L** nihil certi traditur. Auien. 99 sqq. *sed qua sublimior axis* | . . . *linquit* . . . *fluenta*, | *contemplare, sacras ut mundus subrigat Arctos* **caelum** duo recentiores et Scaliger, **caelo GLM** e glossemate ad illud *mundo* u. 276 adscripto, ubi **v** Voss. 1 Cusanus *caelo* pro *mundo* in contextu exhibent. Verg. georg. I 240 sq. *mundus, ut ad Scythiam Rhipaeasque arduus arces* | *consurgit, premitur Libyae deuexus in austros.* quae in libris scriptis et impressis plerisque habentur, *at, qui . . . consurgit ad Arctos, . . . aera per gelidum . . . deducitur axis*, sic dicuntur tamquam sciat lector axem ad Arctos consurgere (quamquam inepte omnino de axe ponitur consurgendi uerbum, ne quis *cardo* coniciat, quod II 859 pro *caelo* scriptum est) sed eum per gelidum aera deduci docendus sit **277 mutant,* tantum** libri transpositis duabus litteris, *tendunt* Schraderus a Iacobo progr. Lubec. an. 1833 p. 14 memoratus. uerbum requiri perspicuum est: *tantum* inutiliter ac potius moleste adiectum esse frustraque Scaligerum *tantum in diuersa sitae* coniecisse iam Bentleius senserat, qui 277 et 278 deleuit **278 situm,* situ** libri. Arctos caelum torquere et Manilius 444 et alii dixerunt, uelut Germanicus 227 **280** *regit*, errare non patitur. dico propter Scaligerum, qui *gerit* scripsit. Arat. 22 sq. ἔχει δ' ἀτάλαντον ἁπάντη | μεσσηγὺς γαῖαν, Germ. 20 sq. *libratasque tenet terras et cardine firmo* | *orbem agit* **283** *binas*, maiorem minoremque. absurde Fayus 'septentrionales duas et duas australes,' quae quattuor sunt; ne illud

perque ipsum terrae derectus constitit orbem.
285 nec uero e solido stat robore corporeus*que*,
nec graue pondus habet, quod onus ferat aetheris alti,
sed cum aer omnis semper uoluatur in orbem
quoque semel coepit totus uolet undique in ipsum,
quodcumque in medio est, circa quod cuncta mouentur,
290 usque adeo tenue ut uerti non possit in ipsum
nec iam inclinari nec se conuertere in orbem,
hoc dixere axem, quia motum non habet ullum
ipse, uidet circa uolitantia cuncta moueri.
summa tenent eius miseris notissima nautis
295 signa per immensum cupidos ducentia pontum.
maioremque Helice maior decircinat arcum
(septem illam stellae certantes lumine signant),
qua duce per fluctus Graiae dant uela carinae.
angusto Cynosura breuis torquetur in orbe,
300 quam spatio tam luce minor; sed iudice uincit
maiorem Tyrio. Poenis haec certior auctor
non apparentem pelago quaerentibus orbem.

addam, australes Vrsas, quarum notitia soli Manilio contigisse uidetur, uersu demum 443 commemorari **284 constitit** Scaliger, **conspicit** libri: Verg. georg. IV 361 *circumstetit* MR, *circumstitit* G, *circumspicit* P. Arat. 22 ἄξων αἰὲν ἄρηρεν, Germ. 19 *inmotus semper uestigia seruat*, Auien. 91 sq. *ut semel haerens | constitit* **285 corporeusque*** (=**corpor-ei-is-que**=**corporis eique**), **corporis ei GLM** (**eius M** e corr.). uide II 716 *attribuuntur*, nam cetera Graeca sunt et propria, *Cassiepia*, *Cassiepiae*, *Bellerophontem*. schol. Arat. 21 τὸν ἄξονα δεῖ νοεῖν ἀσώματον γραμμήν. librorum scriptura sic tantum seruari potest ut interpungatur hoc modo, *robore, corporis eius | nec graue pondus habet, quod onus ferat*, pro quo Manilius scripturus fuit *nec graue pondus | corporis eius.* eundem *ei* producta paenultima posuisse, quod Guil. E. Weberus Iacobo atque adeo L. Muellero probauit, credet qui uolet quique initio inde sumpto uersum emendare poterit, quem multum abest ut emendauerit aut Scaliger *stat robur* aut Weberus *stant robora* scribendo; inepte enim corporeum axis robur, quod nullum est, e solido stare negaretur. melius *corporis axis* Bentleius: nolo conicere *corporis ille* praecedente in u. 282 eodem pronomine, nedum *iste*

291, quem Bentleius eiecit, abundantiam habet in hoc poeta ferendam: quid quod *uoluatur in orbem* u. 287 idem est quod *uolet in ipsum* u. 288 nec tamen a Bentleio notatur? *inclinari* uero, quod ille prauum dicit et barbarum, sic positum est ut *inclinet* IV 863, imitaturque Auienus 84 sqq. *mundi se machina uersat | ponderis et proprii trahit inclinatio caelum. | sed non axis item curui uertigine fertur | aetheris* **292** et **293** interpunxi: uulgo scribitur *ullum, ipse uidet* **294–307** describuntur signa intra arcticum circulum posita praeter Cephea, qui uxori filiaeque adiungitur **296 arcum M** in marg. sicut

nec paribus positae sunt frontibus: utraque caudam
uergit in alterius rostro sequiturque sequentem.
305 has inter fusus circumque amplexus utramque
diuidit et cingit stellis ardentibus Anguis,
ne coeant abeantue suis a sedibus umquam.
hunc inter mediumque orbem, quo sidera septem
per bis sena uolant contra nitentia signa,
310 mixta ex diuersis consurgunt uiribus astra,
hinc *niue* uicina glacieque, hinc proxima flammis;
quae quia dissimilis, qua pugnat, temperat aer,
frugiferum sub se reddunt mortalibus orbem.
315 proxima frigentis Arctos boreanque rigentem

coniecerat Scaliger, **arctum GL, arcid'm M** **302** *orbem*, terram siccam, ut 165, IV 596, 639, 643, 696 *orbis pontusque*, V 195 **304** ordo est *utraque rostro uergit in caudam alterius.* Arat. 28 sq. αἳ δ' ἤτοι κεφαλὰσ μὲν ἐπ' ἰξύασ αἰὲν ἔχουσιν | ἀλλήλων **306** Draco Vrsas diuidit ne coeant, cingit ne abeant; uide 452 et quae ad 246 dixi **308–370** describuntur signa inter arcticum circulum et zodiacum posita; sequuntur a uersu 372 *infra solis surgentia cursus*, hoc est ab australi zodiaci parte iacentia. ordo signorum ab Arateo differt, congruit fere cum Gemini III 8 et 13. ceterum multum fallitur poeta cum dicit uu. 310–3 sidera, quae citra zodiacum iacentia enumeraturus sit, omnia in zona temperata sita esse; nam, ut Cephea omittam, Ophiuchus Aquila Delphinus Equus inter duo tropicos collocata sunt. error inde natus est, quod Eudoxum (Hipparch. I 2 17) et Aratum 319–21 secutus zodiaco septentrionalia signa ab australibus discreuit, non, ut oportuit, aequatore **308** *medium orbem*, circulum signiferum, qui medius mundum praecingere dicitur u. 257. haec ab Arato sunt, 319 sq. καὶ τὰ μὲν οὖν βορέῳ καὶ ἀλήσιοσ ἠελίοιο | μεσσηγὺσ κέχυται *quo* orbe siue circulo **311 niue** addidi, quod facillime post *hinc* excidere potuit: *huic* pro *niue* codices nonnulli Lucr. II 734 **glacieque,* caeli M, poli caelique GL.** quoniam Manilius gignendi casum cum *uicinus* adiectiuo non magis ponere solet quam ceterorum plerique, ueteres editores *polo* coniecerunt, *gelu* Bentleius, inutile utrumque; nam et inepte polo eiusque frigori opponuntur *caeli* flammae, neque usitate illis *hinc . . . hinc* superadditur *que* coniunctio. zona temperata hinc niuem glaciemque uicinam habet, hinc flammas solis: Eratosth. ap. Achill. isag. 29 μεσσηγὺσ θέρεόσ τε καὶ ὑετίου κρυστάλλου, Claud. Stil. II 7 sq. (Clementia) *quae Iouis* (uide Achill. l.c.) *incoluit zonam, quae temperat aethram* | *frigoris et flammae mediam*, Luc. VII 866 sq. *impatiens hominum uel solis iniqui* | *limite* (hoc est zodiaco) *uel glacie. glaciem* in *claciem* corrupit oblongus Lucretii VI 878, e *clacieque* autem facile fit *caelique*, quod in archetypo fuisse puto. mirabar neminem ante me sententiae uitium perspexisse, cum Iacobum p. xiv hanc Schraderi adnotationem protulisse uidi, 'cur *caeli*? an caelum zodiacus? f. *Phoebique*; an *Cancri*?' eadem pagina Iacobus 'Schraderi coniecturae' inquit 'raros nobis fructus tulerunt, ut qui non ingenio ludere sed uera quaerere uelimus.' impudenter se uera quaerere uelle simulant qui ne admoniti quidem animum attendunt **314** post **316** traiecerunt libri recen-

316 nixa uenit species genibus, sibi conscia causae.
314 a tergo nitet Arctophylax idemque Bootes,
316A *quoi uerum nomen uolgo posuere, minanti*
317 quod similis iunctis instat de more iuuencis;
Arcturumque rapit medio sub pectore secum.
at parte ex alia claro uolat orbe Corona
320 luce micans uaria; nam stella uincitur una
circulus, in media radiat quae maxima fronte
candidaque ardenti distinguit lumina flamma.

tiores, quibuscum **M** facere Ellisii silentio credere non audeo, cum praesertim **U** eundem ordinem seruet quem **GL** **316** *sibi conscia causae* neque praeterea cuiquam, nam homines eam ignorant. Arat. 64 sq. *εἴδωλον, τὸ μὲν οὔτισ ἐπίσταται ἀμφαδὸν εἰπεῖν | οὐδ' ὅτινι κρέμαται κεῖνοσ πόνῳ*, Germ. 66 *non ulli nomen, non cognita causa laboris*, Auien. 173 sq. *expertem quam quondam dixit Aratus | nominis, et cuius latuit quoque causa laboris* ante **317** unum uersum inserui, qui quam facile excidere potuerit patet. excidisse autem aliquid manifestum est; nam Iacobus, cum Scaligero 'cuinam est similis?' interroganti respondet '*similis* scil. bubulci,' ipse *similis* iudicandus est, scil. caprimulgi; Scaligero uero *stimulo* et Bentleio *stimulis* scribenti obstat non modo quod illo pacto requiritur *appellatus* uel eiusmodi quidpiam, sed etiam quod *similis* defendunt Arat. 91 *ἐλάοντι ἐοικὼσ* et Auien. 259 sq. *instanti similis similisque minanti | terga Helices iuxta premat.* rectius igitur, etsi nimis uiolenter, Mauricius Schmidtius in Philologo an. 1853 p. 751 temptauit *instanti similis iunctis temone* (hoc prorsus sine causa, cum *de more* sit *ut fieri solet*, Verg. Aen. I 318, X 832, Ouid. met. VII 606, fast. VI 121) *iuuencis*; sed hanc rursus coniecturam infirmant et *quod* tuentur Arat. 92 sq. *τόν ῥ' ἄνδρεσ ἐπικλείουσι Βοώτην | οὕνεχ' ἁμαξαίησ ἐπαφώμενοσ εἴδεται Ἄρκτου* et Cic. n.d. II 109 *qui dicitur esse Bootes | quod quasi temoni adiunctam prae se quatit Arctum.* addo Germ. 90 *Helicen sequitur senior baculoque minatur*, schol. Arat. 91 *δοκεῖ γὰρ αὐτὸσ φύλαξ εἶναι τῆσ Ἁμάξησ, τῆσ λεγομένησ Ἄρκτου, ὁ Βοώτησ, ὅσπερ τὰσ ἐν αὐτῇ βοῦσ ἐλαύνων καλαύροπα φέρει* **318** *medio sub pectore*, *ὑπὸ ζώνῃ* Arat. 94, *subter praecordia* Cic. n.d. II 110. ita Arati uerba 649 sq. *ὁ δὲ ζώνῃ τότε Κηφεὺσ | γαῖαν ἐπιξύει* Auienus uertit 1199 sqq. *tellurem cingula radunt | extima et Oceano mersantur pectora rauco | sola senis*, item opinor Cicero 437 sq. *cedit conuerso corpore Cepheus, | extremas medio contingens pectore* (*corpore* libri, quod est in uersu superiore) *terras* **319** *parte ex alia*, a tergo Bootae, *cuius in aduerso est Arcturus corpore fixus*, Cic. 395: ita enim liber optimus Harleianus, editores *aduersum* uel *aduersa*, sensu nullo **321 media GM, medio L. radiat M** sicut coniecerat Carrio ant. lect. III 19, **radians GL**

322–324 interpunxi; uulgo sic, *flamma, | Gnosia . . . puellae. | et Lyra*, in qua scriptura *fulgent* siue *et fulgent* constructionem perturbare Bentleius uidit, qui quod *quondam* substituit, repugnat, quem ipse attulit, Auienus 197 *haec quondam Bacchi monumentum fulget amoris.* in his *claro uolat orbe Corona . . . . . . Gnosia desertae fulgent monimenta puellae, et Lyra conspicitur qua ceperat Orpheus* cet. (id est, ut Ariadna, sic Orpheus monimentum habet in caelo) analepsis inest ab Arato sumpta et nonnihil detorta, is enim scripserat 71–5 *Στέφανοσ . . . νώτῳ ὑποστρέφεται . . . νώτῳ μὲν Στέφανοσ πελάει, κεφαλῇ γε μέν κτλ.* **323 fulgent M, et fulgent GL.** longas in caesura perraro Manilius

Gnosia desertae fulgent monimenta puellae,
et Lyra diductis per caelum cornibus inter
325 sidera conspicitur, qua quondam ceperat Orpheus
omne quod attigerat cantu, manesque per ipsos
fecit iter domuitque infernas carmine leges.
hinc caelestis honos similisque potentia causae:
tunc siluas et saxa trahens nunc sidera ducit
330 et rapit immensum mundi reuolubilis orbem.
serpentem magnis Ophiuchus nomine gyris
diuidit et torto *c*ingentem corpore corpus,
explicet ut nodos sinuataque terga per orbes.
respicit ille tamen molli ceruice reflexus

elidit, IV 445 *illi ac*, III 644 *effectu et* (*-um* libri); nam II 747 librarii corruperunt, IV 789 editores **324 diductis** Scaliger rei conuenienter, **deductis** libri aut nullo sensu, neque enim significare potest *deorsum tendentibus*, aut falso, nam cornua Lyrae admodum breuia sunt. nihilo minus retinuerunt Iacobus et Bechertus, quorum ille 'i.e. descriptis' inquit, 'nisi mauis Lyram in caelum tamquam domum suam deductam interpretari.' *deductas* u. 341, quia minus ineptum est, libentius corrigi patiuntur **326 manes M, manens L, manans G** **328** *similis* nominatiuus: ab hoc adiectiuo pendet *causae* **329** *tunc . . . trahens*, Val. Fl. III 609 *quondam . . . trahentem* **331 serpentem GL, ingentem M** ex 332 **ophiuchus GL, orpheu de M**: scilicet *ophiuc'* uisum est *ophrue*, inde transpositione factum *orpheu* et metri causa additum *de* **gyris*** (=**giris**=**gnis**), **signis** libri, quod mendum etiam ex u. 530 tollendum est. neque usquam Manilius *signum* pro *stella* posuit, neque aut Ophiuchi aut serpentis stellae tertiam magnitudinem excedunt. poeta quid scripserit demonstrat V 389 *Anguitenens magno circumdatus orbe draconis*: adde Verg. Aen. V 84 sq. *anguis . . . septem ingens gyros, septena uolumina traxit*, Man. I 440 *ingentes . . . gyros* **332 et torto** Scaliger **cingentem M** in marg., **et toto ingentem M, et iam toto ingentem L** propter metrum, **atque etiam toto ingens G** omnium apertissime interpolatus, quemadmodum etiam IV 609 *atque* metri causa infersit. nam Bentleium miror, qui sui ualde dissimilis factus hoc probauit, addiditque 'cum *atque* excidisset, ut syllabarum numerus uersui constaret, dederunt *ingentem*,' illud *atque* quonam casu excidisse putaret non docuit. ego contra *c* ab *o* haustum esse pono, quod cum factum esset, cetera in procliui erant. ordo est *Ophiuchus nomine* (ὁ καλούμενοσ 'Οφιοῦχοσ) *serpentem magnis gyris et torto corpore corpus cingentem diuidit*. Arat. 82 sq. ὄφιοσ . . . ὅσ ῥά τε μέσσον | δινεύει 'Οφιοῦχον, Cic. n.d. II 109 *hic pressu duplici palmarum continet anguem* | *atque eius ipse manet religatus corpore torto;* | *namque uirum medium serpens sub pectore cingit*, Germ. 79 sq. *anguis* | *pressus utraque manu, medium cingens Ophiuchum*, Auien. 236 sq. *serpens . . . medium cingit spiris Ophiuchum*, Hyg. astr. III 13 *anguis . . . medium ut praecingens Ophiuchum*, Apoll. Sid. carm. V 155 *nato serpentis corpore cincto*. in V 75 *torto* **M**, *toto* **GLV** **333 explicet GLM, explicat G** pro uar. scr. **ut LM, et** uel **ct G** **334** Cic. n.d. II 107 de altero Serpente *tereti ceruice reflexum*, quod praeter Manilium imitati sunt Lucretius I 35 et Vergilius Aen. VIII 633

335 et redit effusis per laxa uolumina palmis
semper iter, paribus bellum quia uiribus aequant.
proxima sors Cycni, quem caelo Iuppiter ipse
imposuit, formae pretium, qua cepit amantem,
cum deus in niueum descendit uersus olorem
340 tergaque fidenti subiecit plumea Ledae.
nunc quoque diductas uolitat stellatus in alas.
hinc imitata nitent cursumque habitumque sagittae
sidera. tum magni Iouis ales fertur in altum,
adsueta euolitans gestet ceu fulmina mundi,

335 redit optime Bentleius, **dedit** libri: idem error II 828. Bentleium solus sequitur Pingraeus, reliqui certatim ineptiunt *effusis* libri rectissime, quod Bentleius sine causa in *elusis* mutauit, ceteri absurde interpretati sunt. serpens per uolumina sua effundit palmas Ophiuchi, hoc est facit ut per lubricas squamas effundantur prolabanturque. Pers. I 64 sq. *ut per leue seueros* | *effundat iunctura ungues*, Luc. IX 331 sq. (naues) *leuatae* | *arboribus caesis flatum effudere prementem*, Val. Fl. IV 273 sq. (Pollux Amyci) *urguentes effudit nutibus iras*, Man. IV 282 sq. *iamque hunc iamque illuc agilem conuertere clauum* | *et frenare ratem fluctusque effundere* (*effindere* editores, nouo uerbo inepte ficto) *rector*, quod quomodo accipiendum sit docet Claud. Stil. I 288 sqq. *exiguo claui flexu declinat aquarum* | *uerbera, nunc recta nunc obliquante carina* | *callidus* **336 iter*** distinctione mutata, **erit** libri: *erit* in *iter* corrigendum est etiam II 937, *iter* pro *erit* scriptum in uno Ibidis Ouidiani codice u. 246. *redit iter* nullo addito epitheto, ut Verg. Aen. VI 122 *itque reditque uiam*, georg. III 77 *ire uiam*. uersum deleuit Bentleius, reliquis editoribus haud paulo prudentior **338 pretium LM, pretio G**, quod maluit Bentleius, ut caelum formae pretium diceretur: at in V 616 sq. legitur *hic dedit Andromedae caelum, stellisque sacrauit,* | *mercedem tanti belli*, accusatiuo per appositionem ad uerbi notionem adiuncto **340** *terga*, corpus, non dorsum: Verg. Aen. I 635 *terga suum* pro suibus, VII 20 *terga ferarum* pro ferina forma *fidenti*, nihil suspicanti: dico propter Bentleium **plumea G, plurima LM 341 diductas** Scaliger, **deductas** libri. ordo est *uolitat in diductas alas*, nam *stellatus in alas* nihil est, falliturque Bentleius ad V 24. Cycnus ita uolitat ut diductas alas nobis ostendat: similia sunt Prop. IV 8 44 *reccidit inque suos mensa supina pedes*, Man. V 38 *suos puppis consurgit in ignes*, 206 *in uastos surget Nemeaeus hiatus*, dissimilia II 246, 253, III 631, IV 509, 905, de I 476 dubito. *stellatus* utrum *stellis ornatus* significet an *inter sidera relatus* dici uix potest **344 adsueta,* euolitans** Ellisius Hermathenae uol. VIII p. 271, **adsudet et uolitans M, assueto uolitans GL**. in altera stirpe *a* transpositum est (*adsuaet e uolitans*), in altera *ae* coaluerunt (*assuete uolitans*). Ouid. met. XII 555 sq. *uolucris, quae fulmina curuis* | *ferre solet pedibus, diuum gratissima regi*. *fulmen caeli* Lucretius dixit I 489, fortasse etiam V 1244. pro *mundi* cod. Monacensis et Bentleius *mundo*, quod si *assueto* retinetur necessarium est, cum *assueto* aduerbium non magis Latinum sit quam quod in Prop. I 17 3 legitur *solito*, ubi scribendum arbitror *nec mihi Cassiope sonte<m> uisura carinam*; dixit enim supra merito se, quoniam puellam fugere sustinuisset, nunc desertas alloqui alcyonas **ceu LM, cui G** sequente Becherto, secuturis aliis, quibus benigne porrigo Claud. III cons. Hon. praef. 14 *gesturus summo tela trisulca Ioui*. Iacobus lectionem,

345 digna Ioue et caelo, quod sacris instruit armis.
tum quoque de ponto surgit Delphinus ad astra,
oceani caelique decus, per utrumque sacratus.
quem rapido conatus Equus comprendere cursu
festinat pectus fulgenti sidere clarus
350 et finitur in Andromeda. [quam Perseus armis
eripit et sociat sibi. cui] succedit iniquo
*in*nisum spatio, quod terna lampade praestans

quam si in **v** inuenisset arrepturus fuit, recte improbauit **347 oceani GL, octaui M** *per utrumque*, in utroque, ut IV 148 *per arua*. Erat. catast. 31 ὁ Ποσειδῶν . . . μεγίστας τιμὰς ἐν τῇ θαλάσσῃ αὐτῷ ὥρισεν, ἱερὸν αὐτὸν ὀνομάσας εἶναι, καὶ εἰς τὰ ἄστρα αὐτοῦ σχῆμα ἔθηκεν **348 equus GL, diuo M** **350** de uersus numeris uide ad 47 **350, 351 quam Perseus . . . sibi cui** deleuit Bentleius, eo argumento usus, quod Andromeda hic tantum in transcursu tangitur, cuius ἀστροθεσία, sicut etiam Persei, infra habetur uu. 355–60. accedit quod *eripit* sensu caret, non addito unde eripiat; cum praesertim non eripiatur Andromeda, sed semper uincta maneat: quod qui primus sensit Scaliger *quam Perseos armus* | *excipit* coniecit. *Perseus* trisyllabum, quod damnauit idem, potest fortasse defendi, cum in Phaedri V 1 1 legatur *Demetrius qui dictus est Phalereus*: praeter Phaedrum nullum noui poetam qui inter Accii et Pentadii tempora, quorum alter *Peleus* apud Fest. p. 372 Muell. alter *Theseus* anth. Lat. Ries. 234 20 (PLM Baehr. IV p. 343) tribus syllabis extulit, Graecum ευ distraxerit; quod enim in Culicis uersu 117 circumfertur *tantum non Orpheus Hebrum* | *restantem tenuit*, id solus praebet Vossianus, Bembinus erasus est, ceteri *oridus* uel *horridus* exhibent, ut haud sciam an recte Heinsius coniecerit *non tantum Oeagrius*; eiusdem carminis u. 269 prorsus necessaria est uetus correctio *Orpheos* (*poenane respectus et nunc manet Orpheos in te?*), neque minus Il. Lat. 216 Schraderi emendatio *instructas puppes quot duxit Oileos Aiax*, ubi *Oileus* libri, sicut Ouid. met. XII 617 nonnulli. ad Phaedri uersum Ludouicus Hauetus adfert Ouid. her. VIII 31 *Tyndareus* tetrasyllabum; quod nomen ubinam aut apud Latinos trisyllabum extet aut apud Graecos Τυνδαρεύς scribatur reticet. sed talia in Lachmanni contemptore non nimis miramur. ceterum recte Iacobus progr. Lubec. an. 1833 p. 15 adnotauit transpositionem uersuum 355–398, qui post 442 in codicibus leguntur, in causa fuisse cur Persei mentionem desideraret interpolator **352 innisum,* diuisum** iam Regiomontanus, **diuisus** libri. spatium quod Deltoton ab Equo Andromedaue diuidit nec iniquum (quod Bentleius magnum interpretatur) dici potest nec aequum: manifestum est significari basin trianguli aequicrurii, quae, ut ait Auienus, stantes sustentat ductus **terna** Dulcinius an. 1489, **tertia** uel **tercia** libri. Stat. silu. I 2 4 *nouena lampade* **lampade v, lampada GLM** errore in Graecis uocabulis non ita raro. *lampada*, quod Scaliger et Huetius neglecto huius libri uersu 846 pro nominatiuo habuerunt, barbarum est (nam ne Auienus quidem 1522 *lampada* posuit, sed editores eius; libri rectissime *lampade*) nec facit sensum; de laterum enim ac non de stellarum inaequalitate agi mox apparebit. Bentlei coniectura *quod tertia linea* uiolenta est et falsam habet sententiam; non enim quia ἰσοσκελές, sed quia τρίγωνον est, Deltoton appellatur: quod incommodum ut euitaret Pingraeus adsciuit Scaligeranum *quoi* **praestans * (p̄stā̄s), dispas M, dispar GL** quod tueri non possum

conspicitur paribus, Deltoton nomine sidus
ex simili dictum, Cepheusque et Cassiepia
355 in poenas signata suas iuxtaque relictam

totius loci haec sententia est: Equo in Andromeda finito succedit Deltoton, innisum iniquo spatio siue lateri, quod spatium terna lampade (hoc est tribus stellis, tres enim habet denso ordine collocatas, schol. Arat. 236 *τῶν τεσσάρων ἀστέρων τοῦ* Τριγώνου *οἱ τρεῖσ ἐπὶ τῆσ βάσεωσ αὐτοῦ*, depinxit scriba celeberrimi codicis Germanici Arateorum Leidensis Voss. L.Q. 79, litteris *β γ δ* insigniuit Bayerus; etsi non ignoro in v 714 tres omnino Deltoti faces commemorari, eas scilicet quae in angulis positae formam sideris efficiunt) reliquis duobus lateribus, quae inter se paria sunt, praestans conspicitur. Arat. 234–7 *τὸ δ' ἐπὶ τρισὶν ἐστάθμηται* | *Δελτωτὸν πλευρῇσιν, ἰσαιομένῃσιν ἐοικὸσ* | *ἀμφοτέρῃσ', ἡ δ' οὔτι τόση, μάλα δ' ἐστὶν ἑτοίμη* | *εὑρέσθαι, περὶ γὰρ πολέων εὐάστερόσ ἐστιν*, Cic. 7–9 *huic spatio ductum simili latus* (*πλευρά*) *extat utrumque*, | *at non tertia pars lateris* (*περιμέτρου*, si uera lectio); *namq. ut* (*nam on* cod.: contrario errore *nomen* in *inq. men* abiit Germ. 222) *minor illis* | *sic* (*sed* cod.) *stellis longe densis praeclara relucet*, Germ. 237 sq. *tris illi laterum ductus, aequata duorum* | *sunt spatia, unius breuius, sed clarior ignis*, Auien. 528–34 *simile in latus istud utrumque* | *porrigitur, . . . tertia, quae stantes sustentat linea ductus*, | *parcior, haut simili sese sub limite tendit* (id est *haut simili limite sese subtendit*, *ὑποτείνει*), | *et, contracta modum, geminas* (inepte editores *gemina*) *face flammigerarum* | *stellarum superat.* non accedam, si quis scholiastae Germ. 234 (Breys. p. 145) errorem amplexus scribi uelit *iniquo* | *dimensum* (*dim̄sum*) *spatio, quoi lampas tertia dispar* | *conspicitur paribus, Deltoton*; nam, ut cetera taceam, dici debebat *iniquis spatiis* **355–398** et **399–442** locum inter se mutarunt in codicibus, uerum ordinem restituit Scaliger, causam transpositionis perspexit Iacobus progr. Lubec. an. 1832 p. 18, duo folia quadragenos quaternos uersus continentia peruerse complicata esse **355** sine sensu *signata in poenas* Cassiepia dicitur, omninoque *signata*, non addito qua nota signetur; neque enim *signata* per se positum aut *figurata* aut *conspicua facta* significare potest. accedit quod postea uidebimus eiciendum esse u. 357 et requiri quod accusatiuum *Andromedam* regat; nisi forte alter aderit Stoeberus qui *iuxta* praepositionem esse doceat, quod his temporibus non est desperandum. iam eius quod deest reciperandi triplex aperitur uia: prima, ut scribatur <*per*> *poenas*, quemadmodum est in u. 393 *caput per tria signatur lumina*; altera, quam anno 1898 secutus sum, ut Manilius uoce Ciceroniana (phaen. 53, 86, 259) *clinata*, cui in *giinata* mutatae adhaeserit *s* littera, descripsisse putetur Cassiepiae positionem in filiam materna poena affectam uergentis, de qua 686 *inuersae per sidera Cassiepiae*, Hyg. astr. II 10 *propter impietatem, uertente se mundo, resupinato capite ferri uidetur*, schol. Germ. 193 (Breys. p. 139) *Cassiepia in sella ἀνακλίτῳ sedens*, Arat. 251 sq. *κλισμὸν . . . δίφροιο*, 653 sq. *παιδὸσ ἐπείγεται εἰδώλοιο* | *δειλὴ* Κασσιέπεια, 656 *εἰσ κεφαλὴν ἴση δύετ' ἀρνευτῆρι*, Cic. 442–8 *labitur illa simul, gnatam lacrimosa requirens*, | *Cassiepia . . . uerso contingens uertice primum* | *terras, post umeris, euersa sede refertur* | . . . *haec obit inclinata*, Germ. 662 sq. *in caput atque umeros rapit orbis Cassiepiam* | *declinemque trahunt aeterni pondera mundi*, Auien. 1202–6 *genetrix quoque Cassiepia* | *sidera praecipitis sequitur labentia natae* | . . . *prona caput solio, solio uestigia ab alto* | *sustollit miseranda super*; tertia omnium facillima sed eadem paullo audacior, ut unius litterae mutatione defungamur scribamusque *in poenas dignata suas iuxtaque relictam* | *Andromedam*: sic Cic. 163 *signauit*

Andromedam, uastos metuentem Pristis hiatus,
[expositam ponto deflet scopulisque reuinctam]
ni ueterem Perseus caelo quoque seruet amorem

cod. Harl. pro *dignauit*, Germ. 108 *designata* pars librorum pro *dedignata*, eleg. in Maec. I 90 *signa* omnes pro *digna*, Cic. orat. 64 *signata* libri pro *dignata* quod seruauit Nonius, item Man. I 473 *signa* in *dignae* corrigendum erit. cum *indignata suas poenas* inficetum, *poenas indignata suas* immodulatum esset, poeta, quem satis in talibus audacem fuisse declarant quae ad u. 245 attuli, ad tmesin decurrisse uidetur haud sane usitatam : plerique enim priori membro solum *que* encliticum subiciunt, Ouidius met. XII 492 *inque cruentatus*, Verg. Aen. IX 288 *inque salutatam*, Lucr. II 1104 *indignos inque merentes* et multis locis ; qui autem maioris ponderis uocem interponunt, Lucretius III 859 *inter enim iectast*, V 209 *lux inter quasi rupta*, IV 832 *inter quaecumque pretantur*, Varr. r.r. III 4 1 *sexaginta milia Firceliua excande me fecerunt cupiditate*, Verg. buc. VIII 17 *nascere praeque diem ueniens age, Lucifer, almum*, georg. III 381 *septem subiecta trioni*, Hor. serm. I 1 86 *cum tu argento post omnia ponas*, 6 58 sq. *circum* | *me Satureiano uectari rura caballo*, fere eam legem tenent, ut pars prior uel aduerbii uel adiectiui modo per se constare possit ; neque ullum scriptorem noui qui plane idem ausus sit praeter perantiquos et multo recentiores, uelut Enn. ann. XIII apud Gell. VI 2 9 et Non. p. 195 *Hannibal audaci cum pectore* d e *me* h o r t a t u r | *ne bellum faciam*, Plaut. Stich. 77 *in* e a s *simulem*, Auien. 532 *haut simili sese* s u b *limite tendit*: quamquam haud scio an in Lucr. III 1061 scribendum sit *esse domi* p e r *quem taesumst*, ubi libri *per quem pertaesumst*, editores *quem pertaesumst* *poenae suae* dicuntur quas pro matre pendit filia, siue ipsa filia matris uicem beluae obiecta : Germ. 199 sq. *sic tendit palmas, ceu sit planctura* (Arat. 196 φαίησ κεν ἀνιάζειν ἐπὶ παιδί) *relictam* | *Andromedam, meritae non iusta piacula matris*, Prop. IV 7 65 sq. *haec sua maternis queritur liuere catenis* | *bracchia*, Man. II 28 *Andromedae poenas matremque dolentem* **356 pistris** (ita scribere solebat) Grotius ad Germ. 356, **pistis v, piscis GLM**, uide Gronouium obs. I 18. eadem corruptela IV 257, mendum arguente adiectiuo *iuncta*, Germ. 721, Ciris 451. tres Pisces in caelo sunt, zodiaci duo, unus australis, quorum nullus aut uastos hiatus habet aut Andromedae metuendus est. Pristis in piscis caudam desinit, sicut etiam Capricornus, sed neuter ideo piscis nomine appellari potest, non magis quam equi Centaurus **357** eiecit Bentleius argumentis usus infirmis sed rectissimo iudicio. nam praeterquam quod multo aptius *metuentem* et *ni seruet* cohaerent hoc uersu omisso, et quod nimis incondite sine coniunctione tria coaceruantur participia *relictam metuentem expositam*, quae haec est oratio, *succedit Deltoton Cepheusque et Cassiepia Andromedamque deflet*? quaerebat interpolator, neque iniuria, quod accusatiuum regeret, sed κακὸν κακῷ ἰάσατο. deleto uersu Bentleius uiolenter rescripsit *relicta* | *Andromede* (debuit *Andromeda*) *uastos metuat iam* **358 ni v** sicut coniecerat Lannoius, **ne M, in GL** *metuentem, ni seruet* : bene Iacobus progr. Lubec. an. 1832 p. 15 adscripsit Verg. Aen. XII 731 sq. *perfidus ensis* | *frangitur in medioque ardentem deserit ictu,* | *ni fuga subsidio subeat*, georg. IV 454 sq. *tibi has miserabilis Orpheus* | *hautquaquam ob meritum poenas, ni fata resistant,* | *suscitat*. at cum in **G** pro illo *seruet* uulgari errore scriptum esset *feruet*, Breiterus in Fleck. annal. uol. 139 p. 194 hanc orationem pro Maniliana proposuit, *in ueterem . . . feruet amorem auxilioque iuuet*, inuenitque, cui tam horribile commentum probaret, Bechertum. superest igitur ut ex eodem codice in **v** 360 recipiatur, quod paullo tantum foedius est,

auxilioque iuuet fugiendaque Gorgonis ora
360 sustineat spoliumque sibi pestemque uidenti.
tum uicina ferens nixo uestigia Tauro
Heniochus, studio mundumque et nomen adeptus,
quem primum curru uolitantem Iuppiter alto
quadriiugis conspexit equis caeloque sacrauit.
365 tunc subeunt Haedi cludentes sidere pontum,
nobilis et mundi nutrito rege Capella,
cuius ab uberibus magnum ille ascendit Olympum
lacte fero crescens ad fulmina uimque tonandi.
hanc ergo aeternis merito sacrauit in astris
370 Iuppiter et caeli caelum mercede rependit.
[Pleiadesque Hyadesque, feri pars utraque Tauri,
in borean scandunt. haec sunt aquilonia signa.]

regalis ut opes et sancta aeraria feruent **360 pestem** Lannoius in F. Iunii editione an. 1590, **testem** libri **361 nixo** Scaliger, **nexo** libri. Arat. 167 *πεπτηότα Ταῦρον*, 517 *Ταύρου . . . σκελέων . . . ὀκλάσ*, Cic. n.d. II 110 *ualido conixus* (Lambinus, *conexus* libri) *corpore Taurus*, phaen. 290 *genu flexo Taurus conititur* **363 primum** cod. Flor, **primo GLM** (idem mendum Cic. 350, Calp. IV 112), quod aduerbium esse non potest, sin autem adiectiuum est, exigit ut pro *alto* scribatur *apto* uel simile quid quo *quadriiugis equis* cum *curru* conectatur; neque enim primus currus ab Erichthonio factus est, sed primae iunctae quadrigae, Verg. georg. III 113 sq. *primus Erichthonius currus et quattuor ausus | iungere equos*, Plin. n.h. VII 202 *bigas prima iunxit Phrygum natio, quadrigas Erichthonius*, Auien. 410, Hvg. astr. II 13, schol. Germ. 157 (Breys. p. 73): aliter sane Germ. 157 sq. *Erichthonius, qui primus sub iuga duxit | quadrupedes* (*quadriiugos* parum probabiliter Stoeberus ad Man. I 882) et Erat. catast. 13 *τοῦτον . . . ὁ Ζεὺσ ἰδὼν πρῶτον ἐν ἀνθρώποισ ἅρμα ζεύξαντα ἵππων* (num δ' inserendum?), sed ab his Manilium dissentire demonstrat apud eum positum *quadriiugis* *curru uolitantem alto quadriiugis equis*, in curru alto uolitantem quadriiugorum equorum ope **365 sidere GL, sidera M**
366 nobilis G, nubilis LM **371** et **372** deleuit Bentleius. Pleiadas extra zodiacum in septentrionem excurrere falsum est, Hyadas falsissimum: quamquam hoc Manilium non nimis dedecet, qui V 119 graui errore Hyadas cum uicensima septima parte Arietis facit oriri. tum, quod Pleiadas a Tauro, cuius mentio praecessit u. 264, seiungit uersificator, Aratum sequitur, phaen. 167 et 255; cum Manilius Gemini ordinem tenere soleat, qui eas in Tauro atque in zodiaco posuit. ac tamen non plane seiungit homo leuissimus, sed secum pugnans adicit et Pleiadas et Hyadas Tauri partem efficere; quod si ita est, hoc loco, ubi de zodiaci signis non agitur, omitti debebant. cumulus prauitatis accedit *utraque* pro *utraeque* positum non magis Latine quam quod II 116 legitur *nisi qui pars ipsa deorum est.* neque pro sinceritatis indicio habenda sunt uerba *haec sunt aquilonia signa* tamquam conuersa ex Arat. 319 *καὶ τὰ μὲν οὖν βορέω κτλ.*; nam illis Arateis Manilius in initio huius loci usus est, uersibus 308 sq.

aspice nunc infra solis surgentia cursus
quae super exustas labuntur sidera terras;
375 quaeque inter gelidum Capricorni sidus et axe
imo subnixum uertuntur lumina mundum,
altera pars orbis sub quis iacet inuia nobis
ignotaeque hominum gentes nec transita regna
commune ex uno lumen ducentia sole
380 diuersasque umbras laeuaque cadentia signa

373–446 describuntur signa inter zodiacum et circulum antarcticum posita, siue, ut dicit u. 443, *inter solisque uias Arctosque latentes* **373** *infra solis cursus*, ultra zodiacum, remotius a polo septentrionali, qui celsus dicitur. Arat. 320 sq. *τὰ δὲ νειόθι τέλλεται ἄλλα | πολλά, μεταξὺ νότοιο καὶ ἠελίοιο κελεύθου*, Germ. 324–6 *sidera, quae mundi pars celsior aethere uoluit | . . . diximus. hinc alius decliuis nascitur ordo.* hinc corrigo Mart. Cap. VIII 838 *a regione quippe zodiaci quae septentriones uersus depicta sunt aquilonia perhibentur, inferius* (*interius* libri) *autem numerantur austrina*
374 super exustas terras, hoc est plagam torridam, labuntur ea ex australium siderum numero quae inter tropicum Capricorni et zodiacum Cancro tenus in septentriones uersus surgentem iacent, partim in ipso aequatore posita, uelut Orion, *subtrahit obliquo qua sese circulus orbe | signifer in borean, australes deserat* (*australe sederat* libri) *umbras | ut medii iam mole poli*; qui Auieni uersus 718–20 mirifice ab egregio uiro Hugone Grotio deprauati in editionibus feruntur. ceterum dixi ad 308 oblitum esse poetam nonnulla eorum siderum quae septentrionalia numerat in zona torrida iacere **375, 376** significantur ea ex australibus sideribus quae inter tropicum Capricorni et circulum antarcticum sita sunt **375 inter,* intra** libri. eundem soloecismum e uersu 690 sustulerunt boni codices a Bentleio adhibiti. *intra* v pro *inter* u. 324 **axe** Scaliger, **axem** libri **376 lumina LM, sidera G** ex 374 **mundum G, mundo LM.** *axem | imo subnixum . . . mundo* multi editores, absurda sententia; frustra enim aspicere iubemur lumina inter Capricornum et axem se uertentia, quae magnam partim numquam in conspectum ueniunt. mundus imo axe subnixus ea pars caeli est quae circulo antarctico continetur. III 356 sq. *sub uertice caeli | quem gelidus rigidis fulcit compagibus axis*, Auien. 89 sq. *illum* (axem) *. . . non incumbentis Olympi | cursus agit* **377** *altera pars orbis*, plaga temperata australis, *ἡ ἀντεύκρατοσ* **380** *diuersas umbras*, nostrae enim in septentrionem cadunt, illarum gentium in austrum, unde *ἀντίσκιοι* appellantur, Achill. isag. 31. Luc. IX 538 sq. *at tibi, quaecumque es Libyco gens igne dirempta, | in noton umbra cadit, quae nobis exit in arcton*, Cleom. I 7 *ὅταν περὶ μεσημβρίαν γένηται ὁ ἥλιοσ, τῶν μὲν τὴν βορείαν ἐχόντων ζώνην πρὸσ βορρᾶν ἀποκλίνουσιν αἱ σκιαί, τῶν δὲ τὴν ἀντεύκρατον ἡμῖν πρὸσ νότον.* hoc nec Scaliger nec Huetius intellexit: ceteri quid senserint nescio **laeua M, laeuam GL.** 'si et nos et illi facies obuertamus ad zodiacum, occasus illis erit ad laeuam, ortus ad dextram, quod contra fiet apud nos ad dextram occasum habentes, ortum ad laeuam' Huetius. eadem ratione, ut fingatur spectator ad zodiacum conuersus, signa a laeua in dextram uolui Manilius dicit II 273, 292 sq., 314, III 599, item interpolator II 284–6; sic etiam Plinius de nostris regionibus n.h. II 32 *illo* (mundo) *semper in dextram praecipiti*, 128 *a laeuo latere in dextram, ut sol, ambiunt*, 142 *laeua parte mundi ortus est*, at de australibus 184 *in India*

et dextros ortus caelo spectantia uerso.
nec minor est illis mundus nec lumine peior,
nec numerosa minus nascuntur sidera in orbem.
cetera non cedunt: uno uincuntur in astro,
385 Augusto, sidus nostro qui contigit orbi,

Patalis, celeberrimo portu, sol dexter oritur, umbrae in meridiem (id est austrum) *cadunt.* aliis contrarium placuit, Achill. isag. 35 *τινὲσ τῶν ἐξηγουμένων βούλονται ἔμπροσθεν μὲν τὰσ ῎Αρκτουσ, ὀπίσω δὲ τὸν νότον, δεξιὰσ δὲ τὰσ ἀνατολὰσ, ἀριστερὰν δὲ τὴν δύσιν ἔχειν*, quam sententiam ex Homeri uersibus Il. XII 239 sq. male intellectis fluxisse conicit: fuerunt in ea et Hyginus astr. I 5 *omnia a dextris partibus exoriri, in sinistris occidere* et ipse Aristoteles, qui causam adfert tanto ingenio dignam, de cael. II 2 9 *δεξιὸν ἑκάστου λέγομεν, ὅθεν ἡ ἀρχὴ τῆσ κατὰ τόπον κινήσεωσ· τοῦ δ' οὐρανοῦ ἀρχὴν τῆσ περιφορᾶσ, ὅθεν αἱ ἀνατολαὶ τῶν ἄστρων, ὥστε τοῦτ' ἂν εἴη δεξιὸν, οὗ δ' αἱ δύσεισ, ἀριστερόν.* tertia ratio, quae Pythagoreorum fuit, ibidem 10 commemoratur et multis locis, uelut Achill. isag. 28 (Maassii comm. Arat. p. 62, item pp. 67, 72, 96, 132, 352, Cleom. II 6) *δεξιὰ μὲν τὰ βόρεια, ἀριστερὰ δὲ τὰ νότια καλοῦσιν.* huius quoque opinionis, quam Lucanus III 248 et Manilius V 37, 105, 131 secuti sunt, duae fuerunt causae, altera a Cleomede I 1 adlata, *ἐμπρόσθια . . . τὰ πρὸσ τῇ δύσει . . . ἐπειδὴ ὡσ ἐπὶ δύσιν ἔχει τὴν ὁρμὴν (ὁ κόσμοσ)· ὀπίσθια δὲ τὰ πρὸσ τῇ ἀνατολῇ· . . . ὅθεν δεξιὰ μὲν αὐτοῦ τὰ πρὸσ ῎Αρκτον, εὐώνυμα δὲ τὰ πρὸσ μεσημβρίαν γενήσεται*, altera ab Achille isag. 35 *ἐπειδὴ αἱ ῎Αρκτοι ἐπὶ ἀνατολῶν ἐν δεξιᾷ κεῖνται, ἐν ἀριστερᾷ δὲ ὁ νότοσ* et a Vitruuio IX 4 6 *ad dextram orientis inter zonam signorum et septentrionem . . . ad sinistram orientis meridianisque partibus* significata, qui Orientem fingunt aduersa fronte nos spectantem, ut dextra pars eius nostrae sinistrae opposita sit

381 *spectantia*, sicut *ducentia*, nominatiuus est et ad *regna* u. 378 refertur. regna illa, nobis non transita, commune ex uno sole lumen ducunt, uersoque caelo diuersas umbras laeuaque cadentia signa et dextros ortus spectant **383 orbem** Bentleius, **orbe** libri: idem error in **GM** III 86. non, quemadmodum cometae, sic sidera in orbe siue caelo nascuntur, sed in horizonte nata in caelum scandunt. *nascuntur in orbem*, hominibus illam terrae partem habitantibus lucem praebitura oriuntur: II 791 *ab exortu caeli nascentis in orbem*, III 282 *orientia in orbem*, V 632 *fulgebit et orbi*; recte Fayus II 408 *Geminis orientibus orbi*, ubi libri *orbe* **385** *Augusto* nomen substantiuum generis masculini **qui** Bentleius, **quod** libri foeda oratione, *astro, sidus quod contigit*, cui similia sunt quae in codicibus leguntur II 303 sq., *signis, quae quinto quoque feruntur astra loco.* Augustus gentibus septentrionalem orbem habitantibus sideris instar contigit. ergo uiuo illo haec scripta sunt; si enim mortuus esset et inter deos relatus, nihilo magis ad septentrionalem quam ad australem orbem pertineret. princeps *astrum* et *sidus* dicitur eadem translatione qua Cleopatra Caesarem alloquens Luc. X 89 sq. *tu* inquit *gentibus aequum | sidus ades nostris* et ib. 35 sq. Alexander *sidus iniquum | gentibus* uocatur, Suet. Calig. 13 *laetissimo obuiorum agmine . . . sidus . . . appellantium*, Ouid. trist. II 167 *tui, sidus iuuenale, nepotes*, Hor. serm. I 7 24–6 *solem Asiae Brutum appellat, stellasque salubris | appellat comites excepto Rege: Canem illum, | inuisum agricolis sidus, uenisse*: aptissime A. Kraemerus de Manil. astron. an. 1890 p. 45 contulit titulum uiuo Augusto positum Phylis, Kaib. epigr. Graec. 978, *Καίσαρι ποντομέδοντι καὶ ἀπείρων κρατέοντι | Ζανὶ, τῷ ἐκ Ζανὸσ πατρὸσ, Ἐλευθερίῳ, | δεσπότᾳ Εὐρώπασ τε καὶ Ἀσίδοσ, ἄστρῳ ἁπάσασ | Ἑλλάδοσ, ὃσ Σωτὴρ Ζεὺσ ἀνέτειλε*

Caesar, nunc terris post caelo maximus auctor.
cernere uicinum Geminis licet Oriona
in magnam caeli tendentem bracchia partem
nec minus extento surgentem ad sidera passu,
390 singula fulgentis umeros cui lumina signant
et tribus obliquis demissus ducitur ensis,
at caput Orion excelso immersus Olympo
per tria subducto signatur lumina uultu.
[non quod clara minus sed quod magis alta recedant.]

μέγασ. obfuit interpretum nonnullis quod *orbis* nomen uu. 383 et 385 positum de caelo acceperunt, cum utrobique telluris plaga significetur **386**, ut nunc scribitur, sanus esse nequit: nam neque cum superioribus cohaeret oratio (cohaereret, si u. 385 scriberetur *quod contulit*), et sine sensu Caesar terris caeloque *auctor* dicitur nullius rei (neque enim, qui caelum auget, is caelo auctor est); quo uitio non animaduerso Kraemerus p. 32 mutata uerborum distinctione orationis structurae succurrere conatus est inutiliter. aut igitur recte uersum eiecit Breiterus Fleck. annal. uol. 139 p. 195 (modo ne una u. 385 damnasset et uerba *cetera non cedunt* tam incredibiliter interpretatus esset), aut *Caesar* pro glossemate habendum est et *pacis* uel *legum* uel alius genetiuus reponendus. hoc ut malim facit Germ. 2 *nobis, genitor, tu maximus auctor*; uide etiam Man. IV 552 *caeli post terras iura manebunt* **388 tendentem.** 'cum *magnam* dicat, non *distantem* et *remotam*, sequitur ut auctor scripserit **pandentem**' Bentleius collato V 550 *panduntur bracchia*, qui addere potuit Verg. georg. II 296 *pandens* et *tendens*, Aetn. 244 *pandant* et *tendant* in codicibus inueniri, et de eodem Orione Ciceronem 105 *late dispessum* dixisse et Auienum 722 *celso late se cardine pandit*. equidem quod Bentleio opponam non habeo: nam schol. Arat. 324 ἐν οὐρανῷ σφόδρα ἐκτεταμένοσ ἐστὶν ὁ Ὠρίων magis proceram staturam significat quam diducta bracchia; quod autem u. 389 sequitur *extento*, id neutro facit **389 ad M**, om. **GL**; facilius excidisset **in.** Il. Lat. 711 *gressum in sua castra referret* BGV, om. EL, *ad* MN **392 immersus** duo recentiores et Scaliger, **immensus GLM**: idem error 830. caput, cum reliquo corpore minus clarum sit (Erat. catast. 32 ἔχει ἀστέρασ ἐπὶ τῆσ κεφαλῆσ τρεῖσ ἀμαυρούσ), longius a nobis recedere uidetur. auersi uultus nulla in his uersibus significatio est: *subducto* u. 393 quid sit demonstrat Aetn. 34 *subducto regnant sublimia caelo* (sidera). Verg. Aen. X 763–7 *quam magnus Orion* | . . . *ingrediturque solo et caput inter nubila condit* **394** quaero cuiusnam rei causam aperiat uersus prauo uerbi modo conspicuus. *non quod minus clara* sint sidera caput signantia, *sed quod magis alta recedant* siue Latine malumus recedunt, propterea quid fit? num idcirco per ea caput signatur? hoc enim praecessit. tacent ceteri, respondet Iunonis deliciae Capitoliique seruator Elias Stoeberus 'fit inde, ut illae stellae minores appareant (uult dicere 'uideantur') eis, quae sunt nobis propiores.' atqui minores uideri poeta non dixit. interpolator, uersuum 408 sq. intempestiue memor, huiusmodi sententiam, 'caput propterea obscurius est, quia stellis longe recedentibus, etsi per se satis claris, figuratur,' uoluit efficere nec tamen potuit, uixere enim excordes ante Stoeberum multi: quae effecit, ea speciem quandam sententiae habent, sententiam nullam. accedit quod haec quorundam opinio a Gemino I 23 aliisque commemorata, fixa sidera alia aliis remotiora esse, a Manilio et a poetica astronomia aliena est

395 hoc duce per totum decurrunt sidera mundum.
subsequitur rapido contenta Canicula cursu,
qua nullum terris uiolentius aduenit astrum
nec grauius cedit. nunc horrida frigore surgit,
nunc uacuum soli fulgentem deserit orbem:
400 sic in utrumque mouet mundum et contraria reddit.

395 *totum* prorsus rectum est, siue omnia sidera Orion ducere dicitur, quorum longe maximum est et splendidissimum (v 12 *Orion magni pars maxima caeli*), seu, quod magis probo, proprie haec accipimus de signis in aequatore positis; haec enim per totum mundum decurrunt, cetera breuiores cursus habent. de eodem Orione 505 *toto decurrere mundo* (ubi *notio* Bentleius, ut hic *notium*), v 58 *maximus Orion magnumque amplexus Olympum* scilicet cursu suo; de aequatore I 576 *totum praecingit Olympum* **396 rapido** libri sane optime, ut 348 *rapido . . . cursu*, quamquam non debebat adscribi Verg. Aen. v 291 *rapido contendere cursu* (non *contendi*), quasi ea uerba Manilius imitatus sit. uereor tamen ne initio fuerit **rabido**, quod et magis proprium uidetur et raro librarii intactum relinquunt, apud Manilium quidem nusquam; nam II 211 *rabidique Leonis* solus **G** habet, *rapidi* **LM**, 550 *rabidique Leonis* v, *rapidi* **GLM**, v 208 *Canicula . . . rabit ore suo* editores, *rapit rapiet rapet* libri, 224 *rabit* **MV**, *rapit* **GL**; Germ. 611 libri partim *Canis rabidi* partim *rapidi*. exempla ex aliis scriptoribus sumpta adferre supersedeo, ἐπεὶ ψάμμοσ ἀριθμὸν περιπέφευγεν: unum dicam, in Stat. Theb. x 823 scribendum esse *sedit rabidi feritasque famesque | oris*, ubi *rapidi* codex optimus Puteaneus, ceteri *rabies*. Vergilius tamen georg. IV 425 *rapidus torrens sitientis Sirius Indos* dixit, quod minus apte Bentleius in *rabidus* mutauit, nam *rapidum aestum*, *rapidum solem* poetae frequentant **398 nunc** (n̄c) Breiterus de emend. Manil. an. 1854 p. 6 metri causa, de uera loci sententia nihil suspicatus, **nec** libri **surgit LM**, **saeuit G**, quem rapido contentus cursu subsequitur Breiterus post hunc uersum nullo interuallo in libris sequuntur **443** sqq., **399–442** ante **355** traiectis, ubi uide adnotata **399 nunc** idem Breiterus, **ne M**, **haec GL** **soli**,* **solis** libri: adhaesit *f*. Canicula uesperi oriebatur circa kal. Ian., frigore horrida; uesperi occidebat circa kal. Mai., orbem uernis nimbis remotis auctoque dierum spatio fulgentem deserens, ut is uacuus fieret soli aestatem inducturo: Verg. georg. I 217 sq. *candidus auratis aperit cum cornibus annum | Taurus, et auerso cedens Canis occidit astro.* ut hoc loco Canicula uacuum soli orbem deserere, sic III 380 sq. Phoebus tenebras relinquere sideribus dicitur; ut hic Manilius *fulgentem orbem*, sic Germanicus frag. IV 82 ab Ariete ad Taurum progrediens *uere magis nitido, Tauri cum sidere fulsit.* uespertinum autem Caniculae ortum u. 398 significari, non matutinum, qui medio fiebat mense Iulio, satis declarant quae sequuntur uu. 401–3; apparet enim praepostere de frugum euentu homines surgente mane Canicula quaesituros fuisse, cum in Italia *inter solstitium et Caniculam plerique messem facerent* teste Varrone r.r. I 32 1, in Graecia uero et Cilicia aliquanto maturius: uide etiam Colum. II 20 1 *cum matura fuerit seges, antequam torreatur uaporibus aestiui sideris, qui sunt uastissimi per ortum Caniculae, celeriter demetatur, nam dispendiosa est cunctatio*, Man. III 629 *tum* (solstitio) *Cererem fragili properant destringere culmo*, quod si facere negligunt, mox oriente Canicula praecipitur seges (Ouid. fast. IV 940) et messis coquitur (Pers. III 5). Aratus quae de aestiuo Caniculae ortu scripsit 332–5, ea non ad fruges pertinent uerum ad φυταλιάσ siue arbusta (Colum. x 400 sq.

hanc qui surgentem, primo cum redditur ortu,
montis ab excelso speculantur uertice Tauri,
euentus frugum uarios et tempora dicunt,
quaeque ualetudo ueniat, concordia quanta.
405 bella facit pacemque refert, uarieque reuertens
sic mouet, ut uidit, mundum uultuque gubernat.
magna fides hoc posse color cursusque micantis
ignis ad os. uix sole minor, nisi quod procul haerens
frigida caeruleo contorquet lumina uultu.
410 cetera uincuntur specie, nec clarius astrum
tinguitur oceano caelumue reuisit ab undis.
tunc Procyon ueloxque Lepus; tum nobilis Argo
in caelum subducta mari, quod prima cucurrit,

Canis . . . arboreos aperit fetus), sicut ne Cicero quidem de frugibus quicquam dixit de diu. I 130 *Ceos accepimus ortum Caniculae diligenter quotannis solere eruare coniecturamque capere, ut scribit Ponticus Heraclides, salubrisne an pestilens annus futurus sit*, quod mense Iulio uel aptissime faciebant. cur autem nullum astrum grauius cedere dicatur docet Plinius n.h. XVIII 285 a Scaligero comparatus, *Robigalia . . . aguntur a.d.* VII *kal. Mai.*, *quoniam tunc fere segetes robigo occupat . . . . . . uera causa est quod post dies undeuiginti ab aequinoctio uerno per id quatriduum uaria gentium obseruatione in* IV *kal. Mai. Canis occidit, sidus et per se uehemens et cui praeoccidere Caniculam* (sic a Plinio appellatur Procyon) *necesse sit*. nam Aratus, cuius uerba Manilius in toto hoc loco ita imitatur ut diuersam eis sententiam subiciat, cum dicit 336 κείνου καὶ κατιόντοσ ἀκούομεν, aliud significat, nempe Σειρίου οὐ μόνον τῆσ ἀνατολῆσ (mense Iulio) διὰ τὸ καῦμα καὶ τὸν πολὺν ὑπ' αὐτοῦ γινόμενον πυρετὸν αἴσθησιν λαμβάνομεν, ἀλλὰ καὶ δύνοντοσ αὐτοῦ (mane mense Nouembri) τῆσ ψύξεωσ αἰσθανόμεθα. uu. 398–400 deleuit Bentleius; ceteri, si saperent, coniecturas suas deleuissent **401 qui GM, quam L** **402** *Tauri*. 'in gratiam Arati dictum, qui Cilix fuit' Scaliger **403 dicunt LM, ducunt G, discunt** Bentleius **408 ignis ad os** * (=inirados), **in radios** libri transposita i littera, ut Cic. Phil. V 38 *maiestita* pro *maestitia*; unde factum est ut sequentia prorsus absurde ad Caniculae signum trahantur et uix sole minor dicatur quae multis partibus maior est. ea uero pertinent ad Sirium stellam lucidam in Caniculae ore fixam: Arat. 329–31 ἡ δέ οἱ ἄκρη | ἀστέρι βέβληται δεινῷ γένυσ, ὅσ ῥα μάλιστα | ὀξέα σειριάει, Cic. 112 *totus ab ore micans iacitur mortalibus ardor*, Germ. 334 *ore uomit flammam*, Auien. 726 sq. *plurimus ardor* | *aestuat in mento, multus rubor inbuit ora*, 732 *mento grauis effluit ardor*, Man. I 622 sq. *flagrantem* | *ore Canem*. ceterum praua consuetudine *gn* et *n* pronuntiando ac scribendo permutabant, cuius exempla sunt Verg. Aen. III 333 *renorum* M pro *regnorum*, XI 733 *inauia* M pro *ignauia*, Ouid. her. VII 10 *rena* P pro *regna*, ex Pont. II 9 70 *linis* et *lignis*, Hor. serm. II 3 291 *mane* et *magne*, Lucr. IV 429 *cogni* pro *coni*, Il. Lat. 337 *cigneidos* et *cineidos*, Man. V 609 *renauit* et *regnauit*; *s* autem et *r* litterae saepe confusae sunt, uelut 730, 738, 844, 874 **409** *frigida*, nullum ad nos calorem perferentia, ut 647 *gelidum lumen* **412 lepus LM, lupus G**

emeritum magnis mundum tenet acta periclis,
415 seruando dea facta deos. cui proximus Anguis
squamea dispositis imitatur tergora flammis;
et Phoebo sacer ales et una gratus Iaccho
Crater et duplici Centaurus imagine fulget,
pars hominis, tergo pectus commissus equino.

414 *emeritum* passiuo sensu pro merito non solum Silius posuit, qui VII 19 *emerito sacrum caput insere caelo* habet et XI 461 *emerito fulgent clara inter sidera caelo*, sed etiam, ne Bentleio credas Augusti aetate hoc non licuisse, Grattius 282 *neque emeritae seruat fastigia laudis*; praeterea Suetonius Aug. 24 *commoda emeritorum praemiorum.* iterum apud Manilium restituendum est V 245 *nec parce uina recepta | hauriet, emeritis et fructibus ipse fruetur*, id est quos ipse emeruit; libri *emiseris*   *acta periclis.* *agi periclis* nihil est; quod autem cod. Flor. *procellis* substituit, inepte in Argone commemorarentur procellae, de Cyaneis sileretur. *apta*, quod Ellisio in mentem uenit (uide 362 *mundum adeptus*, III 146 *rebus apiscendis*), post *emeritum* et *tenet* nimis inutiliter adicitur. aut igitur *acta* in *ante* mutandum uidetur aut scribendum *acta <la>certis*, ut praeparetur deum seruatorum mentio, quocum conferri possunt Ouid. her. XII 7 de Argone *iuuenalibus acta lacertis*, met. IV 706 *nauis . . . iuuenum sudantibus acta lacertis*, Val. Fl. I 441 *tuis Argo reditura lacertis*, Verg. Aen. V 141 *adductis spumant freta uersa lacertis*, Stat. Theb. V 141 *ualidis spumant euersa lacertis | aequora*, silu. IV 3 105 *remigum lacertis*, Theb. VI 78 *maiores . . . lacertos*, VIII 683 *quanto . . . lacerto*, Verg. Aen. V 422 *magna ossa lacertosque*, Tac. dial. 10 *immanes . . . lacertos*, Val. Fl. I 658 *magnis . . . ulnis*, Gratt. 257 *paruis . . . lacertis.* ita cum in II 109 *permissa* fa-*cultas* haustum esset *fa*, in **v** factum est *uoluntas*; in V 715 ex *terga* dra-*cones* **GL** *leones* fecerunt. uersus bucolici Einsidlensis II 21–24 (Baehr. PLM III p. 64) sic scribo, *ergo num dubio pugnans discrimine uati | aes negat huic aeuo solidum decus? aurea regna | Saturni rediere ales<q.> Astraea <la>certos, | totaque in antiquos redierunt saecula mores*: codex *pugnant . . . nati et . . . pecus . . . dies redit . . . certos*   *emerita et magnis tandem defuncta periclis* Bentleius collato Verg. Aen. VI 83 *tandem magnis pelagi defuncte periclis*   **415** *deos.* Apoll. Rhod. III 366 ἀθανάτων υἷέσ τε καὶ υἱωνοί, Catull. 64 23 *deum gens*, Val. Fl. I 1 *deum . . . natis*, Stat. Theb. III 518 *semideos . . . reges*   **416 tergora** Bentleius, **lumina** libri ridicule: flammae non imitantur squamea lumina sed ipsae lumina sunt et imitantur squamas: V 340 *turis stellis imitantibus ignem*, 417 *squamam stellis imitantibus*, I 342 sq. *imitata nitent cursumque habitumque sagittae | sidera.* adfert Bentleius 433 *squamea terga* (Verg. georg. III 426, Aen. II 219), 614 *squamosaque tergora.* de uocabulis dactylicae mensurae inter se commutatis dixit Marklandus in praefatione ad Statii siluas pp. IX–XI: exemplis ab eo collectis multa addi possunt, uelut Verg. georg. I 66 *solibus, frugibus*, Aen. X 486 *uulnere, pectore, corpore*, XI 60 *agmine, ordine*, Ouid. her. XVII 60 *nomine, sanguine*, met. X 501 *cortice, robore*, Luc. IV 131 *uimine, robore*, Stat. Theb. VIII 437 *pectora, uerbera*, X 481 *sanguine, puluere*, XI 49 *culmine, margine*, Ach. I 69 *gaudia, praemia*: nam *nomina numina munera, corpora pectora tempora* passim confunduntur   **419** *pars hominis*, homo dimidiatus, anth. Lat. Ries. 89 (P.L.M. Baehr. IV p. 280) *stat duplex nullo conpletus corpore Chiron.* alia ratione Claud. nupt. Hon. praef. 6

420 ipsius hinc mundo templum est, uictrixque solutis
Ara nitet sacris, uastos cum terra gigantas
in caelum furibunda tulit. tum di quoque magnos
quaesiuere deos; dubitauit Iuppiter ipse,
quod poterat non posse timens, cum surgere terram
425 cerneret, ut uerti naturam crederet omnem,
montibus atque altis aggestos crescere montes,
et iam uicinos fugientia sidera colles
arma importantis et rupta matre creatos
discordes uultu, permixtaque corpora, partus.
430 necdum hostem fieri sibi quemquam *aut* numina norat
si qua forent maiora suis. tunc Iuppiter Arae

Chiron . . . parte refusus equi, id est equina sui parte **420 hinc GL, hic M.** *hinc* (ordine proximum, ut 342) mundus suum templum habet; nam *ipsum* pro *se* Manilianum est. *mundi* cod. Monac. et Scaliger, quod qui mutatum sit non intellegitur **422 tum di** Scaliger, **timidi** libri **423 dubitauit GL, esurcione M**, id est *esurgere* ex uersu sequenti **424** *non posse*, ne non posset. *timere* cum accusatiuo et infinitiuo Liuius aliquotiens posuit, uelut II 7 9 *ego me . . . crimen subiturum timerem* pro *ne crimen subirem*: Manilius, quod in sperandi uerbo praeiuerat Vergilius Aen. IV 305 sq. *dissimulare . . . sperasti . . . posse nefas*, pronomen omisit, audacia eo magis notabili quod *timere* cum simplici infinitiuo alia significatione poni solet **425 ut,* et** libri. necessaria correctio, cum *crescere* u. 426 et *fugientia* u. 427 a *cerneret* suspensa sint, non a *crederet* **426 altis** Ellisius noct. Man. p. 9, **aliis** libri subinsulse. *alia* pro *alta* libri IV 308, *alium* in *altum* mutandum esse V 44 disserui in Classical Review uol. XVI pp. 343 sq. Ellisius attulit Sen. Ag. 342–4 *montes montibus altis | super impositi | struxere gradus trucibus monstris* **427 iam** Bentleius, **tam** libri. ut hic 426 *montes* 427 *colles*, sic II 772 *montibus* 773 *colles* **428** et **429** sine causa idonea deleuit Bentleius tamquam ab interpolatore fictos qui eos ante 422 inserere uoluerit **428** *importantis* ad *colles* refertur et regit *arma* et *partus* accusatiuos. non sane arma importabant colles, sed arma et gigantas, hoc est gigantas arma tenentes. Aetnae 50–2 *iam coaceruatas nituntur scandere moles, | impius et miles metuentia comminus astra | prouocat admotisque trementia sidera signis*, Ciris 32–4 *Typhon, | qui prius, Ossaeis consternens* (immo *consternans*) *aethera saxis, | Emathio celsum duplicarat uertice Olympum* **creatos LM, coactos G** **429** *discordes uultu, permixtaque corpora, partus.* hoc est ex rariore illo hyperbati genere, quo duorum membrorum orationis ex aequo positorum alterum alteri medium intericitur cum coniunctione, ut Ouid. trist. I 8 24 *supremo, dum licuitque, die*, met. IV 341 *ut uacuis, et inobseruatus, in herbis*, VIII 9 *inter honoratos, medioque in uertice, canos*, Luc. V 800 *fertur ad aequoreas, ac se prosternit, harenas*, VIII 343 *ab Hyrcanis, Indoque a litore, siluis*, Val. Fl. III 444 sq. *truncas nemorum, effigiesque uirorum, | rite locat quercus.* quamquam fieri potest ut hoc Manilii loco recte L^2 *uultum* fecerit, ut *uultum* et *corpora* a *discordes* adiectiuo pendeant **430 hostem fieri,* hostiferum** libri, *pestiferum* Scaliger, quod nimium est, nam ne gigantes quidem Ioui pestiferi fuerunt **aut** addidit Iacobus, quod

sidera constituit, quae nunc quoque maxima fulget.
quam propter Cetus conuoluens squamea terga
orbibus insurgit tortis et fluctuat aluo,
435 [intentans morsum similis iam iamque tenenti,]
qualis ad expositae fatum Cepheidos undis
expulit adueniens ultra sua litora pontum.
tum Notius Piscis uenti de nomine dictus
exurgit de parte noti. cui iuncta feruntur
440 flexa per ingentis stellarum Flumina gyros.

facile post *-am* intercidit **norat** Bentleius, **norant** libri. *necdum hostile sibi quicquam nec numina* idem Bentleius **432 fulget** duo recentiores et Bentleius, **fulgent GLM** falsa sententia, maiestas enim Arae est, non siderum. Ouid. fast. I 581 de Hercule *constituitque sibi, quae maxima dicitur, aram* **433** *propter.* hoc omnem fidem superat, ut Manilius Cetus iuxta Aram locatum esse uoluerit, planeque puto scribendum *contra*, quod per compendium exaratum ante *cet-* exciderit **435** deleuit Bentleius, quia monstrum illud Andromedam tenenti ualde dissimile esse et res ipsa probaret et poetarum consensus, Arat. 353 sq. *τὴν δέ, καὶ οὐκ ὀλίγον περ ἀπόπροθι πεπτηυῖαν* | *Ἀνδρομέδην μέγα Κῆτοσ ἐπερχόμενον κατεπείγει* (quod uerbum quid significet sunt qui nesciant), Cic. 139–41 *semotam procul in tutoque locatam* | *Andromedam tamen explorans fera quaerere Pistrix* | *pergit*, Germ. 356–9 *at procul expositam sequitur Nereia Pristis* | *Andromedam. media est solis uia, cum tamen illa* | *terretur monstro pelagi, gaudetque sub axe* | *diuerso posita*, Auien. 769 sq. *distantem Andromedam prolixi tramite mundi* | *perterret Cetos*, 768 sq. *horret squalentia monstri* | *terga procul.* accedit quod ne id quidem fieri potest, ut subintellegatur Andromedae nomen; nam hic uersus hoc loco positus aut significat *Arae intentans morsum, similis iam iamque tenenti Aram* aut nihil significat. tertium argumentum subicit Iacobus progr. Lubec. an. 1833 p. 20, uersus 434 et 436 sq. tam arte cohaerere ut haec uerba, quibus comparatio instituta alio atque poeta uelit auertatur, inter eos stare non posse uideantur. postremo, quod caput est, etsi a nullodum, quod sciam, animaduersum, *similis* adiectiuum quo referatur non habet, quoniam *Cetus* apud hunc et reliquos poetas neutri generis nomen est, V 15 (*biferum Cetum* recto casu libri, *Cetus* Regiomontanus), 658 *hoc*, Verg. Aen. V 822, Stat. Ach. I 55, Sil. VII 476, XI 480, XIV 253, Claud. cons. Stil. III 360, neque ullum noui paulo cultiorem scriptorem qui masculinum fecerit. cui autem credibile est Manilium in V 600 sq. *Ceti subeuntis uerberat ora.* | *nec cedit tamen illa uiro* feminino pronomine, ut subaudiretur *fera*, usurum fuisse si *ille* ponere licuisset? uersum ex Vergilio confictum esse Bentleius monuit, Aen. 754 sq. *iam iamque tenet similisque tenenti* | *increpuit malis*; idem fortasse post V 233, apto sane loco, inserendum putat **morsum similis G, morsu similis L, similem morsum M** **436** *qualis* ad *aluo* referendum esse ex eis quae paulo ante disputaui apparet. sic et *orbibus* et *aluo* suum habet epitheton: insurgit tortis orbibus et fluctuat tali aluo qualis aluus ultra litora pontum expulit '*expositae* absolute, ut Germanicus (356) *at procul expositam sequitur Nereia Pristis* | *Andromedam*' Bentleius *undis* adueniens, ablatiuo casu

439 iuncta Scaliger (*ἐγγύθι* Arat. 391), **cuncta** libri ut II 337 *cunctis* pro *iunctus*, IV 369 *cunctis* **GL** pro *iunctis*. cuncta siderum flumina ad Notium Piscem ferri falsissimum est; sed quid hoc ad Fayos Stoeberos Iacobos Bechertos? post **440**

440A *alterius magno fons exit ab Orione,*
alterius capiti coniungit Aquarius undas
Amnis, et in medium coeunt et sidera miscent.
his inter solisque uias Arctosque latentes,
axem quae mundi stridentem pondere torquent,
445 orbe peregrino caelum depingitur astris,
quae notia antiqui dixerunt sidera vates.
ultima, quae mundo semper uoluuntur in imo,
quis innixa manent caeli fulgentia templa,
nusquam in conspectum redeuntia cardine uerso,
450 sublimis speciem mundi similisque figuras
astrorum referunt. auersas frontibus Arctos
uno distingui medias claudique Dracone
credimus exemplo, quia mens fugientia uisus
hunc orbem caeli uertentis sidera cursu
455 tam *signo* simili fultum quam uertice fingit.

unum uersum inserui, quem proxime insequentia requirunt, ne addam parum uerisimile esse ut poeta Eridanum omiserit. ordo est 'alterius Amnis (Ἠριδανοῖο Arat. 360) fons ab Orione exit, alterius (καλέουσιν Ὕδωρ Arat. 399) capiti siue fonti Aquarius undas suas coniungit, et hi duo Amnes in medium coeunt.' Gemin. III 13 Ὕδωρ τὸ ἀπὸ τοῦ Ὑδροχόου, Ποταμὸσ ὁ ἀπὸ τοῦ Ὠρίωνοσ, Vitr. IX 5 3 *per speciem stellarum Flumen profluit, initium fontis capiens a laeuo pede Orionis. quae uero ab Aquario fundi memoratur Aqua profluit inter Piscis Austrini caput et caudam Ceti*; utrumque significat Manilius V 14 *Fluminaque errantis late sinuantia flexus.* quod duo in unum coire dicit, utrumque ad Cetus deferri testantur globus Farnesianus, Arat. 392–9, Hipparch. I 8 4, Hyg. astr. III 31; uereor tamen ne poetae haec scribenti obuersata sint Arati uerba εἰσ ἓν ἐλαυνόμενοι 365, quae tametsi Eridani mentioni subiciuntur, alio pertinent **441 alterius GM, ulterius** sine sensu **L** et inde a Bentleio editores, qui *capiti* de Notio Pisce dictum putant. Bentleius, cum dicit '*ulterius*, hoc est, magis uersus austrum,' fallitur inter **442** et **443** leguntur in libris **355–398**, ut supra monui **443**, **447–455** Arctos australes qui commemorarit praeter Manilium non noui: australem circulum pariter cum septentrionali ἀρκτικόν appellat Cleomedes I 4 **448 innixa V** sicut coniecerat Scaliger ed. 1, **innexa GLM templa LM, signa G 449 conspectum LM, conspectu G** *redeuntia* ad *ultima* (astra) u. 447 refertur, non ad *templa* u. 448 **450 speciem MU, specie GL 451 auersas*** (uel **obuersas**), **et uersas** libri. Vitr. IX 4 5 *Arctoe . . . pectoribus auersae*, Germ. 28 sq. *obuersa refulgent | ora feris. uersas* quo sensu dicatur non intellego; *et* uero hic poni non potuit, potuit *nam* **453 quia mens (quiams) fugientia** Scaliger ed. 1, **quamuis fulgentia** libri: *fulgens* pro *fugiens* scriptum est 583, IV 417, 625. uide III 363 *fugientia uisus* **455 tam signo,* cardine tam** libri. 'atqui *cardo* et *uertex* idem prorsus significant' Bentleius, quibus addi potest male sic collocari *tam* quasi cum *simili* coniungendum sit. causa omissi uocabuli

haec igitur magno diuisas aethere sedes
signa tenent mundi totum deducta per orbem.
tu modo corporeis similes ne quaere figuras,
omnia ut aequali fulgentia membra colore
460 deficiat nihil aut uacuum qua lumine cesset.
non poterit mundus sufferre incendia tanta,
omnia si plenis ardebunt sidera membris.
quicquid subduxit flammis, natura pepercit
succubitura oneri, formas disiungere tantum
465 contenta et stellis ostendere sidera certis.
linea designat species, atque ignibus ignes
respondent; media extremis atque ultima summis
creduntur: satis est si se non omnia celant.

patet **fingit** Scaliger, **pingit** libri ordo est 'mens hunc, de quo loquimur, orbem caeli sidera uisus nostros fugientia cursu suo uertentis, non modo uertice borealis uerticis simili, sed etiam signo Septentrionum simili, fultum esse fingit.' Seneca nat. quaest. III 16 4 de interioribus terrae partibus *crede infra, quidquid uides supra.* quod caeli orbem signo fultum dicit, uide 448. uerborum structura nihilo magis perplexa est quam Liu. III 1 4 *T. Quinctii ductu et auspicio agri capti priore anno aliquantum a Volscis esse*; omninoque plus sibi in hoc genere licere arbitrati sunt Latini quam aut critici concedere aut enarratores capere solent. ex Manilio adscribo III 515, IV 638 sq., 732, V 568 (ubi *illa dies* ab interpretibus coniungi uideo), 656–9 *laeua sub extremis consurgunt sidera Ceti | Piscibus Andromedam ponto caeloque sequentis. | hoc trahit in pelagi caedes et uulnera natos | squamigeri gregis*; nam de Valerio Flacco aliisque dicere infinitum est. in Verg. buc. X 65 sq. *si frigoribus mediis Hebrumque bibamus | Sithoniasque niues hiemis subeamus aquosae* quotus quisque intellegit genetiuum *hiemis* a *frigoribus* pendere

457 *deducta*, porrecta, ut 230, 279 **459 omnia ut G** et ex corr. **M, omni aut L, omnia aut M** **460 aut** Bentleius, **et** libri notissimo errore (Verg. Aen. XII 287 *aut* PR, *et* M, 330 *aut* MP, *et* R), qui redit 481. emendatio necessaria est, quis enim umquam hunc ad modum locutus est, 'ut nihil membra deficiat *et ulla parte* cesset'? **qua GLM, quia v, quid** Bentleius fortasse uere **cesset v, cessit GLM** **463, 464** *pepercit succubitura oneri*, pepercit oneri sic futuro, cui succubitura erat. longe meliore oratione Bentleius *quidquid subduxit, sibimet natura pepercit*, quamquam ex *flammis* facilius fit *damnis*. an excidit uersus unus, ut haec fuerit orationis forma, *quidquid subduxit flammis, natura pepercit <ipsa sibi, tanto magna subitaque ruina> succubitura oneri*? qua de suspicione uide ad 529 **464** *disiungere* libri, *distinguere* Bonincontrius, Scaliger, Bentleius, quod de formis aptius dici uidetur **465** 'sidus stellis constat, stellae sunt singularia corpora' Scaliger, quod ut hoc loco uerum est, ita poetae consuetudinem minus accurate exprimit; nam apud Manilium *stella* corpus lucidum significat, *signum* figuram e pluribus stellis formatam quam hodie appellamus constellationem, *astrum* et *sidus* utrumuis **467 media v, mediae GLM** **468** *creduntur* libri, *redduntur* Scaliger, quod saepe cum altero

praecipue, medio cum luna implebitur orbe,
470 certa nitent mundo tum lumina; conditur omne
stellarum uulgus, fugiunt nise nomine dignae.
pura licet uacuo tum cernere sidera caelo,
nec fallunt numero, paruis nec mixta feruntur.
    et, quo clara magis possis cognoscere signa,

commutatur, uelut 496 (**M**), Ouid. her. XIX 18, M. Sen. suas. VII 5. ego neutrum satis intellego, sicut ne illa quidem *ignibus ignes respondent*; respondent enim reapse minime. *ultima summis creduntur*, si sana lectio est, sic accipere cogimur, 'summa nobis fidem faciunt extare ultima.' **469** *cum implebitur, nitent.* III 601 sq. *quod fuerit laeuum praelataque signa sequetur*, | *tricenos annos duplicat, tris insuper addit*, V 270–2 *at cum per decimam consurgens horrida partem* | *Spica feret prae se uallantis corpus aristas*, | *aruorum ingenerat studium rurisque colendi*, 364–6 *Arcitenens cum se totum produxerit undis* | . . . *plumeus in caelum nitidis Olor euolat alis*; quae exempla propterea elegi quia metro tuta sunt *orbe*, cursu menstruo: sic Bentleius **470 tum** Postgatius silu. Man. p. 22 in reliquis falsus, **cum** libri. **lumina conditur M, luna caeditur GL.** ueterem interpunctionem reuocaui, quam habet Fayus: Scaliger et editores plerique orationem post *mundo* distinguunt. *cum luna conditur* Latine dici posse pro *luna praesente* non nego, ita enim Sen. Med. 95 *sic cum sole perit sidereus decor* (nam de ira III 18 3 *ut in xysto . . . inambulans quosdam ex illis cum matronis atque aliis senatoribus ad lucernam decollaret* ab hyperbato explicationem habet, *inambulans cum matronis*); sed turpiter post *cum lunā* in eadem parte uersus insequentis ponitur *cum lunā* **471** *stellarum uulgus*, V 736, Auien. 827–31 *stellae aliae . . . sunt mediae flammae* (gen. sing.), *steriles ac lucis egenae*, | *nam passim ignoti uice uulgi semet in aethram* | *protollunt* **nise nomine dignae,* sine nomine signa** libri. nullum in toto caelo extat sine nomine signum praeter unam nixam genu speciem, *τὸν ἐν γόνασιν*; signa autem lucente luna non fugere sed tum demum certa nitere his ipsis uersibus confirmatur: haec igitur cum animaduertisset Bentleius *signa* in *turba* mutauit haud sane probabiliter. de *dign-* et *sign-* confusis ad 355 dixi, de formis *nise* et *nesi* a librariis in *sine* mutatis in Journal of Philology uol. XXV pp. 227 sq.: non mutarunt Val. Fl. I 304 sq. *nec fatidicis auellere siluis* | *me nesi promisso potuit Saturnia caelo.* stellas nomine dignas Aratus *ὀνομαστάσ* uocat. ceterum ex hoc Manilii loco illustrari possunt Bacchylidis uersus IX 27–9 de Automede uictore Nemeaeo, quos nemo adhuc explicauit, Blassius etiam corrupit, *πενταέθλοισιν γὰρ ἐνέπρεπεν ὡσ* | *ἄστρων διακρίνει φάη* | *νυκτὸσ διχομήνιδοσ εὐφεγγὴσ σελάνα*, hoc est 'uelut stellarum lumina discriminat (minus claras restinguendo) medio mense collucens luna,' quod usu in utraque lingua satis frequenti significat 'qualis est luna, cum plena est, quo tempore stellarum lumina discriminare solet,' uerbo ad comparationem institutam nihil pertinente. sic explicationem accipit, in quo non sine causa haerebatur, plurali numero positum *φάη*; nam *φάη* poeta appellat quae apud astronomos *μεγέθη* dicuntur, quemadmodum Aratus de stellis quibusdam 90 *αἳ μὲν φαέων ἐπιμεμφέεσ, οὐδὲν ἀγαναί.* idem de aliis 78 sq. *κεῖνοί γε καὶ ἂν διχόμηνι σελήνῃ* | *εἰσωποὶ τελέθοιεν*, 188 sq. *οὐ μάλα πολλὴ* | *νυκτὶ φαεινομένη παμμήνιδι Κασσιέπεια* **472 pura** Scaliger ed. 1, **plura** libri. ueritatem iam a se repertam Scaliger non tenuit, ut Bentleio denuo inuenienda fuerit **473** *numero*, propter multitudinem **474 quo**

475 non uarios obitus norunt uariosque recursus,
certa sed in proprias oriuntur singula luces
natalesque suos occasumque ordine seruant.
nec quicquam in tanta magis est mirabile mole
quam ratio et certis quod legibus omnia parent.
480 nusquam turba nocet, nihil ullis partibus errans
laxius aut breuius mutatoue ordine fertur.
quid tam confusum specie, quid tam uice certum est?
ac mihi tam praesens ratio non ulla uidetur,
qua pateat mundum diuino numine uerti
485 atque ipsum esse deum, nec forte coisse magistra,
ut uoluit credi, qui primus moenia mundi
seminibus struxit minimis inque illa resoluit;
e quis et maria et terras et sidera caeli
aetheraque immensis fabricantem finibus orbes
490 soluentemque alios constare, et cuncta reuerti
in sua principia et rerum mutare figuras.
quis credat tantas operum sine numine moles

GM, **quod L** **475** *que* ad negationem continuandam adhibitum hic et passim Bentleius in *ue* mutauit. exempla particulae sic positae apud Manilium et alios poetas tam sunt frequentia ut omnia scribarum errore orta esse non possint: ergo retinenda sunt omnia, nisi alia accesserit offensio, ut III 15. ac tamen ex toto numero nullus unus locus est qui corruptus esse nequeat; nam librarii quam caeco impetu *que* pro *ue* substituerint ostendit codex Palatinus in Verg. buc. III 60 *ab Ioque principium* exhibens **476 singula** optime Bentleius, **sidera** libri, cum tamen sententiae subiectum in u. 474 adsit. pro *singula* scriptum fuerat *signa*, ut est in **M** u. 559, tum metri causa substitutum *sidera.* idem mendum IV 302 iterum sustulit Bentleius *in proprias luces* Bentleius interpretatur 'statis anni diebus,' nescio quam recte; potest enim sic dictum esse ut V 38 *suos puppis consurgit in ignis* quaeque praeterea ad 341 attuli **480 errans** Lucianus Muellerus in mus. Rhen. an. 1862 p. 189, **errant M** Muellero ignotus, **errat GL**, quod qui seruabit, ei uerba sic struenda erunt, *nihil laxius aut breuius errat*, inutiliter errandi uerbo adiectis aduerbiis **481 laxius GL**, **partibus M** **aut breuius** Bentleius, **aut** iam Carrio ant. lect. III 19, **et leuius** libri nec oratione nec sententia tolerabili. Germ. phaen. 475 codices partim *breuius* partim *leuius*, Nem. buc. III 33 partim *breue* partim *leue*: de *aut* cum *et* confuso uide ad 460 **484 qua MU**, **quam GL** **487** *struxit.* non solum poetae sic loquuntur, sed eodem modo Aristoteles *τὸ γεννᾶν* usurpat **488** *quis*: uide ad 173 adnotata **489 immensis** Bentleius, **immensos** libri sequentibus Iacobo et Becherto, cum praesertim nec immensi sint orbes et *finibus* per se positum sensu uacet. ceterum parum diligenter Manilius sub aetheris nomine comprehendit Epicuri inane, quod intra fines suos, qui immensi sint, orbes siue mundos fabricare dicit **492** sumitur *creatas* ex *creatum* in altero membro orationis *ἀπὸ κοινοῦ*

ex minimis caecoque creatum foedere mundum?
si fors ista dedit nobis, fors ipsa gubernet.
495 at cur dispositis uicibus consurgere signa
et uelut imperio praescriptos reddere cursus
cernimus ac nullis properantibus ulla relinqui?
cur eadem aestiuas exornant sidera noctis
semper et hibernas eadem, certamque figuram
500 quisque dies reddit mundo certamque relinquit?
iam tum, cum Graiae uerterunt Pergama gentes,
Arctos et Orion aduersis frontibus ibant,
haec contenta suos in uertice flectere gyros,
ille ex diuerso uertentem surgere contra
505 obuius et toto semper decurrere mundo.
temporaque obscurae noctis deprendere signis
iam poterant, caelumque suas distinxerat horas.
quot post excidium Troiae sunt eruta regna!
quot capti populi! quotiens fortuna per orbem
510 seruitium imperiumque tulit uarieque reuertit!
Troianos cineres in quantum oblita refouit
imperium! fatis Asiae iam Graecia pressa est.
saecula dinumerare piget, quotiensque recurrens
lustrarit mundum uario sol igneus orbe.
515 omnia mortali mutantur lege creata,
nec se cognoscunt terrae uertentibus annis
exutas, uariantque uicem per saecula gentes.
at manet incolumis mundus suaque omnia seruat,
quae nec longa dies auget minuitque senectus

posito **497** nullorum properatione effici ut ulla relinquantur **505** *toto* cum Scaliger falso interpretatus esset iniuria in *notio* mutauit Bentleius. Orion in circulo aequinoctiali positus, qui *totum praecingit Olympum* u. 576, maximos orbes totumque mundum complectentes decircinat, minores polo affixa Arctos. uide quae ad 395 dixi **509** *orbem*, uices **514** **lustrarit G, lustrari M, lustraret L** *orbe*, cursu **516, 517** *uertentibus annis exutas*. Hor. epist. II 2 55 *singula de nobis anni praedantur euntes* **517** **uariantq. uicem** * (=**uariamaficem**), **uariant** iam Scaliger, **uariam faciem GL** (**lunariam exutam faciem M**, hoc est **in uariam**). faciem gentes non ferme uariant sed satis fideliter conseruant; et requiritur uinculum orationis. Verg. Aen. IX 164 *uariantque uices*. exutae uariam faciem gentes, quas inter alia portenta apud Bechertum inuenio, gentes sunt quae uariam faciem deposuerunt, sumpserunt faciem non

520 nec motus puncto curuat cursusque fatigat:
idem semper erit quoniam semper fuit idem.
non alium uidere patres aliumue nepotes
aspicient. deus est, qui non mutatur in aeuo.
numquam transuersas solem decurrere ad arctos
525 nec mutare uias et in ortum uertere cursus
auroramque nouis nascentem ostendere terris,
nec lunam certos excedere luminis orbes
sed seruare modum, quo crescat quoue recedat,
nec cadere in terram pendentia sidera caelo
530 sed dimensa suis consumere tempora gyris,
non casus opus est, magni sed numinis ordo.
haec igitur texunt aequali sidera tractu
ignibus in uarias caelum laqueantia formas.
altius his nihil est; haec sunt fastigia mundi;
535 publica naturae domus his contenta tenetur
finibus, amplectens pontum terrasque iacentis.
omnia concordi tractu ueniuntque caduntque,
qua semel incubuit caelum uersumque resurgit.

uariam **520 puncto M, ponto GL** **curuat GM. currat L** *motus* et *cursus* nominatiuos esse singularis numeri recte intellexit Bechertus. II 80 *motus alit, non mutat opus*, Lucr. V 1213 sq. *quoad moenia mundi* | *solliciti motus hunc possint ferre laborem* *puncto*, ne minima quidem ex parte *curuat*, Anglice 'warps.' **521 fuit idem G, fuit isdem LM** **526** *nouis terris* ablatiuus

post **529** sequuntur in libris **566–611**, tum **530–565** (quibus in **M** adhaerent **565A** et iterum scripti **566 567**), tum **612** sqq.: **530–563** huc reuocauit Scaliger. uidimus ad 355 in codice aliquo nostrorum parente (quem archetypum dicent qui quid critici ea uoce significent ignorant) singulas scidas uersus XLIV habuisse, quarum duae, uersus 355–398 et 399–442 continentes, locum inter se mutarint. iam a 442 ad 529, post quem noua haec facta est transpositio, uersus numerantur LXXXVII, cum ratio requirat LXXXVIII siue scidas duas; ut aut titulus *de aeternitate mundi*, quem et **G** et **M** (nam de **L** siletur) ante 483 exhibent, iam in illo exemplari fuisse, aut unus uersus postea excidisse uideatur, fortasse post 463, ubi uide adnotata. de ipsa uersuum 530–611 perturbatione dicetur post 563 **530 gyris,* signis** libri, qua de mutatione dixi ad 331. non signis, quae congregatae efficiunt, uerum cursibus, quibus caelum lustrant, stellae tempora consumunt. III 515 *sol . . . annua . . . lustrans consumit tempora mundum*, I 503 *contenta suos in uertice flectere gyros* **532** *texunt aequali tractu caelum*, 556 *aequali spatio texentia caelum.* alio sensu *tractu* dicitur u. 537 **533 uarias caelum M, caelum uarias GL** **535 contenta GL, ē tecta M,** id est **c̄tecta,** quod uerum esse uix potest, etsi non sane optime dicitur *contenta tenetur*, de quo uide ad 271

ipse autem quantum conuexo mundus Olympo
540 obtineat spatium, quantis bis sena ferantur
finibus astra, docet ratio, cui nulla resistunt
claustra nec immensae moles caeciue recessus;
omnia succumbunt, ipsum est penetrabile caelum.
nam quantum a terris atque aequore signa recedunt
545 tantum bina patent. quacumque inciditur orbis
per medium, pars efficitur tum tertia gyri
exiguo dirimens solidam discrimine summam.
summum igitur caelum bis bina refugit ab imo
astra, *e* bis senis ut sit pars tertia signis.
550 sed quia per medium est tellus suspensa profundum
binis a summo signis discedit et imo.
hinc igitur quodcumque supra te suspicis ipse,

539 *conuexo mundus Olympo obtineat* adiectionis uitium habere uidentur; Olympus enim a mundo non differt, neque his uerbis quicquam significatur nisi *mundus conuexitate sua obtineat.* plurimum in hoc genere audet Propertius, uelut I 11 11 sq. *teneat clausam tenui Teuthrantis in unda | alternae facilis cedere lympha manu*, 20 17–20 *ferunt olim Pagasae naualibus Argon | egressam . . . . . . Mysorum scopulis adplicuisse ratem*, 22 6–8 *puluis Etrusca . . . . . . tu nullo miseri contegis ossa solo*, IV 11 31 *altera maternos exaequat turba Libones*, quibus adiungendum censeo III 9 15 *Phidiacus signo se Iuppiter ornat eburno* (hoc est, Phidiacum Iouis signum eburneum est); apud ceteros rariora exempla sunt, Verg. Aen. I 246 *it mare proruptum et pelago premit arua sonanti*, Germ. 141–4 *ignis . . . clunibus hirsutis . . . qui sua sidera reddit*, Ciris 54–7 *illam* (Scyllam) . . . . . . *Scyllaeum monstro saxum infestare uoraci*, Val. Fl. IV 658 *Cyaneae iuga praecipites inlisa remittunt*, Sil. V 395 sq. *pater Oceanus quom saeua Tethye Calpen | Herculeam ferit*, Auien. 269 *rutilo sidus magis aestuat astro*, denique Man. IV 603 *teque in uicinis haerentem, Gallia, terris* (nullae enim praeter Galliam terrae Hispanis uicinae significantur), 644 **542 caeciue** (= **caedue**) Bentleius, **caeduntque** uel **ceduntque** libri. semper quidem cedunt recessus, neque enim alioquin id nomen accepissent; sed quomodo rationi cedere dicantur non intellego, qui quanto magis cedunt tanto minus penetrari possunt. editoribus *cedere* et *patefieri* pro eodem esse suspicor **544–556**, Arat. 541–3, Cic. 313–6, Germ. 526–9, quem locum emendaui in Classical Review uol. XIV p. 33, Auien. 1034–45 **545 quacumque L, quaecumque G, quarumque M** '*orbis* hic non est mundus, sed quiuis circulus' Bentleius **547** solidam summam in tres partes ita dirimens ut exigua particula supersit, ex Archimedis sententia inter $\frac{1}{7}$ et $\frac{10}{71}$. Macr. somn. Scip. I 20 16 *omnis diametros cuiuscumque orbis triplicata cum adiectione septimae partis suae mensuram facit circuli quo orbis includitur* **549 e bis** Bentleius, **bis** libri, **bis e** Ellisius, quod alteri non praestare ostendunt quae ad 173 adnotaui. adscribo tamen Moreti uersum 18 *quae bis in octonas excurrit pondere libras* **552** *hinc*, e terra *quodcumque* accusatiuus est notionis uerbo *suspicis*, quod intransitiue hic ponitur, cognatae, ut *quodcumque suspicis*

qua per inane meant oculi quaque ire recusant,
binis aequandum est signis ; sex tanta rotundae
555 efficiunt orbem zonae, qua signa feruntur
bis sex aequali spatio texentia caelum.
nec mirere uagos partus eadem esse per astra
et mixtum ingenti generis discrimine fatum,
singula cum tantum teneant tantoque ferantur
560 tempore sex tota surgentia sidera luce.
restat ut aetherios fines tibi reddere coner
filaque dispositis uicibus comitantia caelum,

significet *quemcumque suspectum habes* siue, ut ait Vergilius Aen. vi 579, *quantus ad aetherium caeli suspectus Olympum.* Arat. 541–3 ὅσσον δ' ὀφθαλμοῖο βολῆσ ἀποτείνεται αὐγή, | ἑξάκισ ἂν τόσση μιν ὑποδράμοι· αὐτὰρ ἑκάστη | ἴση μετρηθεῖσα δύω περιτέμνεται ἄστρα, Cic. 313–6 *et quantos radios iacimus de lumine nostro, | quis hunc conuexum caeli contingimus orbem, | sex tantae poterunt sub eum succedere partes, | bina pari spatio caelestia signa tenentes* **553** Auien. 1038–40 *medio de tramite si quis | derigat obtutus agilis procul, hosque locorum | defessos longo spatio tener amputet aer* **554 sex tanta G** sicut coniecerat Scaliger, **sex tantam L, sextante M** **557 nec.** concinnius esset *caelum, | ne mirere* cet. ita, *ne mirere,* prorsus eadem condicione libri uniuersi 859 et ii 951, item **LM** coniunctim *ne mirere* ii 201 et 423 (*nec* **G**), **M** *ne mirere* iv 393 (*nec* **GL**), *ne sit mirandum* ii 577 (*nescit* **GL**, *nec sit* **v**) ; ii 714 *ne uagus . . . erres* restituit cod. Flor., ubi **GLM** *nec* habent ; in i 904, ubi *nec mirere* **GL**, *ne* **M**, utrique praestat *neu* ; item *neu talis mirere* conicio v 231, ubi omnes *nec.* in i 91 recte **G** *ne uulgata canam, nec* **LM** ; in iv 933 omnes *ne dubites* **560** negat mirum uideri oportere quod homines, ut ait ii 707 sq., *quamquam signis nascantur eisdem, | diuersos referant mores,* causamque, cur non oporteat, adicit, 'cum singula tantum spatii (duodecimam orbis partem) teneant et'—quid expectamus ? ego, ut Bentleius, 'et cum tanto tempore (binis fere horis) surgentia ferantur.' at horum in locum cum graui sententiae perturbatione substituuntur 'et cum tanto tempore ferantur *sex tota surgentia sidera luce,*' in quibus primum oratio de duodecim sideribus instituta subito ad sex digreditur (nam si quis subiectum uerbi *ferantur* ex *astra* u. 557 posito repetere malet, ne Latinum quidem erit *sex surgentia sidera* pro ablatiuo absoluto), deinde sic *tota luce* dicitur quasi luce oriantur sidera, nocte non oriantur. aut igitur recte Iacobus, etsi de uniuersa sententia falsus, uersum post 560 excidisse suspicatus est (qui talis fuisse potest, *et longa totidem linquentia nocte profundum,* cui aliqua ex parte similes sunt Aetnae 235 A *sex cum nocte rapi, totidem cum luce referri,* Cic. 336 sq. *sex omni semper cedunt labentia nocte, | tot caelum rursus fugientia signa reuisunt*), aut scribendum est *tantoque ferantur | temporis ex alto surgentia sidera* <*tra*>*ctu,* hoc est tanto temporis tractu (Plin. n.h. ii 81 *quae recta in exortu suo consurgunt signa longiore tractu tenent lucem, quae uero obliqua ociore transeunt spatio,* Luc. vii 241 *exiguo tractu ciuilia bella*) ; nam in uerborum ordine non haerebit qui quae ad 455 attuli considerauerit **561–602** describuntur circuli paralleli, arcticus, aestiuus, aequinoctialis, brumalis, antarcticus, in qua parte conuenit Manilio cum Gemin. v 46 et Achill. isag. 26 ; nam Aratus primum et ultimum, utpote loco mutabiles, per quae derigitur signorum flammeus ordo.

* * * * *

566 [circulus ad boream fulgentem sustinet Arcton
sexque fugit solidas a caeli uertice partes.]
alter ad extremi decurrens sidera Cancri,
in quo consummat Phoebus lucemque moramque
570 tardaque per longos circumfert lumina flexus,
aestiuom medio nomen sibi sumit ab aestu,

omisit **563** *signorum*, siderum uniuersorum ; male enim Scaliger zodiacum intellegit et eo nomine poetam reprehendit **564** et **565**, quos proxime ante 612 in codicibus legi dixi ad 529, deleuit Scaliger, **565** et **566** Iacobus, quattuor uersus **564–567** ego. nam cum scidae ita essent transpositae ut uersum 563 exciperet 612 deessetque nouae sententiae initium alio abreptis 609–611, interpolator id quod aberat reciperauit scribendo <564 *circulus a summo nascentem uertice mundum* (hoc est partem caeli a polo septentrionali incipientem) | 565 *permeat, Arctophylaca petens per terga Draconis,* | 565A (qui uersus in solo **M** comparet) *tangit et Erigonen, Chelarum summa recidit,*> | 612 *extremamque secans Hydram* etc., ad sententiam quidem satis recte, haec enim colurum aequinoctiorum describunt, de quo Manilius in uersibus auulsis 609–611 *alter ab excelso decurrens limes Olympo* | *Serpentis caudam siccas et diuidit Arctos* | *et iuga Chelarum medio uolitantia gyro,* Martianus VIII 832 *a cardine mundi per caudam Draconis ad sinistrum Arctophylacos ductus dextrum Virginis pedem sinistrumque contingit, in quo octaua pars Librae est.* itaque illi uersus 564 et 565 ante 612 relinquendi sunt, non, ut fecit Iacobus, cuius uersuum numerationem, ne lectoribus molestiam creem, inuitus sequor, una cum 530–563 huc traiciendi, quasi ullo pacto ad arcticum circulum referri possint. iam ut ad 566 et 567 pergam, hi similem ob causam suppositi esse uidentur, cum proxime post 529 legeretur 568 *alter*, ut arctici circuli mentionem deesse manifestum esset ; nam 566 subditicium esse oratio arguit, *circulus ad boream* pro circulo boreali posito ; 567 autem, uersiculum per se satis bonum, ut simul eiciam eo permoueor quod numerus XLIV (tot enim uersus in singulis scidis scriptos fuisse uidimus) a u. 611 retro ductus in u. 568 desinit, ut eum scidae sua sede motae principem fuisse consentaneum sit, et ut Maniliana circuli arctici descriptio, in fine prioris scidae exarata, simul cum ceteris, quae post 563 periisse mox apparebit, intercidisse uideatur. quid iam de Becherto dicemus, qui haec pro Manilianis edidit, *circulus a summo nascentem uertice mundum* | *permeat Arctophylaca petens per terga Draconis,* | *circulus ad boream. fulgentem sustinet Arcton,* coluri descriptionem ad arcticum circulum trahens, cum praesertim is neque mundum a summo uertice nascentem permeet, neque Arctophylaca petat (nedum *Arctophylăca*, quem solus sine riuali petit Bechertus), neque per terga Draconis ducatur ? ceterum recte sensit Iacobus ante u. 567 uel 568 excidisse praeter arctici circuli mentionem uersus aliquot de meridiani in LX partes diuisione ab Eudoxo facta ; quae nisi prius exposita esset, intellegi non potuerunt quae sequuntur. exciderunt autem, ut uidetur, uersus X, tot enim ad 530–563 adiecti efficiunt XLIV ; nisi numerandus est titulus *de magnitudine et latitudine mundi et signorum* ante 539 scriptus **571** *aestiuum* illi circulo *nomen* non est, neque enim *aestas* appellatur uerum *aestiuus* ; itaque Lannoius *aestiui* coniecit, probauit Bentleius. sed *aestiuum* masculini est generis ; nam

temporis et titulo potitur, metamque uolantis
solis et extremos designat feruidus actus,
et quinque in partes aquilonis distat ab orbe.
575 tertius in media mundi regione locatus
ingenti spera totum praecingit Olympum
parte ab utraque uidens axem, qua lumine Phoebus
componit paribus numeris noctemque diemque
ueris et autumni currens per tempora mixta,
580 cum medium aequali distinguit limite caelum;
quattuor et gradibus sua fila reducit ab aestu.
proximus hunc ultra brumalis nomine limes
ultima designat fugientis limina solis,

ille circulus aestiuum (masc.) *sibi nomen sumit* tam recte dicitur quam hoc, *nomen illi circulo aestiuus est* **572 metam** duo recentiores et Bentleius, **meta GLM** propter *titulo potitur.* praue meta ab actibus distrahitur, praue ad titulum adiungitur; sed praua Iacobus et Bechertus non solent sentire

573 *extremos actus.* hinc patet in IV 162 sq. scribendum esse *Cancer ad ardentem fulgens in cardine metam,* | *quam Phoebus summis reuocatus cursibus* (*curribus* libri) *ambit* **576** *spera* cum superiores pro *sphaera* habuissent, quid sententia requireret uidit Scaliger, sed nimis curiose scripsit *spira.* Graecum ειρ Latini saepe per *e* extulerunt, *Teresia* libri Horatiani paene omnes serm. II 5 1, *Perithoo* maior pars carm. IV 7 28, *Perithoum* codex Romanus Vergilii Aen. VI 601 idemque *Serius* georg. IV 425, item *Serius* liber optimus Auieni Arat. 1234, ut in Aetnae uersu 246 pro *setius* non tam *Sirius* quam *Serius* scribendum sit; in Val. Fl. I 356 pro *Crestus* Heinsius P-*iresius* reposuit, debuit P-*eresius*; in Auien. 248 duplicem scripturam *spiram sprcta* ad *speram* redire puto. iterum apud Manilium restituendum est *spera* III 364, ubi libri *semper*, Bentleius *spira* **577 qua,* quo** libri ob causam perspicuam. *quo* seruato Huetius *limite,* quod idem Scaligerum uoluisse ex eius adnotatione apparet, Bentleius *culmine*; uerum nec bene haec dicuntur, '*quo limite* sol diem nocti parem facit, cum *aequali limite* caelum distinguit,' nec *culmine* pronominis adiectionem pati uidetur, tamquam plura sint culmina. *limine,* quod mero errore ex ed. 1 retentum apud Scaligerum inepte legitur, quasi limen medium esse possit, amplexi sunt docti existimatores Iacobus et Bechertus, qui uersu 583, ubi *limina* necessarium est, *lumina* retinent. *qua* est *in quo circulo*: Cic. 287 sq. *in quo autumnali atque iterum sol lumine uerno* | *exaequat spatium lucis cum tempore noctis,* Germ. 496 sq. *in quo cum Phoebus radiatos extulit ignes* | *diuidit aequali spatio noctemque diemque.* eritne qui *quo* retineat et *circulo* subaudiendum esse doceat? **580 limite LM, lumine G**

581 *reducit* circulus, non Phoebus: sic 588 *iacet* limes, non, qui propius praecessit, sol *aestu,* puncto solstitiali **582 limes** Breiterus et Ellisius, uterque mense Iunio anni 1893, alter Fleck. annal. uol. 147 p. 418, alter Hermath. uol. 8 p. 271, **timens M** (ita 787 *parens* **GL,** *patens* **M,** pro *pares,* II 315 *uolens* **GL** pro *uoles*), **tingens L, cingens v, tangens G, gaudens** Bentleius. *cingens,* quia in **v** scriptum est, Iacobus, *tangens,* quia in **G,** Bechertus recepit; quorum quod neutrum ne Latinum quidem est, id non curant mancipia proba et frugi, dum erili imperio obsequantur **583 fugientis limina** Scaliger,

inuida *cum* obliqua radiorum munera flamma
585 dat per iter minimum nobis, sed finibus illis,
quos super incubuit, longa stant tempora luce
uixque dies transit candentem extenta per aestum;
bisque iacet binis summotus partibus orbis.
unus ab his superest extremo proximus axi
590 circulus, austrinas qui stringit et obsidet Arctos.
hic quoque brumalem per partes quinque relinquit,
et, quantum a nostro sublimis cardine gyrus,
distat ab aduerso tantumdem proximus illi.
[sic tibi per binas uertex a uertice partis
595 diuisus duplici summa circumdat Olympum
et per quinque notat signantis tempora fines.]
his eadem est uia quae mundo, pariterque rotantur
inclines, sociosque ortus occasibus aequant,

fulgentis lumina ignaue libri et editorum ignauissimus quisque. haec *ultima limina* respondent illis *metam* et *extremos actus* uu. 572 sq. **584 inuida cum** Bentleius, **inuidaque** iam Scaliger, **inuiaque** libri. *inuida* uisum est *inuiaq.*, tum metri causa omissum *cum*, quod sententiae necessarium est, neque enim brumalis circulus *iter minimum* peragit, sed in eo positus sol. elisio minus dura est quam II 521 *altera quae in bellum*, 770 *cum omnia*. *inuida* idem significat quod III 339 *malignos*: *inuia munera* quae sint ab Iacobo audieris melius **585 nobis M, uobis GL** **588** uide quae ad 581 monui **590 haustrinas** cod. Vatic. unus, **austrinus GL, astrinu M** **594–596** deleui. Manilium, cum u. 573 *quinque partes*, 588 *bis binis partibus*, 591 *partes quinque* ita dixisset ut sexagensimas orbis partes significaret, hoc uersu 594 *binas partes* posuisse pro binis dimidiis partibus siue hemicycliis, addita, ne lateret inconstantia, *sic* particula, ne tum quidem uerisimile esset si cetera uitio carerent; recteque hactenus Bentleius *sic per tricenas* requirebat. sed supersunt alia menda nihilo leuiora. *uertex a uertice per binas partes diuisus circumdat Olympum* dici potuisse pro *binae partes uerticem a uertice diuidentes Olympum circumdant* non audeo negare; sed quomodo aut uertex aut bini isti semicirculi Olympum notare possint per quinque fines e transuerso ductos nemo facile dixerit: fines uero tempora signantes (quae uerba ex u. 607 petita sunt) non quinque sunt numero, sed tres omnino, aestiuus, aequinoctialis, brumalis, quoniam nec arcticus nec antarcticus ullam temporis significationem habet. nam illud non urguebo, finium nomen u. 596 positum efficere ut uersibus 601 sq. fines fines seruare dicantur. haec igitur illi interpolatori tribuo quem iterum in partium uocabulo offendentem deprehendemus u. 682 **598** *inclines*, proni; nemo enim opinor ἀπλανέεσ interpretatus esset nisi ea uox in quibusdam Arati codicibus legeretur pro ἀπλατέεσ u. 467. ἀπλανεῖσ καὶ ἀκλινεῖσ illos circulos esse poeta uersibus demum 601 sq. dicturus est. similiter IV 862 sq. de casu siue eclipsi per zodiacum progrediente *non ut pugnet contrarius orbi*, | *sed, qua mundus agit cursus, inclinet et ipse* et I 291 *inclinari* pro *circumagi* *ortus* et *occasus* nullo nostrarum gentium respectu habito dicuntur, quibus arctici circuli nulla

quandoquidem flexi quo totus uoluitur orbis
600 fila trahunt alti cursum comitantia caeli,
interualla pari seruantis limite semper
diuisosque semel fines sortemque dicatam.
sunt duo, quos recipit ductos a uertice uertex,
inter se aduersi, qui cunctos ante relatos
605 seque secant gemino coeuntes cardine mundi
transuersoque polo rectum ducuntur in axem,
tempora signantes anni caelumque per astra
quattuor in partes diuisum mensibus aequis.
alter ab excelso decurrens limes Olympo
610 Serpentis caudam siccas et diuidit Arctos
et iuga Chelarum medio uolitantia gyro,
564 [circulus a summo nascentem uertice mundum
permeat Arctophylaca petens per terga Draconis,
565A tangit et Erigonen, Chelarum summa recidit,]
612 extremamque secans Hydram mediumque sub astris

pars occidit, antarctici nulla oritur; sed cogitatur spectator in terrae aequatore positus, ubi qui constiterit, is semper cuiusque paralleli dimidium cernet, dimidium quaeret **599 flexi** * (= **stexi**), **sexti GL**, **sexto M**. circuli in eam partem flexi atque curuati sunt in quam orbis uoluitur, hoc est derecto in occidentem, neutrum ad polum uersus declinantes *secti qua* Bentleius, quemadmodum Ouidius met. II 130 *sectus in obliquum est lato curuamine limes*. recta sententia, translatione ad illud *fila trahunt* minus accommodata. leuissime Scaliger *texto*, Fayus *textu* coniecerunt, quibus lineae geometricae, *οὐκ αἰσθηταὶ ἀλλὰ νοηταὶ καὶ ἀπλατεῖσ, λόγῳ θεωρηταί, ἐκ τῆσ ἡμετέρασ ἐπινοίασ διατυπούμεναι*, quas suum in usum finxerunt astronomi, ex eadem textura constare uidentur qua orbis uoluatur **601** *seruantis* nominatiuum in codicum consensu retineo, etsi casu ortum puto **603–630** describuntur duo coluri, alter aequinoctiorum, alter solstitiorum. hos Aratus omisit, operosius quam ceteri definiunt Hipparchus I 11 9–21 et Martianus VIII 832 sq. **606** *transuerso polo*, transuerse per caelum, ut 653 *praecingit transuersum mundum*. *rectum ducuntur in axem*, derecto in axem ducuntur, quod loquendi genus exemplis illustrauit Munro ad Lucr. II 217: addo bell. Alex. 2 5 *turres . . . derectis plateis . . . mouebant*, Stat. Theb. XI 53 *obliquo descendit ab aere uulnus*. hoc modo adiectiuum accipiendum esse demonstrat *transuerso* simili ratione positum **607** alio sensu tempora, alio caelum coluri signare dicuntur *astra* zodiaci **611** *iuga* plurali numero pro iugo librae Manilius iterum posuit IV 340 *ueris iuga*, hoc est aequinoctium uernum. fallitur Mommsenus C.I.L. I p. 411 cum sic interpretatur *iuga celsa* carm. de mens. 22, quibus uerbis significari plaustrum septentrionale alias declarabo *medio gyro*, circulo aequinoctiali inter **611** et **612** leguntur in libris **530–565**, tum in **M 565A** et ex loco superiore (post 529) repetiti **566** et **567**: uide quae ad 529 et ad 564 exposui **612 astris** sensu caret: **austris** cod. Flor. et Scaliger, **armis**

Centaurum aduerso concurrit rursus in axe,
et redit in caelum, squamosaque tergora Ceti
615 Lanigerique notat fines clarumque Trigonum
Andromedaeque sinus imos, uestigia matris,
principiumque suum repetito cardine claudit.
alter in hunc medium summumque incumbit in axem
perque pedes primos ceruicem transit et Vrsae,
620 quam septem stellae primam iam sole remoto
producunt nigrae praebentem lumina nocti,
et Geminis Cancrum dirimit stringitque flagrantem
ore Canem clauumque Ratis, quae uicerat aequor,
inde axem occultum per gyri signa prioris
625 transuersa atque illo rursus de limite tangit
te, Capricorne, tuisque Aquilam designat ab astris,
perque Lyram inuersam currens spirasque Draconis
posteriora pedum Cynosurae praeterit astra
transuersamque secat uicino cardine caudam:
630 hic iterum coit ipse sibi, memor unde profectus.
atque hos aeterna fixerunt tempora sede,

Bentleius, quorum alterutrum uerum sit necesse est **613** *aduerso.* hic omnes stolidissime egimus, non solum mendorum patroni, qui *concurrit in aduerso axe* Latina esse et significationem habere crediderunt (uelut Iacobus 'quia ab axi arctico exierat, rursus in aduerso, i.e. antarctico axi concurrit': cuinam quaeso rei?), sed etiam peritiores, qui loco tamquam adfecto succurrere conati sumus coniecturis, quas nunc licet omittere. nimirum *aduerso* datiuus est significatque *aduerso limiti,* hoc est coluro solstitiorum, a quo in axe septentrionali digressus aequinoctiorum colurus rursus ei in altero axe concurrit **614 caelum MU** sicut coniecerat Bentleius, **caetum** uel **cetum GL** **616 uestigia M** et pro uar. scr. **L, fastigia GL**: illud reduxit Bentleius, rei conuenienter, nam Iacobi mendacia non curo. *uestigia* et *fastigia* confusa inueniuntur II 795, III 325, V 11; hoc pro illo in Lucr. IV 87 et V 1261 reponendum esse disputaui in Journal of Philology uol. XXV pp. 238 sq. sed iniuria Hauptius opusc. III p. 557 *fastigium* nouauit in Fortunae descriptione Appul. met. II 4 *pilae uolubilis instabile uestigium,* cum *uestigium* pro solo positum sit, ut de eadem dea Auien. Arat. 286–8 *quae pernicibus alis | nec sat certa gradum uiduataque uertice summo | fluxa pilae uertis uestigia* **619** *et* tertio loco positum est etiam II 941, IV 353 **620, 621** Arat. 41 **624, 625** *per gyri signa prioris transuersa,* rectis angulis secans uestigia quae fecit colurus aequinoctiorum *illo limite,* gyro priore *rursus,* septentrionem repetens **626** *designat* ut 615 *notat,* 640 *signantem*: longe aliter 466. erat cum conicerem *destringit,* utpote aptius in linea sub oculos non cadenti *tuis ab astris,* astris tuis relictis: sic II 366 *a te* **628 preterit M** et Bonincontrius, **perterit GL** **631–662** describuntur meridianus et finitor **631 hos,* hoc GLM, haec V** et editores, **his** Huetius

immotis per signa modis, statione perenni:
hos uolucres fecere duos. namque alter ab ipsa
consurgens Helice medium praecidit Olympum
635 discernitque diem sextamque examinat horam
et paribus spatiis occasus cernit et ortus.
hic mutat per signa uices; *et*, seu quis eoos
seu petit hesperios, supra se circinat orbem
uerticibus super astantem mediumque secantem
640 caelum et diuiso signantem culmine mundum,
642 cumque loco terrae caelumque et tempora mutat,
641 quando aliis aliud medium est. uolat hora per orbem,
643 atque ubi se primis extollit Phoebus ab undis
illis sexta manet, quos tum premit aureus orbis,
645 rursus ad hesperios sexta est, ubi cedit in umbras:
nos primam ac summam sextam numeramus utramque

aeterna M, aeternam GL **sede** cod. Flor., **sedem GLM**. paene incredibile est editores *haec tempora* pro duobus coluris accipere, idque ut comprobent, adscribere 607 *tempora signantes*, quasi tempora signentur temporibus: accedit quod masculinum genus in illis *hos uolucres duos* u. 633 rationem non habet. porro *aeternam fixerunt . . . sedem* Scaliger et Iacobus ediderunt, quo pacto uerbo *fecere* u. 633 aut deest subiectum aut adest ineptissimum, hoc ipsum de quo quaerimus *tempora*, ut coluri meridianum et finitorem fecisse dicantur; *aeterna fixerunt . . . sede* (scilicet ueteres astronomi) Bentleius, ne hoc quidem recte, neque enim astronomi coluros aeterna sede fixerunt, sed eadem illa natura quae solstitia et aequinoctia disposuit. multo melius Huetius *his* (circulis) *aeternam fixerunt tempora* (aequinoctia solstitiaque) *sedem*: ipse leniore mutatione eandem sententiam effeci. quamquam ne sic quidem satis recte procedit u. 633 *hos uolucres fecere duos*; neque enim tempora, ne diurna quidem, finitorem uolucrem faciunt, uerum spectatoris locus. itaque, nisi neglegenter scripsit poeta, pro *tempora* reponendum uidetur *foedera*, hoc est necessariae illorum circulorum leges, quibus nisi parerent suam ipsi naturam amitterent et inciperent esse aliud: Verg. georg. I 60 sq. *has leges aeternaque foedera certis* | *imposuit natura locis.* facilis in uocibus dactylicis mutatio; quamquam haud scio an *tempora* coniectura potius natum sit, cum *federa* propter *fede* excidisset **632** *modis*, finibus: u. 602 circuli *fines* seruant
634 *Helice* pro polo septentrionali IV 792 **635** II 795–7 *tertius excelsi signat fastigia caeli,* | *quo defessus equis Phoebus subsistit anhelis* | *reclinatque diem mediasque examinat umbras* **637 et seu,* nam seu** iam Bentleius, **seu si** libri nulla orationis structura. *et* post *es* excidit etiam II 213, IV 793

641, qui in **M** bis scriptus est, post **642** traiecit Scaliger probante Bentleio. *hora tempora mutat*, quod Bentleio displicet, defendi posse puto; sed absurde hora, eaque uolans, cum terrae loco caelum mutare dicitur, tamquam pedibus iter faciat et ad terram magis quam ad caelum pertineat. caelum et tempora cum terrae loco mutat uiator, quandoquidem aliis gentibus aliud caelum et aliud tempus medium est **643** *primis*, primoribus **646 sextam** om. **M**

et gelidum extremo lumen sentimus ab igni.
alterius fines si uis cognoscere gyri,
circumfer faciles oculos uultumque per orbem.
650 quidquid erit caelique imum terraeque supremum,
qua coit ipse sibi nullo discrimine mundus
redditque aut recipit fulgentia sidera ponto,
praecingit tenui transuersum limite mundum.
haec quoque per totum uolitabit linea caelum,
655 nunc tractum ad medium uergens mundique tepentem
orbem, nunc septem ad stellas nec mota sub astra;
seu quocumque uagae tulerint uestigia plantae

utranque G, utraque L, utroque M nos alteram sextam primae nomine, alteram summae siue duodecimae appellamus. recte Petauius uranolog. lib. VII p. 286 **647** orientis solis ignem non minus recte *extremum* dici quam occidentis adnoto propter Bechertum, cui G. A. Dauiesius persuasit hos duo uersus 646 647 inter se transponendos esse **650 terrae G, terra LM**

655 nunc Regiomontanus, **non** libri errore peruagato **tractum . . . mundique tepentem,* tantum . . . mediumque repente** libri. haec imitatus est Lucanus VIII 363–6 *omnis in arctois populus quicumque pruinis | nascitur indomitus bellis et mortis amator; | quidquid ad eoos tractus mundique teporem | ibitur, emollit gentes clementia caeli.* Man. III 358 *orbemque rigentem* **656 nec,* nunc** libri: contrarius error 398. *nec mota* est *et immota*, ut 71 *nec similes*, 378 *nec transita*, II 41 *nec . . . siluestre*, 110 *nec nostri*, 876 *nec matre minores*, IV 242 *nec delassabile*, 736 *nec . . . pari*, 738 *nec totis passim*, V 223 *nec magnis*; in quibus omnibus negatio ad adiectiuum pertinet, coniunctio non item. inepte *mota astra* pro ortu occasuque accipiuntur, quasi non pariter moueantur, quorum praecessit significatio, meridiana

657 seu,* sed libri: eadem commutatio 869 et passim, uelut Verg. catal. V 10, Gratt. 362, Stat. Theb. IX 203. in Luc. I 233–5 scribendum est *iamque dies primos belli uisura tumultus | exoritur; sed* (*seu* libri) *sponte deum, seu turbidus auster | impulerat, maestam tenuerunt nubila lucem*, nam prius *seu* abesse potest, *sed* necessarium est. in Aetnae uersibus 536–9 incertum est scripseritne poeta *quod si quis lapidis miratur fusile robur, | cogitet obscuri uerissima dicta libelli, | Heraclite, tui, nihil insuperabile gigni | omnia qua* (*quae* libri) *rerum natura semina iacta*, id est ‘nihil gigni quod superari non possit ea natura (φύσει siue elemento, Lucr. I 281 *aquae natura*, II 232 sq. *natura aeris*, Stob. ecl. I 21 p. 185 Wachsm. τὸν . . . κόσμον εἰσ ταύτασ διακεκρίσθαι τὰσ φύσεισ scilicet terram aera ignem aquam) qua omnia rerum semina iacta sint’; illud certissimum, sic eum perrexisse uu. 540 sq., *seu* (*sed* libri) *nimium hoc mirum, densissima corpora saepe | et solido uicina tamen conpescimus igni.* Val. Fl. I 17–20 ut recte scribantur nulla mea coniectura opus est sed alienarum delectu: *neque enim Tyriis Cynosura carinis | certior aut Grais Helice seruanda magistris, | tu <si> signa dabis; sed te duce Graecia mittet | et Sidon Nilusque rates*, in quibus *certior seruanda* significat *seruanda est tamquam certior*: codex *Tyrias . . . carinas . . . seu tu . . . seu* **quocumque L², quaecumque GLM, quacumque** Bentleius. ordo est *seu quocumque tulerint plantae semper erit nouus*, hoc est *uel, si quocumque* (*si quolibet*) *tulerint*: Prop. II 1 15

has modo terrarum nunc has gradientis in oras
semper erit nouus et terris mutabitur arcus.
660 quippe aliud caelum ostendens aliudque relinquens
dimidium teget et referet, uarioque notabit
fine et cum uisu pariter sua fila mouente.
[hic terrestris erit, quia terram amplectitur orbis,
et mundum plano praecingit limite gyrus
665 atque a fine trahens titulum memoratur horizon.]
his adice obliquos aduersaque fila trahentis
inter se gyros, quorum fulgentia signa
alter habet, per quae Phoebus moderatur habenas
subsequiturque suo solem uaga Delia curru
670 et quinque aduerso luctantia sidera mundo
exercent uarias naturae lege choreas.
hunc tenet a summo Cancer, Capricornus ab imo,
bis recipit, lucem qui circulus aequat et umbras,
Lanigeri et Librae signo sua fila secantem.
675 sic per tris gyros inflexus ducitur orbis
rectaque deuexo fallit uestigia cliuo.

seu quidquid fecit siue est quodcumque locuta | *maxima de nihilo nascitur historia*, Germ. frag. IV 22 *si statuit currus quocumque in sidere fessos,* | *Lanigero tonat* etc. (sic enim interpungendum esse docui in Classical Review uol. XIV p. 36), Cic. Phil. XII 13 *an ille non uicerit, si quacumque condicione in hanc urbem cum suis uenerit?* hoc igitur dicit, finitorem modo ad meridiem, modo ad septentrionem uersus moueri, atque adeo quamlibet in partem uiatorem comitari. de librorum scriptura uere Bentleius 'nec sensus intra est nec extra sana uerba': ipse 655 et 656 eiecit, in 657 pro *sed* scripsit *nam.* ceterum fuerunt suntque et omni tempore erunt qui uana orationis contrarie relatae specie, quae in illis *non tantum . . . sed* inest, sese abripi patiantur **661 teget** Scaliger, **tegit GM**, **regit L** **referet** Scaliger, **refert** libri dimidium caelum abscondet, dimidium in eius locum substituet. *tegit et profert* Bentleius, tempore uerborum non apto ; nam quominus *quippe . . . profert* in parenthesin includantur obstat *caelum* cum *notabit* ita cohaerens ut diuelli nequeant **663–665** deleuit Bentleius. suppositicios esse et oratio arguit (*erit atque memoratur*, *amplectitur orbis et praecingit gyrus*, 664 ex 653 confictus) et sententia ; finitor enim astronomis caelestis est circulus, nihilo propius a terra distans quam ceteri, ut uersus 663 nihil possit significare nisi hoc, horizonta, quia terram praecingat, terram praecingere. neque ulla causa erat cur poeta huius circuli nomen Graecum commemoraret cum superiorum tacuisset **664 plano praecingit GL, pleno preducit M** **666–680** describitur zodiacus **666** *ădice* IV 44 **669** om. **M** **676** obliquitate positionis dissimulat lineae rectitudinem ; nam zodiacus, si per se spectetur, non minus rectus et planus est quam reliqui circuli. de fallendi uerbo dixi ad 240

nec uisus aciemque fugit tantumque notari
mente potest, sicut cernuntur mente priores,
sed nitet ingenti stellatus balteus orbe
680 insignemque facit caelato *c*ulmine mundum.
[et ter uicenas partes patet atque trecentas
in longum, bis sex latescit fascia partes
quae cohibet uario labentia sidera cursu.]
alter in aduersum positus succedit ad arctos
685 et paulum a boreae gyro sua fila reducit
transitque inuersae per sidera Cassiepiae,
inde per oblicum descendens tangit Olorem

680 culmine,* **lumine** libri. *caelato lumine* uerba sunt sensu uacua, neque enim lumen caelatum est, sed mundus et beluarum formae : lumen caelaturam facit et signorum figuras exprimit. V 235 *Crater auratis surgit caelatus ab astris*, Ouid. fast. II 79 *caelatum stellis Delphina*, ubi absurdum esset *caelatas stellas*, quod quo sensu recte dicatur ostendit Claud. VI cons. Hon. 167. *culmine* quod scripsi, conferri possunt 640 *diuiso signantem culmine mundum*, 714 *super incumbit signato culmine limes*. nam *collato lumine* zodiaco minus aptum est quam lacteo circulo, de quo 756 sq. *crasso lumine candet* | *et fulgore nitet collato* (*caelato* **V** et ineptiarum amator Iacobus) *clarior orbis*

681–683 deleui. sub *partium* nomine adhuc intelleximus partes ab Eudoxo distinctas (uu. 567, 573, 588, 591) quarum LX orbem conficiunt : hic ne uerbo quidem admoniti ad recentiorem circuli in CCCLX partes distributionem delabimur, quam Manilius secundi demum libri uersibus 307 sq. expositurus est. et quo tandem consilio zodiacus CCCLX partes in longum patere hoc loco dicitur ? an ut quam longus sit doceamur ? at ea de re prorsus nihil discimus, cum nondum sciamus quanta singularum partium sit longitudo. an illud tantum significatur, latitudinem zodiaci longitudinis tricensimam partem esse ? num ea ut efficeretur sententia circulus in CCCLX partes diuidendus erat ? haec partium commemoratio tum demum apta fieret si zodiacum in trigona quadrata hexagona accurate distributuri essemus, sicut II 307 sqq. apta sunt haec, *nam cum sint partes orbis per signa trecentae* | *et ter uicenae . . . tertia pars eius numeri latus efficit unum . . . trigoni* : nunc alienissima est. interpolator uersibus 677–80 impulsus ea tradere festinat quae a Gemino recte atque ordine exposita sunt I 8 et V 53, qui primum quid μοῖρα significet docet, ἡ μοῖρα τξον μέροσ ἐστὶ τοῦ ζῳδιακοῦ κύκλου, tum suo loco haec profert, τὸ πλάτοσ ἐστὶ τοῦ ζῳδιακοῦ κύκλου μοιρῶν ιβ'. accedit *latescit* praue pro *lata est* positum et *fasciae* nomen Martiano (VI 602 *zonas siue melius fasceas dico*, 607, 608) magis conueniens quam Manilio. illum autem Astronomia sua haec docuit VIII 834, *signifer non ut ceteri, quos linealiter feci, sed latissimus omnium conprobatur, quem cum in duodecim spatia discernerem, singulis triginta partes non nescia rationis ascripsi. uerum eius latitudinem circuli tetendi in duodecim portiones, ut tantum spatii habeat latitudo, quantum longitudini duodecim partes adtribuunt*

684–804 describitur orbis lacteus, qui quae sidera tangat docent Manetho II 118–28 et Hyginus astr. IV 7, fere cum Manilio consentientes **684 positus** unus recentior, **positas G, positos LM** **685 a M, ab L, ad** (et **giros**) **G**

aestiuosque secat fines Aquilamque supinam
temporaque aequantem gyrum zonamque ferentem
690 solis equos inter caudam qua Scorpius ardet
extremamque Sagittari laeuam atque sagittam,
inde suos sinuat flexus per crura pedesque
Centauri alterius rursusque ascendere caelum
incipit Argiuumque ratem per aplustria summa
695 et medium mundi gyrum Geminosque per ima
signa secat, subit Heniochum, teque, unde profectus,
Cassiepia, petens super ipsum Persea transit
orbemque ex illa coeptum concludit in ipsa;
trisque secat medios gyros et signa ferentem
700 partibus e binis, quotiens praeciditur ipse.
nec quaerendus erit: uisus incurrit in ipsos
sponte sua seque ipse docet cogitque notari.
namque in caeruleo candens nitet orbita mundo
ceu missura diem subito caelumque recludens,

688 *supinam* idem est quod *inuersae* 686, *inuersam* 627, ne cum Scaligero haereas: Prop. IV 8 44 *reccidit inque suos mensa supina pedes.* ut Lyra et Cassiepia, sic Aquila caput a polo septentrionali, qui summus appellatur, auersum habet **691** neglegentissime editores plerique *Sagittam* littera maiuscula, tamquam de Sagittae signo haec dicantur ac non de telo Sagittarii. contrario errore peccatur in editionibus Lucretii V 401, ubi scribi debebat *Solque cadenti* | *obuius aeternam succepit lampada mundi,* scribitur *solque,* ut lampas lampada succepisse dicatur **694** *Argiuum. Argiuam* cod. Flor. et editores ante Iacobum, *Argoam* Gronouius obs. II 10, sine ulla minima causa. Enn. Med. 3–6 *nauis . . . quae nunc nominatur nomine* | *Argo, quia Argiui in ea delecti uiri* | *uecti* etc. **697 casi°que pia s. i. p. tangit M** **698** *illa* durissime pro *te* positum est, accedente etiam ambiguitate, cum u. 694 praecesserit nomen femininum *ratem.* nam multo minus offensionis habent Ouid. met. III 436–8 *tecum discedet, si tu discedere possis.* | *non illum Cereris, non illum cura quietis* | *abstrahere inde potest,* IV 44–7 *dubia est de te, Babylonia, narret,* | *Derceti, quam uersa squamis uelantibus artus* | *stagna Palaestini credunt mutasse figura;* | *an magis ut sumptis illius filia pennis* etc., quaeque praeterea ex eodem genere enotaui. itaque haud scio an uersibus 696 sq. scribendum sit *tunc* (*tc*) uel *tumque* (*tūque*), *unde profectus,* | *Cassiopen repetens* (*Cassiopetens*), quae nominis forma legitur V 504, 537. ceterum in secundae et tertiae personae commutatione magna et iusta oratoribus et scaenicis poetis concessa est licentia, quorum scripta uiua uoce proferuntur et gestu adiuuari solent, ut uitetur ambiguitas; neque neganda est ea uenia carminibus actionem ob oculos proponentibus, quale est Ouid. amor. III 6: quae apud plerosque reperiuntur exempla facillimam emendationem recipiunt, uelut Catull. 87 2, 112 1, Ouid. fast. VI 557, Germ. frag. IV 14; pauca difficilius sanantur, ut eiusdem Germanici phaen. 32–5

704–706 interpunxi: uulgo plena distinctio post 704, leuior post 706 ponitur.

705 ac ueluti uirides discernit semita campos
quam terit assiduo renouans iter orbita tractu.
[inter diuisas aequabilis est uia partis.]
ut freta canescunt sulcum ducente carina,
accipiuntque uiam fluctus spumantibus undis
710 quam tortus uerso mouit de gurgite uertex,
candidus in nigro lucet sic limes Olympo
caeruleum findens ingenti lumine mundum.
utque suos arcus per nubila circinat Iris,
sic super incumbit signato culmine limes
715 candidus et resupina facit mortalibus ora,
dum noua per caecam mirantur lumina noctem
inquiruntque sacras humano pectore causas :
num se diductis conetur soluere moles

orbis lacteus *ueluti discernit semita campos*, hoc est, similis est semitae campos discernenti, ita caelum discernit ut campos semita. eodem modo, ut primarium enuntiatum mutilum sit et cum similitudine confundatur, Theocritus XII 8 sq. *τόσσον ἔμ' εὔφρηνασ σὺ φανεὶσ, σκιερὴν δ' ὑπὸ φηγὸν | ἠελίου φρύγοντοσ ὁδοιπόροσ ἔδραμον ὥσ τισ*, Lucanus VII 123–7 *arma | permittit populis frenosque furentibus ira | laxat, et ut uictus uiolento nauita coro | dat regimen uentis ignauumque arte relicta | puppis onus trahitur*, quae sic dicuntur ut amator sub quercum cucurrisse et Pompeius regimen uentis dedisse atque ignauum puppis onus fuisse uideri possit, quod secus est. hoc genus uiri docti non satis distinguunt ab altero illo, Apoll. Rhod. III 1293–5 *αὐτὰρ ὁ τούσ γε | εὖ διαβὰσ ἐπιόντασ ἅτε σπιλὰσ εἰν ἁλὶ πέτρη | μίμνει ἀπειρεσίῃσι δονεύμενα κύματ' ἀέλλαισ*, Catull. 64 238–40 *haec mandata . . . Thesea ceu pulsae uentorum flamine nubes | aerium niuei montis liquere cacumen*, in quo tantum uerbum *ἀπὸ κοινοῦ* ponitur, praeterea nihil deest **707 diuisas** pro uar. scr. **GL, diuisis GLM** **aequabilis** cod. Bodleianus F IV 34 et Scaliger, **aequalibus GLM** uersum, cuius pristinam formam quin recte Scaliger restituerit non uidetur dubitandum, summo iure deleuit Bentleius, additum ab aliquo cui apodosis deesse uidebatur. aequabilem illum circulum esse nihil ad rem facit atque adeo peruerse commemoratur ; neque enim aequabilitate a reliquis differt et hominum uisus ad se conuertit, uerum candore inter caerulea conspicuo. sed non recte Bentleius uersu eiecto ueterem interpunctionem retinuit, ut haec euaderet orationis forma, *ac, ueluti discernit semita campos, ut freta canescunt, sic lucet limes.* Iacobus seruata librorum scriptura *diuisis aequalibus* unum uersum ante hunc excidisse statuit, qui qualis fuerit nemo facile dixerit, neque magis, quam sententiam huic loco aptam coniuncti effecerint **710** uiam de gurgite motam cum Bentleio miror, scribendumque suspicor *quas*. Bentleius *qua . . . mouit se* **712 findens M** et pro uar. scr. **L, fingens GL**, *pingens* Bentleius. Arat 474 sq. *κεκεασμένον εὑρέι κύκλῳ | οὐρανόν* **716 mirantur** cod. Venetus et Bentleius, **uibrantur GLM**, quod nihil ad sententiam confert, orationem uero facit inconditam ; neque enim lumina sacras causas inquirunt, sed mortales. rem conficit Arat. 473 sq. *εἴ ποτέ τοι τῆμόσδε περὶ φρένασ ἵκετο θαῦμα | σκεψαμένῳ* **717** *humano pectore*, 28 *humano conatus pectore tantum* **718–728** Achill. isag. 24 *ἄλλοι δὲ ἐκ τῆσ*

seg*m*inibus, raraque labent compagine rimae
720 admittantque nouum laxato tegmine lumen;
(quid sibi non timeant, magni cum uulnera caeli
conspiciant feriatque oculos iniuria mundi?)
an coeat nondum, duplicisque extrema cauernae
conueniant caelique oras et sidera iungant,
725 perque ipsos fiat nexus manifesta cicatrix
fusuram faciens mundi stipatus et orbis
aeriam in nebulam clara compagine uersus
in cuneos alti cogat fundamina caeli.
an melius manet illa fides, per saecula prisca

συμβολῆσ τῶν δύο ἡμισφαιρίων λέγουσιν αὐτὸν γεγονέναι, Macr. somn. Scip. I 15 4 *Theophrastus lacteum dixit esse compagem, qua de duobus hemisphaeriis caeli sphaera solidata est, et ideo, ubi orae utrimque conuenerant, notabilem claritatem uideri* **718 diductis** Scaliger, **deductis** libri more suo **719 segminibus** Scaliger, **seminibus** libri. hoc perspicue falsum est, nam *semina* siue elementa sua (IV 878 *seminibusque suis tantam componere molem*) diducente caeli mole quomodo circuli species effici possit non intellegitur; *segminibus* tamen pro *τμήμασι* siue *ἡμισφαιρίοισ* quo auctore poeta posuerit nescio: *segmina* pro lamminis Auienus dixit descr. orb. 1315, pro assulis alii **compagine rimae GLM, compage carinae v**, quod iterum legitur Luc. I 502 Verg. Aen. II 463 *labantes iuncturas* **721 quid sibi** nescio ubi Gronouius, egregia et necessaria emendatione, **quid quasi** libri absurdissime. *quids*[i] uisum est *quasi*, tum additum *quid* **723 nondum** (=**nundum**) Ellisius noct. Man. p. 17, **mundum GL, mundus M**, quod uix mutatum esset, *potius* Bentleius. ad *coeat* auditur *moles* ex u. 718. 'an duo hemisphaeria etiamnum committantur necdum in sphaeram coaluerint' **724** *et sidera* melius abesset. *foedera* Scaliger, *segmina*, quod in *signa* abire potuit, Bentleius **726 fusuram GLM, fissuram v** et pro uar. scr. **L.** *fusuram*, conflaturam qui deinde sequitur uerborum strepitus meum captum superat; siue enim *orbis* pro circulo positum est, quae haec est oratio ac sententia, 'circulus stipatus (quanam re?) in nebulam uersus fundamina caeli condensat'? siue pro caelo, quae haec, 'caelum stipatum in nebulam uersum condensat caeli fundamina'? quae anno 1898 conieci *mundi stipat* <*or an*> *orbis* | *aeriam in nebulam lacxa compagine uersă* | *in cuneos alti cogat fundamina caeli* intellegi possunt, uera esse non puto. ne illud quidem satis certum est, *mundi* utrum ad superiora an, quod Bentleio placuit, ad insequentia trahendum sit **727** *clara compagine* uix Latinum uidetur: *crassa* Bentleius, pro quo dicendum fuisse opinor *arta* **728** '*in cuneos cogat*; figurate, hoc est, comprimat, condenset, constipet. Virgilius Aen. XII 575 *dant cuneum densaque ad muros mole feruntur*, et ibidem 457 *densi cuneis se quisque coactis* | *agglomerant*' Bentleius. ita Lucanus VII 497 *cuneos* appellat aciem stipatam quam uersibus 492–5 sine ulla formae cuneatae significatione descripsit *fundamina*, firmamenta aliqua ex parte similia sunt quae habet Achilles isag. 24 *μήποτε μέντοι ἄμεινον αὐτὸν λέγειν ἐκ νεφῶν ἢ πῖλημά τι ἀέροσ διαυγὲσ εἶναι κύκλου σχῆμα ἔχον* **729–734** Arist. meteor. I 8 2 pars Pythagoreorum (*ὧν ἐστι καὶ Οἰνοπίδησ ὁ Χῖοσ* Achill. isag. 24) *τὸν ἥλιον τοῦτον τὸν κύκλον φέρεσθαί ποτέ φασιν· οἷον οὖν*

730 illac solis equos diuersis cursibus isse
atque aliam triuisse uiam, longumque per aeuum
exustas sedes incoctaque sidera flammis
caeruleam uerso speciem mutasse colore,
infusumque loco cinerem mundumque sepultum?
735 fama etiam antiquis ad nos descendit ab annis
Phaethontem patrio curru per signa uolantem,
dum noua miratur propius spectacula mundi
et puer in caelo ludit curruque superbus
739 luxuriat nitido, cupit et maiora parente,
743 deflexum solito cursu, curuisque quadrigis
740 monstratas liquisse uias orbemque recentem
imposuisse polo, nec signa insueta tulisse
errantes meta flammas currumque solutum.
744 quid querimur flammas totum saeuisse per orbem
745 terrarumque rogum cunctas arsisse per urbes?

διακεκαῦσθαι τὸν τόπον τοῦτον ἤ τι τοιοῦτον ἄλλο πεπονθέναι πάθοσ ὑπὸ τῆσ φορᾶσ αὐτοῦ **729** interpunxit Bentleius, obnitentibus, quod expectari poterat, Iacobo et Becherto **730 cursibus GL, curribus M** **734** *sepultum*, cinere opertum

735–749 Diod. v 23 *πολλοὶ τῶν τε ποιητῶν καὶ τῶν συγγραφέων φασὶ . . . τοὺσ ἵππουσ . . . ἐξενεχθῆναι τοῦ συνήθουσ δρόμου καὶ τὸ μὲν πρῶτον κατὰ τὸν οὐρανὸν πλανωμένουσ ἐκπυρῶσαι τοῦτον καὶ ποιῆσαι τὸν νῦν γαλαξίαν καλούμενον κύκλον.* aliter Aristoteles meteor. I 8 2 *τῶν μὲν οὖν καλουμένων Πυθαγορείων φασί τινεσ ὁδὸν εἶναι ταύτην οἱ μὲν τῶν ἐκπεσόντων τινὸσ ἄστρων κατὰ τὴν λεγομένην ἐπὶ Φαέθοντοσ φθοράν* **736** *Phaethontem* trisyllabum: Varro Atac. apud Quint. inst. I 5 17 *tum te flagranti deiectum fulmine, Phaethon*, quem locum attulit Bentleius **738 curru G, cursu LM** **739 nitido** Nicolaus Heinsius adu. p. 273 et illis aduersariis nondum editis Bentleius, **mundo** libri, sicut 848 *mundum* **M** pro *nitidum* et Stat. silu. I 2 262 *uindum*. idem Bentleius adscripsit Hor. carm. saec. 9 sq. *alme Sol, curru nitido diem qui* | *promis*: addo Culic. 127 sq. *insigni curru proiectus . . . Phaethon* **743** ante **740** collocauit Postgatius silu. Man. p. 6, deleuerat Bentleius, minus bene Iacobus ante 742 traiecit: in *flammas* u. 742 et mox u. 744 posito haerendum non esse ad 261 significaui. *deflexum* participium pro infinitiuo, ut 734 *infusum* et *sepultum* *curuis*, *σκολιαῖσ*, ab orbita declinantibus, ut recte Scaliger et Huetius **740 recentem** Scaliger ed. 1, **regentem LM, rigentem G**. stolide Iacobus *rigenti*, quem Bechertus secutus est, ut utrumque orbis lactei positionem ignorasse appareat, is enim totus in torrida temperatisque zonis iacet

742 meta Bentleius, **nutu** libri nulla sententia. sic Stat. Ach. II 217 *nudis* cod. Puteaneus pro *mediis*; quamquam haud scio an hoc loco ETA ante FLA exciderit **744 quid M** sicut coniecerat Bentleius, **quod L, quo Gv** cum adseculis suis Becherto et Iacobo, quod quam ineptum sensum habeat disci potest ex Verg. buc. VI 23, Aen. II 150, XI 735, XII 879, Hor. carm. II 3 9: aptum erat *quor.* **745 urbes GL, orbes M** **745–747** interpunxit Scaliger

cum uaga dispersi fluitarunt fragmina currus,
et caelum exustum est: luit ipse incendia mundus,
et noua uicinis flagrarunt sidera flammis
nunc quoque praeteriti faciem referentia casus.
750 nec mihi celanda est uulgata fama uetusta
mollior, e niueo lactis fluxisse liquorem
pectore reginae diuum caelumque colore
infecisse suo; quapropter lacteus orbis
dicitur, et nomen causa descendit ab ipsa.
755 an maior densa stellarum turba corona
contexit flammas et crasso lumine candet,
et fulgore nitet collato clarior orbis?
an fortes animae dignataque nomina caelo
corporibus resoluta suis terraeque remissa
760 huc migrant ex orbe suumque habitantia caelum

746 fragmina Bentleius, **lumina** libri usu inaudito pro fauillis. Ouid. met. II 318 *sparsaque sunt late laceri uestigia currus.* de mutatione uide ad 416 **747** *et*, etiam **748** *noua* idem esse quod u. 741 *insueta* dico propter Bentleium; licet eius coniecturam *uicina nouis* commendent quae de eodem Phaethonte leguntur IV 834–6 *cum patrias Phaethon temptauit habenas,* | *arserunt gentes timuitque incendia caelum* | *fugeruntque nouas ardentia sidera flammas*
749 referentia M et cod. Venetus, **reserentia L, reserantia G**
750–754 schol. Arat. 474 Ἐρατοσθένησ δέ φησιν . . . ὑπὸ τοῦ τῆσ Ἥρασ γάλακτοσ γεγενῆσθαι ἐκχυθέντοσ **750 uulgata fama uetusta,* famae uulgata uetustas** libri, quod merito mirum uisum est Bentleio: 'quid enim est *uetustas uulgata famae*? quid *mollior uetustas*? haec monstra sunt, nec ulli poetae adscribenda.' accedit quod absurdum est *nec mihi celanda est . . . uulgată*; quae enim uulgata sunt, ea ne possunt quidem celari. causa mutationis ex ablatiuo non animaduerso uidetur repetenda **755–757** Macr. somn. Scip. I 15 6 *Democritus* (lacteum dixit esse) *innumeras stellas breuesque omnes, quae spisso tractu in unum coactae, spatiis, quae angustissima interiacent, opertis, uicinae sibi undique et ideo passim diffusae lucis aspergine continuum iuncti luminis corpus ostendunt*
755 densa G, densat LM **756 contexit M, conuexit GL** **758–804** Cic. de r.p. VI 16 '*iustitiam cole et pietatem, quae cum magna in parentibus et propinquis tum in patria maxima est. ea uita uia est in caelum et in hunc coetum eorum qui iam uixerunt et corpore laxati illum incolunt locum quem uides*'—*erat autem is splendidissimo candore inter flammas circus elucens*—'*quem uos, ut a Grais accepistis, orbem lacteum nuncupatis*' **758 nomina G, nomine LM, numina L[2]** et multi editores, obstantibus uu. 803 sq. *nomina* pro certis hominibus notissimo usu ponitur, cuius se Bentleius hoc loco oblitum esse simulat: idem ad Luc. VII 584 '*nomina*' inquit 'perinde est ac *uiros*,' adscribitque exempla complura **759** *terrae* genetiuus, ordo est enim *ex terrae orbe remissa. terra* Bentleius, Gronouio prudentior, qui obs. I 11 '*terrae remissa*' inquit 'pro, a terra remissa' **760 suumque G, suum LM**

aetherios uiuunt annos mundoque fruuntur;
atque hic Aeacidas, hic et ueneramur Atridas,
Tydidenque ferum, terraeque marisque triumphis
naturae uictorem Ithacum, Pyliumque senecta
765 insignem triplici, Danaumque ad Pergama reges,
[castra ducum et caeli uictamque sub Hectore Troiam]
766A *Hectoraque Iliacae gentis columenque decusque,*
Auroraeque nigrum partum, stirpemque Tonantis
rectorem Lyciae; nec te, Mauortia uirgo,
praeteream, regesque alios, quos Thraecia misit
770 atque Asiae gentes et Magno maxima Pella;
quique animi uires et strictae pondera mentis
prudentes habuere uiri, quibus omnis in ipsis
census erat, iustusque Solon fortisque Lycurgus,

761 fruuntur GL, feruntur M **762 ueneramur GL, uenerantur M** **764 pylium M, ilium GL** **766** deleuit Scaliger. nihil est nisi dittographia uersus libri II tertii *Hectoreumque facit tutamque sub Hectore Troiam*, quem post finem huius libri emendabo, hic collocata errore inde orto quod is quoque uersus, cuius expulsi sedem nunc obtinet, ab Hectoris nomine, quod nullo modo a poeta omitti potuit, incipiebat, ut puta *Hectoraque Iliacae gentis columenque decusque.* frustra Bentleius *Assaracum atque Ilum totamque sub Hectore Troiam*, neque enim Troia, hoc est populus Troianus, in orbem lacteum migrauit, sed soli heroes **769 thraecia,* graecia** libri. Graecia alios praeter Danaum reges (u. 765) ad Troiam misit nullos; et apparet non de Graecis sed de Troianorum sociis sermonem esse. plerique tamen haec sic acceperunt quasi *misit* pro *tulit* positum putarent neque umquam Hom. Il. II 840–77 legissent. ibi 844 Θρήικασ ἦγ' 'Ακάμασ καὶ Πείροοσ ἥρωσ, X 435 ἐν δέ σφιν 'Ρῆσοσ βασιλεύσ. Thraeciam quod appellauit quam Thraecam poetae appellare consueuerunt, eam labem primus intulisse uidetur Ouidius met. VI 435, qui etiam *Thracius* pro *Thrax* dicere sustinuit ibid. 661: secuti sunt Lucanus II 162 a Lachmanno Lucr. p. 278 reprehensus et Manilius praeter hunc locum etiam IV 756

770 *Asiae gentes* Troianis auxiliatas enumerat Homerus Il. II 851–75 *Pella*, hoc est pars Macedoniae Axio flumini adiacens, cuius id oppidum, postea Alexandro ibi nato nobilitatum, caput erat, ad Troiam misit Paeonas Hom. Il. II 848 sq. Πυραίχμησ ἄγε Παίονασ ἀγκυλοτόξουσ | τηλόθεν ἐξ 'Αμυδῶνοσ, ἀπ' 'Αξιοῦ εὐρὺ ῥέοντοσ, XXII 154–7 Asteropaeus εἴμ' ἐκ Παιονίησ inquit ἐριβώλου τηλόθ' ἐούσησ, | Παίονασ ἄνδρασ ἄγων δολιχεγχέασ . . . αὐτὰρ ἐμοὶ γενεὴ ἐξ 'Αξιοῦ εὐρὺ ῥέοντοσ

771–798 nominatiui (*Solon, Lycurgus . . . Agrippa, proles Iulia*) aut leni anacolutho pro accusatiuis a *ueneramur* u. 762 pendentibus ponuntur intercedente enuntiato relatiuo 771 sq. *quique . . . habuere uiri*, aut ad uerba *migrant uiuunt fruuntur* (760 sq.) referendi sunt **771 strictae pondera** Bentleius, **strictas pondere** libri **mentis M** sicut coniecerat Bentleius, **mentes GL** pondus non stringit mentem sed stricta mente efficitur. attulit Bentleius II 956 *pectoris et pondus*, Luc. VIII 280 *mentisque meae quo pondera uergant*, hoc parum apte: adde Man. V 451 *pondere mentis*, Sil. VI 429 *animi uenerabile pondus*, VIII 609 *mentis amabile pondus* **773** *que . . . que* inter se

aetheriusque Platon, et qui fabricauerat illum
775 damnatusque suas melius damnauit Athenas,
Persidis et uictor, strarat quae classibus aequor;
Romanique uiri, quorum iam maxima turba est,
Tarquinioque minus reges et Horatia proles
sola acies, parti nec non et Scaeuola trunca
780 nobilior, maiorque uiris et Cloelia uirgo,

referuntur **774 platon et** cod. Flor., **plato nec GLM**: sic Sen. Herc. Oet. 1954 *Pluton iter* A, *Pluto niger* E *fabricauerat*: Scaliger confert *Caesaris illud opus* de Druso dictum cons. ad Liu. 39, el. in Maec. II 6 **776** *uictor*, Themistocles. sic recte F. Iunius, nam Scaliger de Xerxe interpretatus erat **quae** cod. Flor. et Gronouius diatr. p. 254, **on** (=**qu**) **M**, **qui GL**. Liu. XXXV 49 5 *rex contra peditum equitumque nubes iactat et consternit maria classibus suis*, Iuu. X 175 sq. *constratum classibus isdem | suppositumque rotis solidum mare*, Apoll. Sid. carm. V 452 *Xerxes . . . cum sterneret undas*

778 *Tarquinio minus*, excepto Tarquinio, ut recte Scaliger. exemplis huius locutionis a Gronouio obs. II 1 collectis addi possunt Germ. phaen. 626 *celsaque Puppis habet, cauda minus at tamen* (οὐρᾶσ ἐπιδεῆσ ἀλλ' ὅμωσ) *Hydra*, 673 *Innixusque genu laeua minus aequora linquit*, Stat. Theb. I 536 *Pallados armisonae pharetrataeque ora Dianae | aequa ferunt, terrore minus* *que* et *et* inter se referuntur **779 sola*** distinctione mutata, **tota** libri: eadem confusio Liu. V 41 4, Prop. IV 8 48, Stat. Theb. IX 57. proles Horatia sola per se aciem effecit: sic Apoll. Sid. carm. II 284 *tu stabas acies solus*, Ouid. met. VIII 735 *ingens annoso robore quercus | una nemus*, her. XV 160 *aquatica lotos | una nemus*, eodem sensu quo Plinius n.h. XVI 242 *ilex siluam sola faciens*; item Verg. Aen. I 664 *nate, meae uires, mea magna potentia solus.* similiter de Fabiis Ouid. fast. II 197 *una domus uires et onus susceperat urbis*, Liu. II 49 1 *familiam unam subiisse ciuitatis onus*, de tertio Horatio Man. IV 35 sq. *nulla acies tantum uicit: pendebat ab uno | Roma uiro*, de Coclite Apoll. Sid. carm. V 69 sq. *totam te* (Romam) *pertulit* (Porsenna) *uno | Coclitis in clipeo.* id restitui quod abesse non potest quodque frustra quaesiuerunt Gronouius obs. II 1 et Bentleius; qui cum scribunt *tota acies partus* interpretanturque alter '*tota acies* acute unius *partus* dicitur' alter '*tota acies* unius matris *partus*,' illud *unius* unde sumpserint ignoro. ceterum ne quis mecum uerba interpungens *tota* seruare uelit, illud quoque moneo, *proles tota acies* Latine non *proles totam aciem efficiens* significare uerum *proles tota in aciem conuersa*, id quod ostendit, ut hoc utar, V 381 sq. *Cycnus . . . non totus uolucer*: adiectiuum *totus* ut a subiecto distrahatur atque ad praedicatum adiungatur, duo substantiua diuersi sint generis oportet, ut Apoll. Sid. carm. VII 562 sq. *respublica nostra | tota Camillus erat* **parti . . . trunca,*** **partus . . . trunco** libri: sic II 726 pro insolita ablatiui forma *quacumque in parti* omnes *quocumque in partu*, III 395 pro *parti* alii *para* alii *parte*, IV 378 *partus* **GL** pro *partis*. *trunco*, hoc est corpore, 'trunk,' 'rumpf,' Scaeuola nobilis non erat, sed manu ac bracchio: Sen. ep. 66 51 *truncam illam et retorridam manum Mucii*, 53 *confecit bellum inermis ac mancus et illa manu trunca reges duos uicit*, Apoll. Sid. carm. XXIII 81 *trunco Mucius eminet lacerto*. *nec non*, ut hic secundo loco Manilius, ita Ouidius tertio posuit Ib. 417 **780 et cloelia** edd. uett., **et delia v, est et colia M, eo colia GL**. *et*, etiam, etiam uiris maior, Liu. II 13 8 Porsinna *in admirationem uersus supra Coclites Muciosque dicere id facinus esse.*

et Romana ferens, quae texit, moenia Cocles,
et commilitio uolucris Coruinus adeptus
et spolia et nomen, qui gestat in alite Phoebum,
et Ioue qui meruit caelum Romamque Camillus
785 seruando posuit, Brutusque a rege receptae
conditor, et furti per bella Papirius ultor,
Fabricius Curiusque pares, et tertia palma
Marcellus Cossusque prior de rege necato,
certantesque Deci uotis similesque triumphis,
790 inuictusque mora Fabius, uictorque necati

quod ad uerborum ordinem attinet, uide Ciris 194 *tu quoque auis metuere* (auis quoque), Val. Fl. I 284 *dirimique procul non aequore uisa* (non procul dirimi), Stat. silu. I 2 180 *et gloria maior* (etiam maior gloria) **781** *ferens* in clipeo caelata opinor, nam corona muralis aliam ob causam donabatur. Claud. VI cons. Hon. 486 sq. *traiecit clipeo Thybrim, quo texerat urbem, | Tarquinio mirante Cocles* **782 commilitio** Scaliger, **cum milicio** libri **coruinus** (hoc in marg.) **adeptus v**, **coruitus ademptus GL**, **cor intus adētus M** **783 in** om. **M** *qui gestat in alite Phoebum*, qui uolucer sub alitis forma Phoebi numen gestat: ita Bentleius collato V 381 *ipse deum Cycnus condit* **784 camillus L**[2], **camillis GL**, **cauillis M** ordo est *qui Ioue seruando meruit caelum Romamque seruando posuit eam*, ut ad *Ioue* ex gerundio audiatur eiusdem formae participium gerundiuum. simile est quod II 703 sq. legitur *ut sociata forent alterna sidera sorte, | et similis sibi mundus, et omnia in omnibus astra*, hoc est *et ut omnia astra in omnibus forent* siue *locum obtinerent*, ex priore illo *forent*, quod nihil nisi copula est, petito uerbo substantiuo. Bentleius adscripsit Sil. XIV 681 *seruando condidit urbem* **785 receptae** cod. Flor., **recepta GLM**, quod qui concoquere ualerent undeuicensimo demum post Christum natum saeculo inuenti sunt Iacobus et Bechertus **786 furti**,* **pirri** siue **pyrrhi** libri: idem *pugum* pro *fuga* IV 38. Papirius deuictis Samnitibus Caudinas insidias ultus est, haud furto melior sed fortibus armis: Flor. I 11 7 *Samnitas . . . gentem . . . montium fraude grassantem.* sic demum uerba *per bella* suum acumen accipiunt, ne quis forte aut *Ponti* aut *Spurii* malit. de Papirio Pyrrhi ultore, qui Manilii editoribus notissimus sit oportet, ego apud rerum scriptores nihil inuenio: certe Claudiano ignotus erat cum haec scriberet bell. Poll. 128–32 *plus fuga laudatur Pyrrhi quam uincla Iugurthae; | et, quamuis gemina fessum iam clade fugauit, | post Decii lituos et nulli peruia culpae | pectora Fabricii, donis inuicta uel armis, | plena datur Curio pulsi uictoria Pyrrhi* **787 pares v** et cod. Cusanus, **parens GL**, **patens M**

788 *prior* femininum esse intellexit Bentleius **necato** cod. Flor., **notato GL**, **natato M** **789 deci v**, **decii GLM**, *certantes Decii* cod. Flor. Verg. Aen. VII 631 *Crustumeri*, Prop. IV 1 34 *Gabi*: uide Lach. Lucr. IV 680 **790 fabius** cod. Flor., **flauius GL**, **flammis M** **necati** tam foedum tamque stolidum est ut a poeta scriptum esse nequeat: illud dubium, utrum ex u. 788 irrepserit an corruptela ortum sit. eisdem litteris constat *tenaci*, quod adiectiuum Neroni optime conuenit; sed *tenacis* ut malim facit Silii imitatio XV 592 sq. *succedit castris Nero, quae coniuncta feroci | Liuius Hasdrubali uallo custode tenebat.* uide Liu. XXVII 49 2–4 *Hasdrubal . . . dux cum saepe alias memorabilis tum*

Liuius Hasdrubalis socio per bella Nerone,
Scipiadaeque duces, fatum Carthaginis unum,
Pompeiusque orbis domitor per trisque triumphos
ante diem princeps, et censu Tullius oris
795 emeritus caelum, et Claudi magna propago,
Aemiliaeque domus proceres, clarique Metelli,
et Cato fortunae uictor, matrisque sub armis
miles Agrippa suae, Venerisque ab origine proles
Iulia? descendit caelo caelumque replebit,

illa praecipue pugna. ille pugnantes hortando pariterque obeundo pericula sustinuit; ille fessos abnuentesque taedio et labore nunc precando nunc castigando accendit; ille fugientes reuocauit omissamque pugnam aliquot locis restituit; postremo, cum haud dubie fortuna hostium esset, ne superstes tanto exercitui suum nomen secuto esset, concitato equo se in cohortem Romanam immisit: ibi, ut patre Hamilcare et Hannibale fratre dignum erat, pugnans cecidit. nefandi Bentleius **792** *Scipiadaeque duces.* Culicis uersus 399 sq. sic fere redintegrandi uidentur: *iure igitur talis* (acc. plur.) *sedes* (nom. sing.) *pietatis honores* | *instaurat pia <sic meritis. te, Regule, cerno* | *Scipia>dasque duces,* ubi cod. Bembinus *istarum piadasque*, editores *Scipiadaeque* et supra *tales.* Bentlei coniecturam *duō* clarissimi uiri aetati condonabimus: quamquam ne nostris quidem temporibus defuerunt qui syllabae mensuram ignorarent, uelut Philippus Kohlmannus, qui in Statii Thebaide praeter alia uitia metrica ex codice Puteaneo adsciuit VI 372 *quisnam iste duo, fidissima Phoebi* | *nomina, commisit deus in discrimina reges*, cum in reliquis recte esset *duos*, et Franciscus Buechelerus, qui Martialem hoc uersiculo auxit, *praemia cui laudem ferre duo poterant*, lib. spect. 15 8, ubi codex optimus *praemia cum laudem ferre adhuc pateram*, argute Schneidewinus *praemia cum tandem ferret, adhuc poterat*, id est 'cum post tot labores praemia ferret (acciperet), ne tum quidem tanto auri argentiue ponderi ferendo (portando) impar erat.' nam in Il. Lat. 582 *Atrides* | *Aiacesque duo claris speciosus in armis* | *Eurypylus* non metrum magis quam oratio requirit quod L. Muellerus restituit *duo et* *fatum Carthaginis unum*, praeter quos Carthaginem deuincere potuit nemo: Iustin. XXXI 7 1 *cum uincere Poenos opus Scipionum esset.* satis profecto inepte dici uidetur *fatum unum*, quasi coniuncta opera Scipiones Carthaginem deleuerint: quanto rectius Ouidius Herculem et Achillem *Troiae duo fata* appellauit fast. V 389. nempe infeliciter Manilius Vergilium imitatur, Aen. VI 842 sq. *geminos, duo fulmina belli,* | *Scipiadas, cladem Libyae* **794 diem** Bentleius, **deum** libri, hoc est C. Iulium. quid attinebat Pompeium, sicut etiam Sulla, ante Caesarem, sicut etiam ante Augustum, principem fuisse dici? Bentleius confert Stat. silu. I 2 173–5 *hunc et bis senos . . . cernes attollere fasces* | *ante diem* **795 claudii G, claudia LM.** hiatus in *caelum et* non magis ferendus uidetur quam IV 661 *Libyam Italas.* pro *et* Burtonus *tum*, quod facile post *-lum* excidere potuit; alia alii **797 armis GL, aruis M,** quorum neutrum sensum facit. *ulnis* Bentleius, qui quem Calpurnii locum adscripsit, buc. I 44 sq. *iuuenemque beata sequuntur* | *saecula, maternis causam qui uicit in ulnis*, eum subtrahunt codices *Iulis* exhibentes

798 ueneris MU, uentris GL **799** *Iulia.* hic subsistendum esse uidit Rudolfus Merkelius Ouid. trist. p. 403: uulgo continuant *proles Iulia descendit*, hac scilicet oratione 'an fortes animae huc migrant, atque hic Aeacidas

800 quod reget, Augustus, socio per signa Tonante,
cernet et in coetu diuum magnumque Quirini
801A *numen et illius, quem diuis addidit ipse,*
altius aetherii quam candet circulus orbis.
illa deis sedes: haec illis, proxima diuum

ueneramur, quique animi uires habuere, Romanique uiri, Tarquinio minus reges et Cato et Agrippa et proles Iulia descendit caelo?' **replebit,* repleuit** libri. nondum repleuerat, qui unum C. Iulium deum fecerat, sed repleturus erat posteris suis. Verg. Aen. VI 789 sq. *Caesar et omnis Iuli | progenies magnum caeli uentura sub axem,* IX 642 *dis genite et geniture deos,* Stat. silu. I 1 74 *magnorum proles genitorque deorum* **800 reget** Woltierus de Man. poet. 1881 p. 22, **regit** libri: III 577 sq. codices *triplicauit . . . producit* pro *triplicabit . . . producet,* I 661 *tegit et refert* pro *teget et referet,* IV 538 *legauit . . . immergit* **LMV** pro *legabit . . . inmerget.* rectissime Scaliger 'quare dicit caelum regi ab Augusto, quod nondum tenebat?' et Lachmannus opusc. II p. 43 'mirum profecto, si Augusti in terris imperantis iussu caelum se per zodiaci signa uerteret'; qui quod pergit 'immo ille in sedibus superis caelum gubernat,' duobus locis refutatur qui nisi superstite Augusto scribi non potuerunt, I 384 sq., 922–6, quibus adnumerandum censeo II 509. itaque abiecto iuuenili uiri magni errore, quem anno 1880 longa molestaque disputatione exornauit Bertholdus Freierus, breuiore ideoque minus molesta Felix Ramorinus anno 1898, hic locus, qui unus Augustum mortuum inducit, corrigendus est. nam Huetius cum Scaligero opponeret Hor. carm. III 3 9–12 *Pollux et . . . Hercules . . . arces attigit igneas, | quos inter Augustus recumbens | purpureo bibit ore nectar,* ignorasse uidetur in dimidia parte codicum extare *bibet*: comparanda sunt ex contrario Ouid. met. XV 858–60 *Iuppiter arces | temperat aetherias et mundi regna triformis, | terra sub Augusto est,* Man. IV 551 sq. *illum . . . caeli post terras iura manebunt,* I 9 *concessumque patri mundum deus ipse mereris.* neque enim, si imperator Romanus I 916 *rector Olympi* et imperium Romanum V 53 *caeli fortuna* uocatur eadem superlatione qua Ouidius *Iouem* pro Augusto ponere solet, sequitur ut princeps in terris degens caelum Ioue socio circumagere dici possit. nam *caelum per signa regere* quid esset intellexit Lachmannus, Kraemerus de Man. astron. p. 36 non intellexit: uide III 212 sq. *cursibus aeternis mundum per signa uolantem, | ut totum lustret curuatis arcubus orbem.* de subiecto sententiae *Augustus* in enuntiatum secundarium coniecto non est quod dicam: simile est, ut hoc utar, Ouid. her. X 45 *quid potius facerent quam me mea lumina flerent?* **801 cernet** Woltierus, **cernit** libri **quirini G, quirinum LM** post hunc uersum manifestum est excidisse talem, *numen et illius quem diuis addidit ipse* (uel *Quirinum | quemque nouum superis numen pius* etc.); nam *diuum* genetiuus sit necesse est, quoniam *in coetu* per se positum nihil significat: deest igitur C. Iulii mentio, quam et sententia requirit et oratio. *Quirini* uerius uidetur, *Quirinum* corrigendo natum post omissum uersiculum **802 candet V** et Cus., **candit GLM.** Dracont. contr. de statua 325 sq. *scandens qua lacteus axis | uertitur, aetherii qua sedat* (*candet* Rossbergius, fortasse sufficit *se dat*) *circulus orbis.* uersuum 799–802 sententiam Bentleius sic comprehendit: 'Romulus Iulius et Augustus supra galaxiam cum deis maioribus degunt: in ipso galaxia ceteri quos recensuit' **803 deis** Bentleius, **deum** libri: scilicet *s* semel scriptum fuerat, *dei sedes.* frustra Fayus *illa deum sedes; haec, illi proxima, diuum,* cum apud Manilium diui a deis non

qui uirtute sua similes fastigia tangunt.
809 *nunc* prius incipiam stellis quam reddere uires
signorumque canam fatalia carmine iura,
implenda est mundi facies, corpusque per omne
quidquid ubique nitet uigeat quandoque notandum est.
805 sunt alia aduerso pugnantia sidera mundo,
quae terram caelumque inter uolitantia pendent,
Saturni, Iouis et Martis Solisque, sub illis
Mercurius Venerem inter agit Lunamque uolatus.
813 sunt etiam raris orti natalibus ignes
protinus et rapti. subitas candescere flammas

differant. Gratt. 96 sq. *deus ille an proxima diuos* | *mens fuit?* **804 fastigia,* uestigia** libri: de mutatione dixi ad 616. ordo est *haec illis sedes* est, *qui, uirtute sua diuum similes, proxima tangunt fastigia*: sic 42 *proxima tangentes rerum fastigia caelo*. *uestigia* si seruabitur, aut pro *tangunt* scribendum erit *figunt*, inepte enim proxima (sibi) diuum uestigia heroes tangere dicuntur, aut *proxima* ad *sedes* referetur, quod ob datiuum *illis* ualde incommodum est

805–808 post **812** traiecit Scaliger; nimirum cum propter similia uersuum 805 et 813 initia excidissent alieno loco repositi sunt. quos quod deleuit Bentleius, recte Iacobus obseruauit in caeli descriptione omitti non posse planetarum mentionem. nam in extrema hac libri primi parte *impletur mundi facies* et planetarum cometarum stellarum uolantium commemoratione absoluitur corporum caelestium enumeratio **809 nunc** (n̄c) Bentleius, **c M, ac GL**, quae particula nullum hic locum habet. *hic* cod. Flor. **810** *canam carmine*, nullo addito epitheto, infantis est poetae, ut scribendum suspicer *signorumque sequi*; nam *sequi* propter *que* excidere potuit **812** *uigeat quandoque* nec Latina sunt nec faciunt sensum. Bentleius uersum, quem nemo additurus fuit, eiecit et superiorem immutauit: supina neglegentia Scaliger tacet, Huetius haec effutit, '*uigeat quandoque*. hoc est, et quando uigeat. sic saepe Manilius' (hoc est 'omnia nitentia notanda sunt et quando uigeant': quae sententia? quae orationis structura?); Iacobus, mirificus Latinitatis auctor, quem *quidquid* pro interrogatiuo habuisse apparet, 'uerba esse proba demonstratione non indiget, nisi forte in uariatione modorum (*nitet, uigeat*) nullam ob causam haerebis.' grammaticam orationis formam nullo negotio efficiet *qua dote* (v 710 *tertia Pleiadas dotauit forma sorores*); uerum non modo temporis in illo *quandoque* significatio sed etiam uigendi uerbum absonum uidetur, cum praecesserit *prius incipiam quam stellis reddere uires* et in eo sit poeta ut *faciem mundi*, quod huius primi libri argumentum est, absoluat. fuitne *uiceat qua quodque*, ut notanda esse dicat omnia lumina, qua quodque uice uoluatur? 53–7 *signarunt tempora, . . . in quas fortunae leges quaeque hora ualeret*, 109 sq. *attribuit . . . sua nomina signis,* | *quasque uices agerent certa sub sorte notauit* **quicquid GL, quidquam M notandum est om. G**

808 inter agit GL, intangit M uolatus Postgatius silu. Man. p. 7, **locatus** libri: II 58 *locamus* **v** et Voss. 1 pro *uolamus* **813 raris orti natalibus ignes** Bentleius, **rari sorti natalis euntes** libri, sed **natalibus . . . rapti** om. **M**

814 interpunxit Iacobus. priores *raptim* legebant, cui errori accessit apud Scaligerum transpositio uersuum 814 815 a typothetis facta, quam Bentleius et

815 aera per liquidum tractosque perire cometas
rara per ingentis uiderunt saecula motus.
siue, quod ingenitum terra spirante uaporem
umidior sicca superatur spiritus aura,
nubila cum longo cessant depulsa sereno
820 et solis radiis arescit torridus aer,
apta alimenta sibi demissus corripit ignis
materiamque sui deprendit flamma capacem,
et, quia non solidum est corpus, sed rara uagantur
principia aurarum uolucrique simillima fumo,
825 in breue uiuit opus coeptusque incendia fine
subsistunt pariterque cadunt fulgentque cometae.
quod nisi uicinos agerent occasibus ortus
et tam parua forent accensis tempora flammis,
alter nocte dies esset, caelumque rediret
830 immersum, et somno positum deprenderet orbem.

Pingraeus incuriose propagauerunt **flammas L², lammas GLM** **815 tractos** ineptum est: **natos** Bentleius probabiliter, collato 834 *lumina quae subitis existunt nata tenebris*; minus bene Iacobus *factos* **816** *per ingentis motus*, ingentibus rerum humanarum motibus existentibus **817–826** ordo est *siue alimenta corripit ignis materiamque deprendit flamma et opus in breue uiuit.* sequitur argumentatio per parenthesin interposita uu. 827–864; deinde u. 865 resumitur protasis per *siue igitur*: apodosis redditur u. 876, ubi uerba *numquam futtilibus excanduit ignibus aether* respiciunt ad *ingentis motus* u. 816 commemoratos. terrae ἀναθυμίασιν cometarum causam esse docet Aristoteles meteor. I 7 **819 depulsa GL, dispulsa M** **820 torridus M, cordibus GL** **821 apta** Regiomontanus, **acta GL, aera M** **demissus** Regiomontanus, **dimissus** libri. non in diuersas partes mittitur ignis sed ex aethere in certum locum demittitur: uide quae ad 860 adferam (*defluit, desuper*). paene incredibilis est editorum in talibus patientia, qui, ut exempla ex alio scriptore petita ponam, in Sen. nat. quaest. I 8 2 haec tolerant, *si superior est sol et ideo superiori tantum parti nubium adfunditur, numquam terra tenus descendet arcus: atqui usque in humum dimittitur*, et ibid. II 55 2 *ignis, inquit, dimissus in aquam sonat, dum exstinguitur* **825 coeptusque,* coeptaque** libri ob causam perspicuam: *coeptoque* Scaliger sine sensu, nec melius Pingraeus *et coeptă*, Bechertus *coeptă atque*, quasi *fine* sic per se positum quicquam significet **fine LM, finem G**

coeptus fine subsistunt, ultra inceptionem non progrediuntur: uide Ouid. halieut. 102 *scopulorum fine moratus* (intra scopulos), Lucr. IV 627–9 *uoluptas est e suco fine palati* (palato tenus nec ultra), quaeque praeterea attulerunt Heinsius ad Ouid. met. X 536 et Bentleius ad Hor. carm. II 18 30. de *coeptus* uoce Maduigius ad Cic. de fin. IV 41 'erat in huiusmodi formis secundum regulam extra communem usum fingendis aliqua sermonis libertas' *citraque incendia limen* Bentleius translatione minime apta **826 cometae G, cometa LM** **830 immersum** Scaliger, **immensum** libri, ut 392: Auien. Arat. 824 *cardinis inmersi* **positum,* totum** libri. *positum* et *potum* (Prop. IV 6 75),

tum, quia non una specie dispergitur omnis
aridior terrae uapor et comprenditur igni,
diuersas quoque per facies accensa feruntur
lumina, quae subitis existunt nata tenebris.
835 nam modo, ceu longi fluitent de uertice crines,
flamma comas imitata uolat, tenuisque capillos
diffusos radiis ardentibus explicat ignis;
nunc prior haec facies dispersis crinibus exit,
et glomus ardentis sequitur sub imagine barbae;
840 interdum aequali laterum compagine ductus
quadratamue trabem fingit teretemue columnam.

potum et *totum* (Ouid. fast. v 335) facile commutantur: Germ. phaen. 167 pro *positam* libri partim *totam* partim *portans*. correctio necessaria est; cum enim *immersum* ad *caelum* referendum sit, quod nomen per se positum nullam efficit sententiam, supersunt uerba sensu uacua *somno totum deprenderet orbem*: nam *somno deprendere* pro eo quod est *deprendere sopitum* non dicitur Latine. accedit quod ipsum illud *totum* non aptissime additur, cum de hoc nostro orbe siue hemisphaerio sermo sit **833** om. **G** **834** Pingraeus enarrat 'ces flammes que nous voyons paroître subitement dans l'obscurité de la nuit.' atqui *subitae tenebrae* sunt quae subito fiunt (Luc. I 539 *subita umbra*, VII 452 *subitis noctibus*, IX 817, Stat. Theb. X 164 *subita caligine*, Sen. Ag. 296 *nocte subita*, Man. III 343 *celeres merguntur in umbras*), non ex quibus subito existunt lumina: lumina subita sunt, 814 *subitas flammas*, 859 *faces subitas*. saepe quidem pro aduerbio ponitur adiectiuum quod est *subitus*, sed ea lege ut cum subiecto enuntiati uel cum uerbi transitiui obiecto coniungatur: aliter enim quomodo ad actionem uerbi pertinere et adiectiui naturam exuere possit non intellegitur. nihil igitur ad rem faciunt exempla qualia sunt Verg. Aen. IX 475 *subitus miserae calor ossa reliquit*, Val. Fl. II 51 sq. *subitus cum luce fugata* | *horruit imbre dies*, VI 154 *subitam trepidis Maeotin soluere plaustris*, Stat. Theb. IV 740 sq. *subitam pulchro in maerore tuentur* | *Hypsipylen*. hanc causam fuisse puto cur Franciscus Malchinus de Posidonio p. 22 aliam explicationem quaereret; sed quod subitas tenebras interpretatur defectum solis, id uero prorsus absonum est: quid quod isto pacto uersiculus non cometas tantum sed ceteras quoque claras stellas significat? aut igitur pro *existunt* requiri uidetur pereundi notio aut pro *subitis* reponendum esse *furuis*: V 725 *offulget tenebris et nocte accenditur atra* **835–837** Plin. n.h. II 89 *plura earum* (stellarum repente nascentium) *genera. cometas Graeci uocant, nostri crinitas, horrentis crine sanguineo et comarum modo in uertice hispidas* **836** **capillos M** et pro uar. scr. **L**, **capillus G**, **capillis L** **837** **ignis M**, **ignes GL** **838, 839** Arist. meteor. I 7 3, Plin. l.c. **838** **facies LM**, **species G** fortasse recte *dispersis crinibus*, dispersos crines habens *exit* 'abit, mutatur, desinit' Huetius. inepte Fayus 'exoritur,' Pingraeus 'diverge d'un côté' **839** **glomus** Bentleius, **globus** libri, quod quam non aptum sit apparet ex Aristotelis uerbis ἐὰν μὲν γὰρ πάντῃ ὁμοίωσ (τὸ ἀναθυμιώμενον τύχῃ ἐσχηματισμένον), κομήτησ, ἐὰν δ' ἐπὶ μῆκοσ, καλεῖται πωγωνίασ, et Plinii *pogonias quibus inferiore ex parte in speciem barbae longae promittitur iuba*. *globos* pro *glomus* aliquot codices Horatii epist. I 13 14 **840** *ductus* nomen substantiuum: errant interpretes **841** *trabem*,

quin etiam tumidis exaequat dolia flammis
procere distenta uteros, artosque capellas
mentitur paruas ignis glomeratus in orbes
845 hirta figurantis tremulo sub lumine menta,
lampadas et fissas ramosos fundit in ignes.
849 et tenuem longis iaculantur crinibus ignem
847 praecipites stellae passimque uolare uidentur,

δοκόν siue δοκίδα, Plin. n.h. II 96, Sen. nat. quaest. I 15 4, Achill. isag. 34 *columnam*, κίονα, Plut. plac. phil. III 2 6, Sen. nat. quaest. VII 20 2

842 *dolia*, πίθους (περὶ κόσμου IV 23, Lyd. de ostent. c. 10[a]), quod genus a Plinio n.h. II 90 *pitheus*, a Seneca nat. quaest. I 14 1 *pithias* appellatur

843 procere GL, procerc M et pro uar. scr. **L** *distenta uteros*, ut 204 *distenta plagas* **artosque,* partosque GL, partasque M capellas M, capellos L, capillos G.** αἶγας uocat Aristoteles meteor. I 4 6, Seneca nat. quaest. I 1 2 per *capram* uertit et *globum ignis* esse dicit apparet opinor in archetypo fuisse *partosque capellas*, in quibus prius *p* nihil aliud est nisi praecedentis litterae repetitio: sic Verg. georg. III 101 *alias partis* Palatinus pro *artis*, Sen. ad Marc. I 4 *duas partes* Ambrosianus aliique pro *artes*, epist. 78 18 *bonas partes* libri pro *artes*; contra Germ. phaen. 527 *aequalis aries* libri pro *partes*. *paruasque capellas* iam Bentleius, **M** nondum cognito; sed nec *paruas* sequente *paruos* (ita editores uersu proximo) ullum acumen habet, nec sic intellegitur qui factum sit ut masculina *partos* et *capellos* siue *capillos* in codices uenirent

844 paruas,* paruis GL et ut puto liber archetypus propter sequens *signis*, **paruos M** et pro uar. scr. **L**, uereor ne coniectura ad *orbes* accommodatum **ignis** Scaliger, **signis** libri **glomeratus G, glomeratur LM** paruae capellae distentis doliis, tumidis flammis arti orbes opponuntur. ordo uerborum, *artos capellas mentitur paruas glomeratus in orbes*, offensioni esse non debet: adscribo exempli causa Sil. VII 672 sq. *hunc longa multa orantem Carmelus et altos* | *mutantem saltu ramos transuerberat hasta* **845 menta** Bentleius, **menses** libri. V 103 sq. *incipient Haedi tremulum producere mentum* | *hirtaque tum demum terris promittere terga. sub lumine* uix differt a simplici ablatiuo: similiter abundat *sub* II 909 sq. *Deus ille locus sub nomine Graio* | *dicitur* **846** *lampadas* commemorant scriptor περὶ κόσμου IV 23, Achilles isag. 34, Seneca, Lucanus, Plinius. neglegenter dictum *ignis fundit in ignes* **849** cur ante **847** collocauerim nemini obscurum erit (nempe *que* particulam tertio loco Manilius nusquam posuit, rarissime secundo, unde Bentleius *praecipitant* coniecit), neque magis, cur post 846 exciderit (*ignes, ignem*). uersibus 847–851 agitur de ἀστράσι διᾴττουσι siue facibus caelestibus non nisi cum decidunt uisis (Plin. n.h. II 96); falso enim Scaliger acontias (Plin. II 89) intellegit, qui praecipites non sunt. *crinibus* de his stellis poni posse ostendunt Verg. Aen. V 527 sq. *caelo ceu saepe refixa* | *transcurrunt crinemque uolantia sidera ducunt* et Auien. Arat. 1687–9 *stellarumque comas rumpi procul, aethere celso* | *decidere in terras, rutilarum spargere crines* | *flammarum et longos a tergo ducere tractus*; etiam *iaculantur crinibus ignem*, quod Bentleio non immerito displicuit, aliquo modo defendit Claud. bell. Gild. I 496 *et contusa uagos iaculantur sidera* (fixa) *crines*. melius tamen Bentleius *tractibus*, qui minore molimento *cursibus* scribere potuit, cum *cursibus curribus crinibus* facile permutentur: Verg. georg. I 365–7 *stellas uento inpendente uidebis* | *praecipites caelo labi, noctisque per umbram* | *flammarum longos a tergo albescere tractus*, Arat. 926 sq. καὶ διὰ

cum uaga per nitidum scintillant lumina mundum
850 exiliuntque procul uolucres imitata sagittas,
ardua cum gracili tenuatur semita filo.
sunt autem cunctis permixti partibus ignes,
qui grauidas habitant fabricantes fulmina nubes
et penetrant terras Aetnamque minantur Olympo
855 et calidas reddunt ipsis in fontibus undas
ac silice in dura uiridique in cortice sedem
inueniunt, cum silua sibi collisa crematur;
ignibus usque adeo natura est omnis abundans:
ne mirere faces subitas erumpere caelo
860 aeraque accensum flammis lucere coruscis
arida complexum spirantis semina terrae,
quae uolucer pascens ignis sequiturque fugitque,
fulgura cum uideas tremulum uibrantia lumen
imbribus e mediis et caelum fulmine ruptum.
865 siue igitur ratio praebentis semina terrae

νύκτα μέλαιναν ὅτ' ἀστέρεσ ἀίσσωσι | ταρφέα, τοῖσ ὄπιθεν ῥυμοὶ ὑπολευκαίνονται, Auien. l.c., Lucr. II 207 *longos . . . tractus*, Plin. n.h. II 96 *faces uestigia longa faciunt, . . . bolis . . . longiorem trahit limitem* **848 nitidum GL, mundum M, liquidum V** et Cus., quod magis proprium uidetur, Verg. Aen. X 272 sq. *liquida si quando nocte cometae | sanguinei lugubre rubent* **850 exiliunt** Bonincontrius, **exurunt** libri, **excurrunt** Bentleius. Sen. nat. quaest. I 14 3–4 *hae uelut stellae exsiliunt et transuolant uidenturque longum ignem porrigere . . . . . . itaque uelut igne continuo totum iter signat, quia uisus nostri tarditas non subsequitur momenta currentis, sed uidet simul et unde exsilierit et quo peruenerit*, 15 1 *non potest fieri ut aer uim igneam usque in aethera elidat, ex qua fulgor ardorue sit uel stellae similis excursus!* **procul GL, uiam M** aperte interpolatus **851 ardua (=ardria)** Bonincontrius, **arida** libri ioculariter *tenuatur*, Sen. nat. quaest. I 1 6 *tunc ignes tenuissimi iter exile designant et caelo producunt* **853** hinc Lachmannus emendauit Lucr. VI 365 *quorum utrumque opus est fabricanda ad fulmina nubi*, ubi libri *nobis* **858** *est abundans*, V 255 *oriens est*, 389 *erit tribuens*, 397 *erit capiens* post hunc uersum perperam editores praeter Scaligerum plenam distinctionem posuerunt, cum uersibus 852–864 hoc dicatur: 'scito multos usque quaque ignes esse, ne forte mirere faces caelestes ita, ut dixi, fieri; quod mirum uideri non debet, quoniam fulgura ex ipsis imbribus emicare solent' **860–862** Sen. nat. quaest. I 14 5 *ignis . . . nonnumquam ex aliqua opportunitate aeris nascitur. multa enim sunt in sublimi sicca, calida, terrena, inter quae oritur et pabulum suum subsequens defluit ideoque uelociter rapitur*, Auien. Arat. 1815–9 *nam quae prorumpunt naturae legibus ultro | spiramenta soli, si iustus defuit umor, | arida, per caelum surgentia, desuper aethrae | ignescunt flammis mundique inpulsa calore | excutiunt stellas et crebro crine rubescunt* **863 cum M, ne GL** **864 e** Scaliger, **et** libri **865** *siue igitur.* de structura enuntiati dixi ad 817 *ratio prae-*

in uolucres ignis potuit generare cometas;
siue illas natura faces obscura creauit
sidera per tenues caelo lucentia flammas,
sed trahit ad semet rapido Titanius aestu
870 inuoluitque suo flammantis igne cometas
ac modo dimittit, sicut Cyllenius orbis
et Venus, accenso cum ducit uespere noctem
sera nitens, falluntque oculos rursusque reuisunt;
seu deus instantis fati miseratus in orbem
875 signa per affectus caelique incendia mittit;

bentis semina terrae pro *terra semina praebens* positum nunc defendere posse uideor adlato Plin. n.h. II 239 *cum sit huius unius elementi ratio fecunda seque ipsa pariat et minimis crescat a scintillis*; nam multo minus audacter Cicero pro Mur. 35 *quod fretum tantas habere putatis agitationes fluctuum, quantos aestus habet ratio comitiorum* similiaque dixit. ordo est *praebentis semina in uolucres ignes* **866 potuit** Scaliger, **posuit** libri, quod cum illo *ratio* tam apte congruere uidebatur ut olim conicerem *si u<er>e ratio praebentis semina terras | in uolucres ignis posuit* (statuit) *generare cometas.* Bentleius *siue igitur raro praebentes semina terrae | in u.i. possunt g.c.* **867–873** Arist. meteor. I 6 2 *τῶν δ' Ἰταλικῶν τινὲσ καὶ καλουμένων Πυθαγορείων ἕνα λέγουσιν αὐτὸν εἶναι τῶν πλανήτων ἀστέρων, ἀλλὰ διὰ πολλοῦ τε χρόνου τὴν φαντασίαν αὐτοῦ εἶναι καὶ τὴν ὑπερβολὴν ἐπὶ μικρόν, ὅπερ συμβαίνει καὶ περὶ τὸν τοῦ Ἑρμοῦ ἀστέρα*

867 obscura,* ob cuncta (=**obcūta**) libri: Phaed. IV 2 12 *obcuro* libri pro *obscuro. obducta* Ellisius nimis obducte; neque *occulta* commendauerim. *ut cuncta creauit | sidera, perpetuis caelo lucentia flammis* Bentleius. Sen. nat. quaest. VII 13 1 (Artemidorus dicit) *stellas . . . innumerabiles ferri per occultum, aut propter obscuritatem luminis nobis ignotas aut propter circulorum positionem talem ut tunc demum, cum ad extrema eorum uenere, uisantur* **871** *modo*, postmodo. Lucr. II 1133–5 *augmine adempto . . . plura modo dispargit et ab se corpora mittit*, Prop. II 24 45 sq. *iam tibi Iasonia uecta est Medea carina | et modo ab infido sola relicta uiro* (nam I 11 3 interpolatione, II 24 11 lacuna, III 14 15 transpositione laborat), Il. Lat. 595–7 *non sic saetigeri exacuunt feruoribus iras | pectoribusque fremunt uastis, modo dentibus uncis | alterni librant cladis et uulnera miscent*, Tac. ann. IV 50 6 *hostis clamore turbido, modo per uastum silentium, incertos obsessores effecerat*, Verg. Aen. V 830 sq. *sinistros, | nunc dextros soluere sinus*, Pers. III 115 sq. *alges, cum excussit membris timor albus aristas; | nunc face supposita feruescit sanguis*, laud. Pis. 194 *ut niueus nigros, nunc et niger alliget albos*: eleg. in Maec. I 124 dubito utrum sic explicari debeat an *modo* ad *lauante* referendum sit. **873 sera nitens,* saepe nitent** libri, quae uerba et falsa sunt (nam Mercurii stella *διὰ χρόνου φαίνεται πολλοῦ* Arist. meteor. I 6 2, *σπανίωσ φαίνεται* Olymp. ad loc.) et tantum abest ut ad comparationem faciant, ut eam plane perturbent; cometas enim non saepe sed raro nitere poeta docuit uu. 813, 816. non multo aptius Bentleius *latent*: omnino quidquid ad illa *falluntque oculos rursusque reuisunt* adieceris uitiose abundabit. Verg. georg. I 251 *sera rubens accendit lumina uesper*

rursusque LM, rursumque G: hoc semel praeterea legitur II 73, illud multo saepius **874** *instantis fati* signa **miseratus v, miseratur GLM** **875** *caeli*

numquam futtilibus excanduit ignibus aether,
squalidaque elusi deplorant arua coloni,
et steriles inter sulcos defessus arator
ad iuga maerentis cogit frustrata iuuencos.
880 aut grauibus morbis et lenta corpora tabe
corripit exustis letalis flamma medullis
labentisque rapit populos, totasque per urbes
publica succensis peraguntur *ius*ta sepulchris.
qualis Erectheos pestis populata colonos
885 extulit antiquas per funera pacis Athenas,
alter in alterius labens cum fata ruebant.
nec locus artis erat medicae nec uota ualebant;
cesserat officium morbis, et funera deerant
mortibus et lacrimae; lassus defecerat ignis
890 et coaceruatis ardebant corpora membris,
ac tanto quondam populo uix contigit heres.
talia significant lucentes saepe cometae:
funera cum facibus ueniunt, terrisque minantur
ardentis sine fine rogos, cum mundus et ipsa
895 aegrotet natura nouum sortita sepulcrum.

ἀπὸ κοινοῦ, per caeli affectus incendiaque **876** Claud. bell. Poll. 243 *numquam caelo spectatum impune cometen* de *futtilibus excanduit* uide ad u. 10 adnotata
877 elusi cod. Flor., **effusi GLM** *que* post negationem pro *sed* positum est, ut II 723, qui usus interpretes fefellit in Val. Fl. I 699 *nec uana pauet, trepidatque futuris*, hoc est 'nec uanus est pauor eius, sed ea, propter quae trepidat, euentura sunt' **882 urbes G, orbes LM** **883 iusta** Bentleius, **fata** libri: excidit *ius-* propter *-tur.* librorum scriptura, *peraguntur fata*, significat populum uiuum comburi; morte enim, non sepultura, fata peraguntur
884 ericteos G, erectecos LM **885** *funera pacis*, II 597 *pacis clades*, Stat. Theb. IV 620, IX 756 *funera belli* **886** *fata* recte Fayus mortem interpretatur
887 medice (id est **medicae**) **M, medici GL** **890**, quem uersum Bentleius intellegere noluit, iam Fayus recte explicauerat adlato Thuc. II 52 *ἔθαπτον δὲ ὡσ ἕκαστοσ ἐδύνατο. καὶ πολλοὶ ἐσ ἀναισχύντουσ θήκασ ἐτράποντο σπάνει τῶν ἐπιτηδείων διὰ τὸ συχνοὺσ ἤδη προτεθνάναι σφίσιν· ἐπὶ πυρὰσ γὰρ ἀλλοτρίασ φθάσαντεσ τοὺσ νήσαντασ οἱ μὲν ἐπιθέντεσ τὸν ἑαυτῶν νεκρὸν ὑφῆπτον, οἱ δὲ καιομένου ἄλλου ἄνωθεν ἐπιβαλόντεσ ὃν φέροιεν ἀπῇσαν* et Lucr. VI 1283 sq. deficiente ignis materia singulis rogis multorum corpora coaceruata cremabantur **891 uix v, uia GLM** **892** *saepe* recte cum *significant* coniungit Fayus, in toto hoc loco Bentleio longe prudentior: sequitur 896 *quin et bella canunt* **893** ad *minantur* pro nominatiuo audiendum est *faces*, non *funera*
894 sq. V 214–6 Canicula oriente *natura suismet* | *aegrotat morbis nimios obsessa per aestus* | *inque rogo uiuit* **895 nouum GL, omnium M.** *nouum*

quin et bella canunt ignes subitosque tumultus
et clandestinis surgentia fraudibus arma:
externas modo per gentes, ut, foedere rupto
cum fera ductorem rapuit Germania Varum
900 infecitque trium legionum sanguine campos,
arserunt toto passim minitantia mundo
lumina, et ipsa tulit bellum natura per ignes
opposuitque suas uires finemque minata est.

quorsum pertineat non intellego, uix enim sic significari potest hanc mundi naturaeque sepulcri sortitionem rem nouam esse atque insolitam. *suum* Iacobus, fortasse *unum*, ut IV 837 *uno metuit condi natura sepulcro* *sortiri* pro *sortiri uideri*, ut esset fere *praemetuere*, praeter hunc locum Manilius bis posuit, 917 *femineum sortita iugum cum Roma pependit* et V 210 sq. *diuinat* (*dimicat in* libri, id est *dimicat* [uin]) *cineres orbis fatumque supremum* | *sortitur*; neque enim aut Roma bello Actiaco iugum Cleopatrae ἔλαχεν aut terra quotannis Canicula oriente fatum supremum λαγχάνει. hic autem necessario id uerbum ita ut dixi intellegendum est, cum Manilio mundus aeternus esse uideatur (521 *idem semper erit*) neque in aeuo mutari (523), nedum totiens sepulcro condi quotiens cometae appareant **898** *modo* cum Scaliger 'non multo antea' interpretatus esset, uerius Bentleius pro *interdum* accepit; cui aduerbio cum in uersu 906 respondere deberet alterum *modo* (uel *interdum, nunc, tum, aliquando, nonnumquam, saepe, rursus*), poeta post duplicem parenthesin uu. 898–903 et 904 sq. interiectam, oblitus sese ante octo uersus illud posuisse, deflexit orationem et nouam sententiam per *etiam* adnexuit, ut factum sit anacoluthon. nam illud sane fieri non potest, ut *etiam* ei quod est *modo* recte atque ordine reddi putetur, uetante particulae ui et natura; neque credibile est Propertium in carminum prooemio nitidissime scripto sine ulla anacoluthi excusatione eum admisisse soloecismum qui in editionibus paene omnibus circumfertur uersibus 11–14, cum praesertim imperfecta sit uerborum sententia, quae quomodo expleri deberet dixi anno 1887 in Journal of Philology uol. XVI pp. 19–22 duobus uersiculis exempli causa fictis, *nam modo Partheniis amens errabat in antris* | <*multaque desertis fleuerat arboribus,* | *et modo submissa casses ceruice ferebat*> | *ibat et hirsutas comminus ille feras.* | *ille etiam* etc. (uide Tib. I 4 47–50, IV 3 11–14, ante omnia Ouidii uersus hunc locum imitati art. II 185–92), quemadmodum in Sen. nat. quaest. II 44 2 recte emendatum est *ut existimarent Iouem modo* <*grauioribus, modo*> *leuioribus fulminibus et lusoriis uti* et in Liu. XXIV 26 3 *addidit preces, nunc* <*per deos, nunc*> *per memoriam Hieronis patris Gelonisque fratris.* contra nullam offensionem habet paneg. Mess. 93 sq. *inque uicem modo derecto contendere cursu,* | *seu libeat, curuo breuius conuertere gyro.* ceterum longe ab hac quaestione remouendus est usus *modo* particulae in secundo tantum membro positae, quem ad u. 871 attigi. Plinii locus n.h. VIII 182 *uidimus ex imperio dimicantes et ideo monstratos rotari, cornibus cadentes excipi iterumque regeri, modo iacentes ex humo tolli; bigarumque etiam cursu citato uelut aurigas insistere* (tauros, subiecto mutato), siue *paulo ante iacentes* siue *postmodo tolli* intellegi debet, certe huc non pertinet **901 minitantia G, munitantia L, imitancia M.** *uolitantia* Bentleius proper *minata* u. 903; '*minitantia* nisi uera lectio est, malim certe *nictantia*' Lachmannus opusc. II p. 42, quod in *nutantia* et

nec mirere graues rerumque hominumque ruinas:
905 saepe domi culpa est; nescimus credere caelo.
ciuilis etiam motus cognataque bella
significant. nec plura alias incendia mundus
sustinuit, quam cum ducibus iurata cruentis
arma Philippeos implerunt agmine campos,
910 uixque etiam sicca miles Romanus harena
ossa uirum lacerosque prius super astitit artus,
imperiumque suis conflixit uiribus ipsum,
perque patris pater Augustus uestigia uicit.
necdum finis erat: restabant Actia bella
915 dotali commissa acie, repetitaque rerum
alea et in ponto quaesitus rector Olympi,
femineum sortita iugum cum Roma pependit
atque ipsa Isiaco certarunt fulmina sistro;
restabant profugo seruilia milite bella,
920 cum patrios armis imitatus filius hostes
aequora Pompeius cepit defensa parenti.

mutantia abiit in Ciris uersu 218 **904 nec GL, ne M.** dixi ad 557 mihi et hic et v 231 concinnius uideri *neu*, id est 'ac, ne forte mirere . . . ruinas, saepe domi culpa est.' recte simili condicione Leid. et Oxon. *neu* in Iuu. XII 93, ubi ceteri *nec*, Lachmannus *ne* **908** *ducibus cruentis*, Bruto et Cassio. Caesaris interfectoribus: errant Fayus et Pingraeus, tacent ceteri **910** *uix etiam*, uixdum **911 artus G, arc L, ari M** *laceros prius*, anno ante Christum natum 48, iam, anno 42, non laceros uerum putrefactos **915** Apoll. Sid. carm. v 456–8 *Leucadio classis Mareotica portu | Actiacas abscondit aquas, in bella mariti | dum uenit a Phario dotalis turba Canopo*: alio sensu eleg. in Maec. I 53 sq. *ne posset femina Romam | dotalem stupri turpis habere sui*, anth. Lat. Ries. 462 3 (P.L.M. Baehr. IV p. 85) *dotalemque petens Romam Cleopatra Canopo* **916 alea G. alia M. lea L** de *rector Olympi* dixi ad 800. V 52 sq. *Actiacosque sinus inter suspensus utrimque | orbis et in ponto caeli fortuna natabit*, Luc. X 66 sq. *Leucadioque fuit dubius sub gurgite casus | an mundum ne nostra quidem matrona teneret* **917 roma** cod. Flor. et Bentleius (nam Ellisii de **M** silentio confidi non potest), **pompa GLU pependit** Susius apud Scaligerum, **rependit** libri. scilicet scriptum fuerat duabus litteris transpositis *poma repcndit*, ut Aetnae uersu 594 *rorantis parte camilli* pro *matre capilli*. IV 35 sq. *pendebat ab uno | Roma uiro*, Claud. Stil. I 376 sq. *discrimine Roma supreme . . . pependit*, quos locos attulit Bentleius. de *sortita* uide ad 895 **918** *fulmina* Iouis Capitolini. Prop. III 11 41–3 *ausa Ioui nostro latrantem opponere Anubim . . . Romanamque tubam crepitanti pellere sistro*, Luc. X 63 *terruit illa suo, si fas, Capitolia sistro*, anth. Lat. Ries. 462 4 (P.L.M. Baehr. IV p. 85) *Capitolino sistra minata Ioui* **920** *patrios hostes*, piratas Cilicas a Cn. Pompeio sublatos

sed satis hoc fatis fuerit: iam bella quiescant
atque adamanteis discordia uincta catenis
aeternos habeat frenos in carcere clausa;
925 sit pater inuictus patriae, sit Roma sub illo,
cumque deum caelo dederit non quaerat in orbe.

922–926 nisi uiuo Augusto scripti sunt, absurdissime aerumnarum ab Augusto, non a Tiberio, ciuilia bella tollente susceptarum mentioni subiciuntur

925 *sit Roma sub illo*, illum habeat principem neue dominum mutet, Ouid. fast. IV 859 *sis magno sub Caesare semper*; ne cum A. Kraemero de Man. astron. p. 28 *inuicta* subaudias, inutili sententia **926 quaerat GL, quaerit M.** quoniam deum caelo dedit, C. Iulio Caesare inter superos relato, deum in terris quaerere ac desiderare ne cogatur sed praesente fruatur Augusto. similiter Verg. georg. I 500–4 *hunc saltem euerso iuuenem succurrere saeclo* | *ne prohibete* . . . | *iam pridem nobis caeli te regia, Caesar,* | *inuidet*, Hor. carm. I 2 45–50 *serus in caelum redeas diuque* | *laetus intersis populo Quirini* | . . . *hic ames dici pater atque princeps*, Ouid. trist. V 2 51 sq. *sic habites terras et te desideret aether,* | *sic ad pacta tibi sidera tardus eas*, met. XV 868–70 *tarda sit illa dies et nostro serior aeuo,* | *qua caput Augustum, quem temperat, orbe relicto* | *accedat caelo faueatque precantibus absens*, Calp. buc. IV 142–6 *tu quoque mutata seu Iuppiter ipse figura,* | *Caesar, ades seu quis superum sub imagine falsa* | *mortalique lates (es enim deus), hunc, precor, orbem,* | *hos, precor, aeternus populos rege: sit tibi caeli* | *uilis amor, coeptamque pater ne desere pacem*, Sen. cons. ad Polyb. 12 5 *sera et nepotibus demum nostris dies nota sit, qua illum gens sua caelo adserat.* longe aliter Pingraeus, qui *cum dederit* temporis significatu accipit, ut poeta precetur ne Roma Augustum, postquam is caelo accesserit, desideret, Tiberio in eius locum succedente, sententia ad superiora non accommodatissima. nam eos, qui mortuo Augusto et Tiberio rerum potito haec scripta uolunt, iam omittendos esse censeo

II 1–3

maximus Iliacae gentis certamina uates
et quinquaginta regum regemque patremque
3 pectoraque Aeacii uictamque sub Hectore Troiam
. . . cecinit

3 hectoreumque facit tutamque libri hoc loco, **castra ducum et caeli uictamque** idem in dittographia I 766. in argumento Iliadis significando neque omitti potuit marinae filius Thetidis neque uero omissus est, sed latet, ut latuisse dicunt sub lacrimosa Troiae funera. nempe FACIT paene idem est atque EACII (in Hor. carm. III 19 3 cod. Bernensis *faci'* exhibet pro *Aeaci*), neque *et caeli* ab *aeacii* longe recedit. *Aeacius* pro *Aeacides* posuit uersificator in hoc saltem uitio Ouidii, quem *Thracius* pro *Thrax* dixisse ad I 769 adnotaui, haud dissimilis, etsi diuersa in re metrica secutus placita et rhetoricae artis imperitissimus, qui epistulam Hermiones scripsit, uersu 33 *at pater Aeacio promiserat* (sic enim Riesius ex cod. Puteaneo qui *accio* habet, reliqui *aeacidae*) ; item opinor Columella x 174 sq. *et male damnati maesto qui sanguine surgunt* | *Aeacii flores,* qui etiam 348 *Amythaonius* dixit pro *Amythaonides.* hinc in Sen. Tro. 44–8 scribendum conicio *uidi execrandum regiae caedis nefas* | *ipsasque ad aras maius admissis* (*admissum* libri) *scelus,* | *Aeacius* (*Acacis* E, *Aeacidae* A, barbare Scaliger *Aeacidis*) *armis cum ferox, scaeua manu* | *coma reflectens regium torta caput,* | *alto nefandum uulneri ferrum abdidit* ; fortasse etiam in Il. Lat. 366–8 *Antiphus hastam . . . torquet in Aiacem* (EL, *Aeaciden* ceteri) reponendum est *Aeacium,* quemadmodum 315 idem poeta *Phrygii* habet pro *Phrygis.* Manilius ut hoc loco *Aeacius* sic I 869 *Titanius* substantiuum fecit. iam cum de Iliade ac de Achillis et Hectoris certamine haec dicantur, apparet *uictam* non *tutam* rei conuenire : *uictam sub Hectore* significat *uicto Hectore uictam* ; similiter IV 24 sq. *Troia sub uno* | *non euersa uiro* (saluo Aenea salua), Petron. 119 13 (48) *in uno* (Catone) *uicta potestas* | *Romanumque decus,* Aetn. 590 *extinctosque suo Phrygas Hectore,* anth. Pal. VII 139 1 Ἕκτορι μὲν Τροίη συγκάτθανεν, Auson. epitaph. her. 14 *Hectoris hic tumulus, cum quo sua Troia sepulta est :* | *conduntur pariter, qui periere simul,* anth. Lat. Ries. 431 7 sq. (P.L.M. Baehr. IV p. 74) *aut ut Achilleis infelix Troia lacertis* | *quassata Hectoreo uulnere conciderit,* 630 7 sq. (P.L.M. IV p. 149) *ille Menoetiadae soluit me uindice poenas,* | *Pergama tunc ferro procubuere meo,* 631 3 sq. (P.L.M. ib.) *occubuit telo uiolenti uictus Achillis,* | *occubuere simul spesque salusque Phrygum,* Il. Lat. 978 (Hectore cadente) *Troes sua funera maerent,* 1002 sq. *plangunt sua funera Troes* | *et pariter captos deflent cum uindice* (*funere* libri ex u. superiore) *moeros* (*mestos, mesti, tristi* libri minus interpolati), 1019 sq. *ruit omnis in uno* | *Hectore causa Phrygum,* 1040 *Hectoris* *interitu uicisti Dardana regna*, 1054 *illo namque rogo natorum funera cernunt*, 1056 *ardebat flamma namque Ilion illa*, Hor. carm. II 4 10–12 *ademptus Hector | tradidit fessis leuiora tolli | Pergama Grais.* superest ut ex *Hectoreumque*, quod simpliciorem interpolandi conatum prae se fert quam inepta illa *castra ducum*, eruatur quod orationi sententiaeque satisfaciat. id supra posui: uide Prop. IV 11 39 *Persen proaui simulantem pectus Achilli.* scriptum fuisse opinor *Hectoraque facit* (contrario errore Il. Lat. 674 *pectoris* E pro *Hectoris*), inde metri causa factum *Hectoreumque.* in altero exemplari, cum *pectoraque et caeli* sine sensu ferri animaduerteretur, paulo doctior adhibita est coniectura; quamquam si quis *castra ducum* uel ex *decxstramq.* (Catull. 68 143 *deastra* libri pro *dexstra*, Il. Lat. 689 sq. *dextramque hortantur Achillis | ut ferat auxilium*) uel ex *ac stomacum* (Hor. carm. I 6 6 *Pelidae stomachum*) ortum esse contendat, non ualde repugnem. uulgo scribitur *Hectoreamque facem*, mutatione, oratione, sententia pariter improbabili; Bentleius uersum deleuit, qui cur abesse non possit paulo ante declaraui

LIBER SECVNDVS

maximus Iliacae gentis certamina uates
et quinquaginta regum regemque patremque
pectoraque Aeacii uictamque sub Hectore Troiam,
erroremque ducis totidem, quot uicerat, annis
5 luctati remo geminataque Pergama ponto
ultimaque in patria captisque penatibus arma
ore sacro cecinit, patriam quoi cura petentum,
dum dabat, eripuit

16 et sub fratre uiri nomen, sine matre parentis

23 siluarumque deos sociataque numina nymphas

37 quorum carminibus nihil est nisi fabula *mundus*

nec siluis siluestre canit, perque horrida motus
42 rura serit dulcis musamque inducit in aulas

162 duos per sidera Pisces
232 *u*mori innantes fundentis semper Aquari
163 et totidem Geminos nudatis aspice membris

231 ambiguus tergo Capricornus, Aquarius undis

269 hiberna aestiuis, autumni uerna repugnant

II 284 [sed discrimen erit dextris scaeuisque: sinistra
quae subeunt, quae praecedunt dextra esse feruntur.
dexter erit Tauro Capricornus, Virgo sinistra]

nam, quina licet sint undique signa,
303 qui tamen e trinis, quae quinto quoque feruntur
astra loco, fuerint nati, sentire trigoni
non poterunt uires

320 haec eadem species fallet per signa quadrata,
329 et, quamuis quartum a quarto quis computet astrum,
330 naufragium facient partes unius in illis,
684 quae, quamquam in partis diuisi quattuor orbis
685 sidera quadrata efficiunt, non lege quadrati
686 censentur: minor est numeri quam cardinis usus;
321 quod, cum totius numeri, qui construit orbem,
ter denae quadrum partes per sidera reddant,
euenit ut, prima signi de parte prioris
si partem ad summam ducatur uirga sequentis,
325 bis sexagenas faciat; sin summa prioris
et pars confertur subiuncti prima, duorum
signorum in medio numerum transique referque,
328 triginta duplicat partes, pars tertia deerit.
331 non igitur satis est signis numerasse trigona
332 quadratiue fidem quaeri per signa quaterna

distat enim, partis consumat linea iustas
detractetne modum numeri, quem circulus ambit,
349 nunc tris efficiens nunc quattuor undique ductus

361 nam cum praeteriens formatur singula limes
sidera et alterno deuertitur angulus astro

374 tertia conuexso conduntur signa recessu;
371 transuersos igitur fugiunt subeuntia uisus,
quod nimis inclinata *iacent* limisque uidentur
uicinoque latent: ex recto certior ictus.

II 375 et, quia succedit conuexo linea caelo,
singula circuitu quae tantum transeat astra,
uisus eis procul est altoque uagatur Olympo

sed, quamquam aduersis fulgent contraria signis,
natura tamen interdum sociata feruntur,
et genere amplexis concordia mutua surgit.
413 mascula se paribus uel sic, diuersa suorum
respondent generi

temporaque efficiunt simili concordia textu
permixtosque dies, mediis hiemem inter et aestum
430 articulis unum seruantia utrumque teporem

accipe diuisas hominis per sidera partes
454 singulaque in*periis* propriis parentia membra

460 latera in regnum scapulaeque Leonis,
Virginis in propriam discedunt ilia sortem

idcirco aduersis non numquam est gratia signis,
et bellum sociata gerunt; alienaque sede
inter se generant coniunctos omne per aeuum,
474 a triquetris*que* orti pugnant fugiuntque uicissim

audit se, Libramque uidet, frustratur amando
Taurum; Lanigero qui fraudem nectit, et ultra
488 fulgentis *geminos* audit per sidera Pisces,
Virgine mens capitur *uisa*: sic uexerat ante
Europam dorso retinentem cornua laeua

[humana est facies Librae, diuersa Leonis]
530 idcirco et cedunt pecudes, quod uiribus amplis
consilium est maius. uictus Leo fulget in astris,
aurea Lanigero concessit sidera pellis,
ipse suae parti Centaurus tergore cedit,

II usque adeo est minor huic *uir*tus. quid mirer ab illis
535 nascentis Librae superari posse trigono?

Lanigero genitis bellum est cum Virgine natis
542 et Libra Geminisque et eis quos perluit Vnda

Erigone Cancrumque timet geminique sub arcu
Centauri et Pisces et te, Capricorne, rigentem.
maxima turba petit Libram: Capricornus et illi
555 aduersus Cancer, Iuuenis quod utrimque quadratum est
quaeque in Lanigeri numerantur signa trigonum.
Scorpios in totidem fecundus creditur hostis:
aequoreum Iuuenem, Geminos, Taurum atque Leonem,
Erigonen Libramque fugit metuendus et ipse
560 quique Sagittari ueniunt de sidere partus.
hos Geminis nati Libraque et Virgine et Vrna
depressisse uolunt. naturae lege iubente
haec eadem, Capricorne, tuis inimica feruntur.
at quos aeternis perfundit Aquarius undis
565 ad pugnam Nemeaeus agit totumque trigonum,
turba sub unius fugiens uirtute ferarum.
Piscibus exortos uicinus Aquarius urget
et Gemini fratres et quos dat Virginis astrum
quique Sagittari descendunt sidere nati.
570 nec sic dest ratio quae det nascentibus arma
inque odium generet partus et mutua bella,
sed plerumque manent inimica tertia quaeque
lege, in transuersum uultu defixa maligno.
quippe, manent quaecumque loco contraria signa
575 aduersosque gerunt inter se septima uisus,
tertia quaeque illis utriusque trigona feruntur

idcirco nihil ex semet natura creauit
582 foedere amicitiae maius nec rarius umquam

II at, quia Lanigeri par uis roburque, trigono
620 non paret; sed rara gerit pro tempore bella,
quod feritas utriusque minas praetendere cogit

nam nihil in totum seruit sibi, mixta feruntur,
689 ipsis dant uires astra accipiuntque uicissim

ipsa igitur ratio binas in partibus esse
dimidiasque docet partes. his finibus ecce
700 dodecatemorium constans, bis senaque tanta
omnibus in signis

et saepe in peius deerrat natura, maremque
710 femina subsequitur; miscentur sidere partus

713 nunc quod sint cuiusque canam quoue ordine constent

singula sic retinent binas in sidere quoque
720 dimidiasque *e*ius partes

haec quoque te ratio ne fallat, percipe paucis
(maior in effectu minor est) *e* partibus ipsis
740 dodecatemorii quota sit, quod dicitur esse
dodecatemorium. nempe id per quinque notatur
partis; nam totidem praefulgent sidera caelo
quae uaga dicuntur, ducunt et singula sortes
744 dimidias, uiresque in eis et iura capessunt.
732 hic ubi deficiet numerus, tunc summa relecta
733 in binas sortes adiecta parte locetur
734 dimidia, reliquis tribuuntur ut ordine signis.
745 in quo quaeque igitur stellae quandoque locatae
dodecatemorio fuerint spectare decebit

tertius excelsi signat fastigia caeli,
quo defessus equis Phoebus subsistit anhelis
797 reclinatque diem mediasque examinat umbras

II tertius aeque illi pollens in parte, nitentem
827 quae tenet exortum, qua primum sidera surgunt

831 hunc penes arbitrium uitae est, hic regula morum

852 at, qua perficitur cursus redeunte sibimet,
tarda supinatum lassatis uiribus arcum
ascendens seros demum complectitur annos

at, quae fulgentis sequitur fastigia caeli
proxima, neue ipsi cedat, cui iungitur, astro
spe melior, palmamque petens uictrixque priorum
altius insurgit: summae comes addita finis,
885 in peiusque manent cursus, nec uota supersunt.
quocirca minime mirum, si proxima summae
atque eadem integrior Forti ueneranda dicatur,
cui titulus Felix. censum sic proxima Graiae
nostra subit linguae uertitque a nomine nomen

Daemonien memorant Grai, Romana per ora
898 quaeritur inuersus titulus

905 sed medium post astra diem curuataque primum
culmina nutantis summo de uertice mundi
sedem Phoebus habet; sub quo quia corpora nostra
declinant uitia et fortunam ex uiribus eius
concipiunt, Deus ille locus sub nomine Graio
910 dicitur. huic aduersa nitens, quae prima resurgit
sedibus ex imis iterumque reducit Olympum,
pars mundi fratrumque uices mortisque gubernat

at qua subsidit conuerso cardine mundus
930 fundamenta tenens, auersum et suspicit orbem
ac media sub nocte iacet, Saturnus in illa
parte suas agitat uires, deiectus et ipse
imperio quondam mundi solioque deorum;

II et pater in patrios exercet numina casus
935 fortunamque senum. | titulus, quem Graecia fecit, 937
938 Daemonium signat *dignas* pro nomine uires.
nunc age, surgentem primo de cardine mundum
respice, qua solitos nascentia signa recursus
incipiunt, uiridis gelidis et Phoebus ab undis
enatat et fuluo paulatim accenditur igne
937 asperum iter temptans, | Aries qua ducit Olympum. 945
943 haec tua templa ferunt, Maia Cyllenie nate,
pro facie signata nota, quod nomen et ipsi
945 auctores tibi dant. | una est tutela duorum 935
936 [nascentum atque patrum, quae tali condita partest]:
946 in qua fortunam natorum condidit omnem
natura, ex illa suspendit uota parentum.
unus in occasu locus est super. ille ruentem
praecipitat mundum tenebris et sidera mergit,
950 tergaque prospectat Phoebi, qui uiderat ora;
ne mirere, nigri si Ditis ianua fertur,
et finem uitae retinet|que repagula mortis. 902A
hic etiam ipse dies moritur, tellusque per orbem
subripit et noctis captum sub carcere claudit

[cui parti nomen posuit, qui condidit artem,
octotropos; per quod stellae diuersa uolantes
970 quos reddant motus, proprio uenit ordine rerum]

LIBER TERTIVS

non regis magni spatio maiore canenda
23 quam s u n t acta loquar

nam quodcumque genus rerum, quodcumque labores
quaeque opera atque artes, quicumque per omnia casus
69 humana in uita poterant contingere, sorte
complexa est

quintus coniugio gradus est per signa dicatus
121 et socios tenet, et c o m m i t t e n s h o s p i t a iura
iungitur et similis coniungens foedus amicos

164 nunc, quibus a c c e d a n t signis quandoque, canendum est

fortunae conquire locum per sidera cuncta,
172 quae primum est a e r u m n o s i s pars dicta sub athlis

sic media extremis pugnant extremaque summis;
233 nec nocturna minus uariant quam tempora lucis,
228 ut propius nobis aliquod uel longius astrum est,
234 sed tantum aduersis idem stat mensibus ordo

regulaque exacta primum formetur in hora,
251 quae s u r g e n s q u e diem s i d e n s q u e expendat et umbras

265 atque ibi conuersis uicibus mutantur in horas
brumalis, noctemque dies lucemque tenebrae
hibernam referunt, alternaque tempora uincunt.
[nunc huc nunc illuc gradibus per sidera certis
impulsae, quarum ratio manifesta per artem
270 collecta est uenietque suo per carmina textu.]

III atque haec illorum demum est mensura per oras
quas rigat aestiuis grauidus torrentibus amnis
Nilus

hora nouo crescit per singula signa quadrante
285 tertiaque *e* quinta pars parte inducitur eius

occiduusque Aries spatium tempusque cadendi
quod tenet, in tantum Chelae consurgere perstant;
excipiunt uicibus se signa sequentia uersis.
295 haec ubi constiterint uigilanti condita mente,
iam facile est tibi quod quandoque horoscopet astrum
noscere, cum liceat certis surgentia signa
ducere temporibus propriasque adscribere in horas,
partibus ut ratio signo ducatur ab illo
300 in quo Phoebus erit, quarum mihi reddita summa est

omnia consurgunt binas ibi signa per horas,
307 quod medius recto praeciditur ordine mundus

at simul ex illa terrarum parte recedas,
quidquid ad extremos temet prouecxeris axes,
325 per conuexsa trahas gressum fastigia terrae,
quam tereti natura solo decircinat orbem
in tumidum et mediam mundo suspendit ab omni.
ergo, ubi conscendes orbem scandensque rotundum
degrediere simul, fugiet pars altera terrae,
330 altera reddetur; sed quantum inflexeris orbem
tantum inclinabit caeli positura uolantis

sic parua dierum
efficitur mora et attritis consumitur horis
351 paulatimque perit, spatio fugientibus astris

numquam erit occiduus quod tanto tempore Phoebus,
dum bis terna suis perlustrat cursibus astra,
369 sed circumuolitans recto uersabitur orbe

III has inter quasque accipiet Nemeaeus in ortus
405 quod discrimen erit, per tris id diuide partis,
tertia ut accedat Geminis, qua tempora Tauri
uincant, atque eadem Cancro similisque Leoni;
411 sed certa sub lege, prioris semper ut astri
incolumem seruent summam crescantque nouando.
408 sic erit ad summam ratio perducta priorem,
quam modo diuisis Nemeaeus duxerat horis

415 et quantis utrimque moris tollentur ad ortus
diuersam in sortem tantis mergentur ad umbras

principio capienda tibi est mensura diei,
quam minimam Capricornus agit, noctisque per horas
450 quam summam; quodque a iusto superauerit umbris,
perdiderint luces, eius pars tertia signo
tradenda est medio, semper qua sorte retenta
dimidio uincat primum, uincatur et ipsum
extremo. totum in partes ita digere tempus.
455 his opibus tria signa ualent; sed summa prioris
ac medii numeri coniuncta sequentibus astris
asseritur; senis fuerit si longior horis
brumali nox forte die, Capricornus ut hora
dimidia attollat luces, et Aquarius horam
460 ipse suam proprie ducat summaeque priori
adiungat, Pisces tantum sibi temporis ipsi
constituant, quantum accipiunt de sorte priores

sic ultima primis
475 respondent; pariterque, illis quae proxima fulgent,
et media aequatis censentur uiribus astra

535 talesque efficiunt mentes casusque animantum,
qualia sunt, quorum uicibus tum uertimur, astra.
sunt quibus et caeli placeat nascentis ab ora,
parte quod ex illa describitur hora diebus,
omne genus rationis agi per tempora et astra

III 545 semel omnia ad astra
hora die, bis mense dies uenit, unus in anno
mensis, et exactis bis sex iam solibus annus

mox ueniet mixtura suis cum uiribus omnis,
cum bene materies steterit praecognita rerum
non interpositis turbatarum undique membris.
590 si bene constiterit primo sub cardine luna,
qua redit in terras mundus, nascensque tenebit
exortum, octo *te*nor deciens ducetur in annos

quaeque super signum nascens a cardine primum
604 tertia sors man*et* et summo iam proxima caelo,
haec ter uicenos geminat, tris abstrahit annos

at qui praecedit surgentis cardinis oram
uicenos ternosque dabit nascentibus annos
uix degustatam rapiens sub flore iuuentam.
quod super occasus templum est, ter trina remittit
615 annorum spatia et decumum tribus applicat auctum

649 conuertitque uices uictumque a sidere Librae
exsuperare diem iubet et succumbere noctes,
aestiui donec ueniant ad sidera Cancri

sed non per totas aequa est uersura figuras,
670 annua nec plenis flectuntur tempora signis

has quidam uires octaua in parte reponunt:
681 sunt quibus esse placet decimae; nec defuit auctor
qui primae momenta daret frenosque dierum

LIBER QVARTVS

37 quid referam Cannas admotaque moenibus arma
quidue tuos, Trasimenne, lacus, Fabiumque morantem
Varronemque fuga nanctum qua uincere posset?

64 inque rogo Croesum, Priamique in litore truncum,
cui nec Troia rogus

75 cura nocet, cessare iuuat, medic*ina* malorum
dat causas laeduntque cibi parcuntque uenena

sic hominum meritis tanto sit gratia maior,
115 quod caelo laudem debent; rursusque nocentis
oderimus magis in culpam poenasque creatos

Cancer ad ardentem fulgens in cardine metam
163 quam Phoebus summis reuocatus cursibus ambit

173 ignaua et, celeris optando sortibus annos,
dulcibus usuris aequo Ioue tempora uendit

200 in uitio bona sunt: teneros pudor impedit annos,
201 magnaque naturae cohibendo munera frenat
190 ora magisterio nodisque coercita Virgo

librantes noctem Chelae cum tempore lucis,
204 pes noua maturi pulsat cum munera Bacchi,
mensurae tribuent usus ac pondera rerum

in bellum ardentes animos et Martia castra
221 efficit et multo gaudentem sanguine *me*ntem

IV hinc et mobilitas rerum mutataque saepe
257 mens natat; et | Veneri mixto cum crimine seruit 258
258 pars prior, at | melior iuncta sub priste senecta est 257

266 mille sub hoc habitant artes, quas temperat unda,
269 quae per aquas ueniunt, operum, pontesque sequontur

285 quin placidum ductis euerrere retibus aequor

Libra decem partes Geminorum prima capessit,
Scorpius adiunctas; Centauri tertia sors est,
322 nec quicquam numero discernitur, ordine cedit

ueris iuga temperat ille,
341 haec autumnalis componit lucibus umbras

sed proprias partes ipsas spectare memento,
uel glacie rigidas, uel quas exusserit ignis,
413 et sterilis *sine* utroque tamen, quas largior umor
quasue minor iusto uit*iat*. namque omnia mixtis
uiribus et uario consurgunt sidera textu

septima par illi ac decima est decimaeque secunda
446 quaeque duas duplicant summas septemque nouemque

451 bisque undena notans et bis duodena nocentes

455 septima non melior, ter quintae noxia par est

467 e tribus appositis uictum est totidemque secutis
ultima, nec prima melior tricensima pars est

et quinta in Chelis et septima inutilis aestu
473 tertia et undecimae decimaeque est septima iuncta

IV at niger obscura Cancer cum nube feretur,
531 qua uelut exustus Phoebeis ignibus ignis
deficit et multa fuscat caligine sidus,
lumina deficient partus

ultimus in caudae Capricornus acumine summo
militiam ponto dictat puppisque colendae
570 dura ministeria et tenui discrimine mortis

573 ne uelit et primos animus procedere Pisces,
garrulitas odiosa datur

hac ubi se primum porta mare fudit, aperto
enatat Ionio laxasque uagatur in undas,
608 et, prius ut, laeua se fundens circuit omnem
Italiam, Hadriaco mutatum nomina ponto

huc uarias pestes diuersaque monstra ferarum
663 congessit bellis natura infesta futuris

quod superest Europa tenet, quae prima natantem
fluctibus excepitque Iouem taurumque resoluit,
683 ponere passa suos ignis, onerique iugauit

maxima terra uiris et fecundissima doctis
687 artibus

Aethiopes maculant orbem tenebrisque figurant
perfusas hominum gentes. minus India tos*tos*
725 progenerat, | tellusque natans Aegyptia Nilo 726
727 lenius irriguis infuscat corpora campis
726 iam propior | mediumque facit moderata tenorem 725

755 Euxinus Scythicos pontus sinuatus in arcus
sub Geminis te, Phoebe, colit; uos Thracia, fratres,
ultimus et sola uos tr*an*ans colit Indica Ganges

IV 769 quod potius colat Italiam, si seligat, astrum
quam quod cuncta regit, quod rerum pondera nouit?

776 qua genitus Caesar melius nunc condidit urbem
et propriis frenat pendentem nutibus orbem.
inferius uictae sidus Carthaginis arces
et Libyam Aegyptique latus donataque rura
780 Cyrenes lacrimis radicis Scorpius acris
eligit, Italiaeque tamen respectat ad undas

789 proximaque Italiae, tenui diuisa profundo,
ora paris sequitur leges nec sidere rupta est

teque feris dignam tantum, Germania, matrem
795 asserit ambiguum sidus terraeque marisque
aestibus assiduis pontum terrasque sequentem.
sed Iuuenis nudos formatus mollior artus
Aegypto *Cyprum* ad lepidam Tyriosque recedit
et Cilicum gentis uicinaque Caribus arua.
800 Piscibus Euphrates datus est, ubi *ab* his ope sumpta,
cum fugeret Typhona, Venus subsedit in undis

arserunt gentes timuitque incendia caelum
fugeruntque nouas ardentia sidera flammas
837 atque uno metuit condi natura sepulcro

cum medius Phoebi radios intercipit orbis
844 nec trahit adsuetum, quo fulget, Delia lumen

860 tum uice bina labant illis haerentia casus,
quae prius in terras ueniunt terrasque relinqunt,
sidereo non ut pugnet contrarius orbi
sed, qua mundus agit cursus, inclinet et ipse,

IV amissasque negant uires, nec munera tanta
865 nec similis reddunt noxas. locus omnia uertit

882 quanta, et, pars superet, ratione ediscere, noctis

899 omnibus una quies uenterque *ue*nusque *uo*luptas

923 nec contemne tuas quasi paruo in pectore uires:
quod ualet, immensum est

INDEX

Made in the USA
Middletown, DE
23 February 2017